"十四五"职业教育部委级规划教材

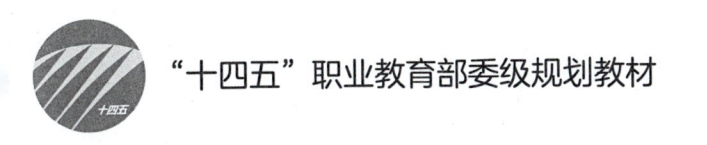

新编大学生安全教育

谢 宇 编著

中国纺织出版社有限公司

图书在版编目（CIP）数据

新编大学生安全教育/谢宇编著．—北京：中国纺织出版社有限公司，2023.9（2025.1重印）

ISBN 978-7-5229-0967-7

Ⅰ.①新… Ⅱ.①谢… Ⅲ.①大学生—安全教育 Ⅳ.① G641

中国国家版本馆CIP数据核字（2023）第165930号

责任编辑：顾文卓　向连英
责任校对：王蕙莹　　　　　责任印制：储志伟

中国纺织出版社有限公司出版发行
地址：北京市朝阳区百子湾东里A407号楼　邮政编码：100124
销售电话：010—67004422　传真：010—87155801
http://www.c-textilep.com
中国纺织出版社天猫旗舰店
官方微博 http://weibo.com/2119887771
三河市海新印务有限公司印刷　各地新华书店经销
2023年9月第1版　2025年1月第2次印刷
开本：787×1092　1/16　印张：13.25
字数：320千字　定价：45.00元

凡购本书，如有缺页、倒页、脱页，由本社图书营销中心调换

前言 FOREWORD

党的二十大报告明确提出，要"全面加强国家安全教育，提高各级领导干部统筹发展和安全能力，增强全民国家安全意识和素养，筑牢国家安全人民防线"。2023年5月30日召开的二十届中央国家安全委员会第一次会议提出"国家安全工作要贯彻落实党的二十大决策部署，切实做好维护政治安全、提升网络数据人工智能安全治理水平、加快建设国家安全风险监测预警体系、推进国家安全法治建设、加强国家安全教育等方面工作"，并审议通过了《关于全面加强国家安全教育的意见》，将国家安全教育提升到了一个新的高度。教育部颁布的《普通高等学校学生安全教育及管理暂行规定》中指出，高等学校学生安全教育及管理的主要任务是，宣传、贯彻国家有关安全管理工作的方针、政策、法律、法规，对学生实施安全教育及管理，妥善处理各类安全事故，引导学生健康成长。高等学校应将对学生进行安全教育作为一项经常性工作，列入学校工作的重要议事日程，积极开展安全教育，普及安全知识。

大学生安全教育不仅是大学生思想政治教育和素质教育的重要内容，还是保障大学生安全、维护校园安全和社会稳定的重要措施，是建设和谐校园的必然要求。近年来，我国高校高度重视大学生安全教育，采取多种有效措施，做了大量工作并取得了积极成效。当前，高校外部环境和内部环境均发生了很大变化，大学生安全问题出现了许多新的情况，大学生安全教育面临新的挑战。深入开展大学生安全教育工作，让安全教育进课堂，对提高大学生综合素质、维护校园安全稳定、促进和谐社会建设具有十分重要的现实意义。

本书共有十一章，分别是绪论、人身安全、财产安全、生活卫生安全、消防安全、交通安全、校园安全、自然安全、就业安全、意外伤害救助、信息与网络安全。书中列举了许多典型案例，精选了一些资料作为知识拓展，目的就是增强本书的实用性和针对性，帮助大学生解决在生活、学习中遇到的安全问题，提高安全防范意识，确保人身、财产安全，确保校园和谐稳定。

在本书编写过程中，编者参考了近年来大学生安全教育方面的专著和教材，在此谨向各位作者表示深深的谢意。由于时间和水平所限，书中难免存在不足之处，恳请读者批评指正，以便进一步修改完善。

谢宇

目录 CONTENTS

第一章　绪论 ·· 1

　　第一节　大学生安全意识概述 ·· 1

　　第二节　提高大学生安全意识的对策 ··· 2

第二章　人身安全 ··· 4

　　第一节　威胁人身安全 ··· 4

　　第二节　纠纷和斗殴的预防 ·· 10

　　第三节　自杀的预防 ··· 14

　　第四节　女大学生的自我保护 ··· 18

第三章　财产安全 ··· 29

　　第一节　防盗常识 ·· 29

　　第二节　防诈骗常识 ··· 43

　　第三节　防扒、防抢常识 ·· 57

第四章　生活卫生安全 ··· 72

　　第一节　保持良好的卫生习惯和生活习惯 ·· 72

　　第二节　常见传染病及防治 ·· 75

　　第三节　远离"黄赌毒" ··· 78

　　第四节　日常用药安全 ·· 82

　　第五节　饮食安全 ·· 86

　　第六节　艾滋病的预防 ·· 92

第五章　消防安全 ··· 95

　　第一节　消防基础知识 ·· 95

　　第二节　火灾的预防 ··· 99

　　第三节　火灾的扑救 ·· 101

　　第四节　火场疏散逃生 ··· 104

第六章　交通安全 ... 108

第一节　交通安全常识 ... 108
第二节　常见交通事故及其特点 ... 113
第三节　发生交通事故的原因分析 ... 116
第四节　对交通事故的预防及现场处置 ... 118

第七章　校园安全 ... 121

第一节　维护校园的和谐稳定 ... 121
第二节　实验室安全 ... 124
第三节　体育运动安全 ... 128

第八章　自然安全 ... 133

第一节　地震的安全防范 ... 133
第二节　洪灾的安全防范 ... 139
第三节　滑坡、泥石流的安全防范 ... 141
第四节　雷电灾害的安全防范 ... 144
第五节　雪灾的安全防范 ... 146
第六节　冻雨灾害的安全防范 ... 149
第七节　风灾的安全防范 ... 151

第九章　就业安全 ... 155

第一节　大学生就业面临的安全问题 ... 155
第二节　大学生就业权益的安全保障 ... 159
第三节　非法传销与就业安全 ... 162

第十章　意外伤害救助 ... 165

第一节　意外伤害救助知识 ... 165
第二节　溺水事故的防护和处置 ... 168
第三节　煤气中毒识别、防护与处置 ... 173
第四节　触电事故的防护和处置 ... 177
第五节　中暑的防护和处置 ... 181
第六节　烧（烫）伤的防护和处置 ... 185
第七节　动物致伤的防护和处置 ... 188

第十一章　信息与网络安全 ... 192

第一节　网络安全基本知识 ... 192
第二节　网络社交安全 ... 196

参考文献 ... 199

附录 ... 201

第一章 绪论

第一节 大学生安全意识概述

一、大学生安全意识的概念

安全意识是意识系统的一个子系统,属于意识范畴内的重要分支。安全意识是人们对安全问题总的认识和观念及人们对其产生的评价。它既包括人的心理因素,也包括人的伦理道德观念;既包括人的认知方式和认知水平,也包括人的行为习惯。因此,大学生安全意识是广义安全意识中的一种具体表现,不仅通过学生的安全知识、安全评价和安全态度体现出来,还通过学生对安全的行为倾向等体现出来。安全意识处于意识层面,真正要使大学生处于安全状态,安全意识必须与安全隐患的防范、自我保护能力及事故发生后妥善的处理能力相结合。

二、当代大学生安全意识现状

(一)安全意识低

从大学生自身来分析,他们生理发育基本成熟,但心理成熟滞后;个性趋向定型,但可塑性大。具有人生观不明确、做事麻痹大意、法制观念不强、遇事易冲动、社交需求强烈但经验不足等特点。这些决定了大学生可能会面临诸多安全问题。

(二)安全防范能力差

当前,许多大学生不仅安全意识低,而且缺乏安全防范能力。很多学生不知道教学楼和宿舍的灭火器放在哪里,更不知道如何使用灭火器,甚至在宿舍中使用"热得快"等大功率违章电器等,在遇到安全事故时表现为不沉着、不冷静。

(三)大学生安全意识教育滞后

目前,一些高校对大学生的安全教育相对滞后,不能深刻地认识到加强大学生安全教育与培养高素质合格人才的紧密关系。当前,许多高校对在校学生的安全教育不重视或重视程度不够,领导机制不健全,在进行安全教育时也没有统一的计划,最终使大学生安全教育流于形式。

三、影响大学生安全意识的因素

（一）社会历史条件对大学生安全意识的影响

大学生的安全意识受到当时社会历史条件的限制。如安全意识中的智力因素，是人类在生产劳动中不断认识、总结、积累所得。随着社会的进步、知识的沉淀和积累，大学生的安全认识水平不断提高，也无形中提高了安全意识。

（二）经济条件对大学生安全意识的影响

经济条件，即大学生生活的物质基础。经济水平决定着安全意识的发展水平，大学生的安全意识不可能超出他们所在社会的经济条件。当经济状况达到一定水平，大学生就会自发地对安全提出更高的要求。目前，我国的经济实力还不够强大，因此，大学生的安全意识仍受到一定的制约。

（三）个人层面上的影响因素

个人层面上的影响因素主要体现在大学生由于性格、年龄、生活阅历等差异，对危险发生的可能性和后果、对安全的重要性认识等有较大的差别。一般是随着年龄的增加、生活阅历的丰富、文化程度的提高，对于安全的认识会越来越深刻、透彻，安全意识也会提高。

第二节　提高大学生安全意识的对策

海恩法则

一、自下而上设定大学生安全意识培养目标

在设定大学生安全意识培养目标时，可根据大学生安全意识生成机理，自下而上地从大学生安全意识的具体表现形式到抽象意识形式来确定不同层面的培养目标和方向。

（一）引导大学生规范实施安全行为

大学生安全行为是意识作用于客观世界的直接表现，规范大学生的安全行为是避免校园安全事故的重要条件。大学生的安全行为体现在学生对安全行为的认识，如哪些行为是安全的、哪些行为可以规避风险、遇到紧急事件时可以采取哪些自救行为、哪些行为违反学校的规定等。因此，正确引导和规范大学生的安全行为是首要目标，这不仅让本身就具备较强安全意识的学生强化实施安全行为，也让安全意识相对较弱的同学在遇到突发事件时知道安全自救的措施和途径。这一层面的目标教育涵盖所有大学生。

（二）指导大学生树立正确的三观

大学生在采取任何安全行为前存在动机，抓住学生这种动机就能从本质上驱动学生的安全行为，这一动机就是学生的人生观、价值观和世界观。而正确的大学生安全意识需要得到其正确的

思想意识形态的大力支持，只有大学生明确了自身的发展目标，树立正确、积极的人生观、价值观和世界观，才能有利于安全行为的良好发展。

（三）深化大学生的安全意识

大学生安全意识的深化是高校安全教育的最高层次的目标。安全意识需要不断地接受信息反馈、相关安全经验的强化，才能够沉淀在人的大脑中。因此，这一目标的实现是关键，也是最终目标，只有不断地强化，才可能使安全意识形成一种习惯，再具体通过学生的价值观、人生观和世界观来体现，进而指导学生的安全行为方式。

二、自上而下制定培养方法和措施

安全意识培养措施的关键是从意识强化入手，按照安全意识生成机理的转化过程，需要自上而下地制定从宏观到微观的培养方法和措施。同时，由于大学生安全意识强弱程度、知识背景、人生观和价值观的差异，安全意识的培养方式也有所不同，因此，要从各方面制定科学的、系统的和规范的培养措施，根据不同层面的目标对大学生安全意识进行强化、激励和规范。

（一）灌输法

在人的大脑中所形成的观念和意识，支配着人的行为，即习惯性行为。每个人形成一种意识，需要经过一定的时间。而要改变人们身上的不良习惯，首先必须转变人们思想上的不良观念和意识。我们要通过对安全法规的领会掌握，文件指导精神的学习贯彻，规章制度的明确落实及各级管理人员坚持对"安全第一"思想的年年讲、月月讲、日日讲、会会讲、事事讲，将"安全第一"的思想灌输给学生。

（二）个性法

对学生进行个性、情操的陶冶，培养学生健康向上的情绪。在对大学生进行专业教授的同时，注意培养大学生学习唯物辩证法的兴趣、学习知识和掌握技能的自觉性，提高分析和处理问题的能力。有重点地培养学生参与安全管理，带动周边人员的积极性与主动性。加强大学生个性修养，养成善于控制感情，克服不良心态，保持健康、乐观、奋发、向上的情绪，科学、冷静、理智地处理大学生活中的问题的习惯。

（三）文化法

创建校园安全文化，是强化管理、练好内功的重要手段。这种在安全制度、安全文化作用下形成的安全态度、安全价值观、安全行为准则，构成了安全文化的主要内容。

总之，大学生的安全意识不是短时间就能培养的，要让它从意识变成习惯是一个漫长而系统的过程。大学生的安全意识本身所涵盖的内容不仅局限于思想形态，还表现在学生对安全的态度、认识和行为方式上，涉及大学生在校园生活中可能存在的安全问题，包括人身安全、财产安全、消防安全等，而最终让学生产生安全行为的是学生的大脑。同时，大学生的安全问题除了学校重视外，还是社会、家长和学生共同关注的问题，需要得到教育行政部门、公安司法部门、社会媒体和学生家长多方面的努力和支持，才能为大学生健康成长营造良好的环境。

第二章 人身安全

第一节 威胁人身安全

思政小课堂

> **案例**
>
> 一名男大学生在路上被一根裸露的高压线击中，脸朝下摔在了地上。其他目击者不知道如何施救。医院接到120通知抵达现场，发现该男生脸色已经乌紫，心跳和呼吸已停止，抢救无效死亡。医务人员说，如果有懂急救的人在现场，这名男生也许不至于死亡。
>
> **点评**
>
> 意外事故如中暑、溺水、触电等是人们在日常生活中会遇到的紧急情况。在遭遇这些意外伤害事故时，需要采取一些基本的急救措施，这在一定程度上可以为当事人争取时间、减轻伤害，并为医务人员的救护奠定基础。

据统计，因灾害事故意外受伤或突发疾病需要急救的人群，95%以上发生在医院以外，其中有60%的人在救护车到达时已经死亡，因为最初的10分钟是创伤死亡的第一个高峰。

医学界将心脏初停后的10分钟称为"黄金10分钟"，如果在此期间心脏病猝发、溺水、触电、药物中毒等当事者得不到紧急抢救，生命复苏的机会每过1分钟就会减少10%。因此，大学生应该学习意外伤害事故的紧急医护与现场急救知识。掌握一定的急救知识和方法，在危急关头施救，对于提高处理紧急情况的有效性、避免或减少伤亡起着重要作用。

一、威胁人身安全的主要伤害类型

人身安全是指个人的生命、健康、行动自由等与人的身体直接相关方面平安康健、不受威胁、不出事故、没有危险。人身伤害根据造成损害的原因可分为三个类型。

（1）自然灾害造成的人身安全伤害，如火山爆发、台风、飓风、地震、森林大火、水灾、雷击、海啸等。

（2）意外事故造成的人身安全伤害，如运动损伤、食物中毒、溺水、烧（烫）伤、化学物质灼伤、触电、爆炸等。

（3）不法侵害造成的人身安全伤害，如打架斗殴、抢劫、滋扰、性侵害等。

二、预防自然灾害对人身安全的威胁

（一）地震灾害的预防

（1）如果在平房里发生了地震，要迅速钻到床下、桌下，同时用被褥、枕头等物品护住头部，等地震间隙再尽快离开房屋，转移到安全的地方。地震时如果房屋倒塌，应待在床下或桌下不要移动，等到地震停止再到室外或等待救援。

（2）如果住在楼房中发生了地震，不要试图跑出楼外。最安全、最有效的办法是及时躲到两个承重墙之间最小的房间，如厕所、厨房等；也可以躲在桌、柜等家具下面及房间内侧的墙角处，并且注意保护好头部，千万不要去阳台和窗下躲避。

（3）如果正在上课时发生了地震，不要惊慌失措地在教室内乱跑或争抢外出。靠近门的同学可以迅速跑到门外；中间及后排的同学可以尽快躲到课桌下，用书包护住头部；靠墙的同学要紧靠墙根，双手护住头部。

（4）如果已经离开房间，千万不要地震一停就立即回去取东西。因为第一次地震后，一般会接着发生余震，余震对人的威胁更大。

（5）如果在公共场所发生地震，不能惊慌乱跑，可以随机躲到就近比较安全的地方，如桌柜下、舞台下等。

（6）如果正在街上，绝不能跑进建筑物中避险。也不要在高楼下、广告牌下、狭窄的胡同、桥头等危险地方停留。

（7）如果地震后被埋在建筑物中，应先设法清除压在腹部以上的物体；用毛巾、衣服捂住口鼻，防止烟尘窒息；要注意保存体力，设法找到食物和水，创造生存条件，等待救援。

（二）雷击灾害的预防

雷电是一种常见的大气放电的自然现象。放电时产生的光是闪电，闪电使空气受热迅速膨胀而发出的巨大声响是雷。雷雨天容易遭受雷击，致人受伤甚至死亡，避免雷击应当做到以下几点。

（1）在外出时遇到雷雨天气，要及时躲避，不要在空旷的野外停留。

（2）雷电交加时，如果在空旷的野外无处躲避，应该尽量寻找低凹地（如土坑）藏身，或者立即下蹲、双脚并拢、双臂抱膝、头部下俯，尽量降低身体的高度。如果手中有导电的物体（如铁锹、金属杆雨伞），要迅速抛到远处，千万不能拿着这些物品在旷野中奔跑，否则会成为雷击的目标。

（3）特别要小心的是，遇到雷电时，一定不能到高耸的物体（如旗杆、大树、烟囱、电杆）下站立，这些地方最容易遭遇雷击。

（三）洪水暴发时如何自救

一个地区短期内连降暴雨，河水会迅速上涨，漫过堤坝，淹没农田、村庄，冲毁道路、桥梁、房屋，这就是洪水灾害。发生了洪水，如何自救呢？

（1）受到洪水威胁，如果时间充裕，应按照预定路线，有组织地向山坡、高地等处转移；在已经受到洪水包围的情况下，要尽可能利用船只、木排、门板、木床等，做水上转移。

（2）洪水来得太快，来不及转移时，要立即爬上屋顶、大树、高墙，做暂时避险，等待救援，不要单独游水转移。

（3）在山区，如果连降大雨，容易暴发山洪。遇到这种情况，应该注意避免渡河，以防止被山洪冲走，还要注意防止山体滑坡、滚石、泥石流的伤害。

（4）如果发现高压线铁塔倾倒、电线低垂或断折，要远离避险，不可触摸或接近，防止触电。

（5）洪水过后，要服用预防流行病的药物，做好卫生防疫工作，避免发生传染病。

三、预防意外事故对人身安全的威胁

（一）煤气中毒

冬季煤气中毒的案例中 90% 以上都是由煤炉引起的，管道煤气或液化气中毒并不多见。这是因为，天气转冷后，有的人特别是城乡结合部的居民仍然倾向于用煤炉取暖。如果房间空间狭小，很容易造成房间内一氧化碳增多、严重缺氧，从而造成煤气中毒。

如何判断是否已经煤气中毒？如果进入房间闻到有煤气味，出现呼吸困难、呕吐、四肢抽搐甚至昏迷、不省人事的情况就应该考虑是煤气中毒。煤气中毒者的唇色和面色出现明显的樱桃红色时，就尤其值得注意。

生活中易发生一氧化碳中毒的场景

发现有人煤气中毒，进入溢满煤气的室内抢救前，先吸一大口空气，然后用湿毛巾或手帕等捂着鼻子进入；关掉煤气开关，打开窗户，保持室内空气通畅 3~5 分钟。注意千万别开电灯，不能使用打火机、火柴等，谨防爆炸。然后对于程度较轻的中毒者可以将其移至通风处，千万别忘盖上一床被子帮助其保暖。在等待急救人员来临之前还应注意的是，中毒者会出现呕吐等症状，一定要将他的头偏向一侧，防止呕吐物堵塞呼吸道。

（二）高坠事故

发现有人高坠，在医护人员到来之前千万不要移动坠落者，因为坠落者普遍存在头部和四肢骨折，更为严重的是高坠会导致胸、腹腔内脏破裂及颈椎和脊椎的骨折。脊椎发生骨折后如果乱动，会直接导致坠落者瘫痪；而颈椎骨折时坠落者如果被不恰当地搬动，会直接导致死亡。除非坠地时面部朝地影响正常的呼吸，否则不要移动。

（三）食物中毒

（1）催吐。如果食用时间在 1~2 小时，可使用催吐的方法。立即取食盐 20g 加开水 200mL 溶化，冷却后让其一次喝下，如果不吐，可多喝几次，迅速促进呕吐。也可用生姜 100g 捣碎取汁，用 200mL 温水冲服。如果吃下去的是变质的荤食，则可服用十滴水来促使其迅速呕吐。对有的患者还可用筷子、手指或鹅毛等刺激其咽喉，引发呕吐。

（2）导泻。如果病人服用食物时间较长（一般超过2~3小时），而且精神较好，则可服用泻药，促使中毒食物尽快排出体外。一般用大黄30g一次煎服。老年体质较好者，也可采用番泻叶15g一次煎服，或用开水冲服。

（3）解毒。如果是吃了变质的鱼、虾、蟹等引起的食物中毒，可取食醋100mL加水200mL，稀释后一次服下。此外，还可采用紫苏30g、生甘草10g一次煎服。若是误食了变质的饮料或防腐剂，最好的急救方法是用鲜牛奶或其他含蛋白质的饮料灌服。

（四）车祸事故

据专业医生介绍，"车祸的出诊量是最大的"。早晨和傍晚车祸的发生率较高，但损伤率往往较小；而在晚上十点至凌晨四五点时发生的车祸造成的伤亡率往往最高。

当出现车撞人时，在急救人员到来之前的处理原则与高坠受伤的处理原则基本相同：千万不要移动伤者。如果是车撞车，往往会导致车内司机和乘客受伤后还被卡住。如果是下半身被卡住，千万不要扭动上半身以免造成不必要的损伤；如果有钢筋或其他异物插入伤员身体，千万不要试图将这些异物取出，因为这样可能导致伤员大出血，出现不必要的伤亡，可以在伤口的近心端扎上布条，尽量减少血液流失。此外，当车祸发生时，由于极大的惯性，司乘人员很容易在车祸中发生颈椎错位或骨折，此时也不能移动伤者，否则易造成颈椎错位加重，严重的会立刻丧命。

（五）溺水事故

溺水事件发生后，送院治疗前最大限度地保全溺水人的生命尤为重要。

先让溺水者半伏，使呕吐物容易吐出，并清除残留在其口腔内的呕吐物。为了让胃或口中的水吐出，一种方法是，让溺水者躺倒，救援者可以用膝盖抵住溺水者的背部，一只手托住胃，另一只手轻微地扒开溺水者的嘴，让溺水者吐水。另一种方法是，救护者蹲着，用膝盖顶住溺水者的腹部，让溺水者吐水。此外，将溺水者救上岸后，应马上检查溺水者的心跳、呼吸等情况，如果呼吸停止，应立刻做人工呼吸抢救。如果救援者能站立在水中，可用双手托住溺水者的颈部，口对口先连续吹入4口气，在5秒内观察溺水者的胸、腹部，看看是否有反应。也可用脸颊贴在溺水者嘴上感觉是否有自主呼吸，如无反应，再吹4口气。如果是呼吸、脉搏完全停止了，要尽快对其进行心肺复苏术。

如果溺水者意识清楚，需要让其换上干衣服，盖上毯子保暖，然后送医院。对于用人工呼吸和心肺复苏术救过来的人，必须送医院进一步检查。对于已经失去意识但呼吸仍存在的溺水者，要注意保护气管通畅，谨防窒息。

（六）动物咬伤

被动物咬伤后，一要止血，二要防止感染传染病。因为传统意识上大家都会认为狂犬病只会由狗传染，但实际上像猫这样的宠物和野生动物同样可以携带狂犬病病毒。如果被猫抓伤或者咬伤而没有引起重视的话，其后果同样可能是致命的。

被动物咬伤后应迅速用肥皂水冲洗干净，包上干净的纱布再去医院检查。如果是被蛇咬伤，被咬的肢体应放低，在伤口靠近心脏的一端用布带等轻轻地扎起来。可以口对伤口猛吸10多次，每吸一口血就马上吐掉,最后还需漱口,伤口部位应保持不动。如果是脚伤,应抬着去医院。被毒蛇咬伤是危险的,被无毒蛇咬伤也必须去医院处理。如果是被蜈蚣咬伤,局部马上会出现红肿,并伴有剧烈疼痛,应立刻挤出毒液,在伤口的近心端部位用布带等扎起来,并用自来水冲洗,进行冷敷后马上去医院。

(七)烧伤事故

烧伤在日常工作和生活中也是多发的意外事故,大的烧伤概念包括火的烧伤、开水的烫伤、化学品的烧伤、炼钢引起的钢水溅伤及其他高温引起的皮肤损伤。

一旦出现烧伤的情况,如果程度较轻的话,最有效的自救措施就是放在凉水下冲半个小时,或者用冰袋冷敷。采取上述措施后,应用干净的纱布将被烧伤部位包裹起来。如果出现大面积烧伤,切记不要碰被烧伤的皮肤,因为此时的皮肤已经与组织脱离,一旦触动很容易造成皮肤脱落,而且是不可修复的。

有些化学品碰到水后会起化学反应,同时还会放出热量。因此,对于这类烧伤,需要用大量的冷水冲洗,然后擦干净,再用纱布包好,去医院治疗。

(八)突发心脑血管疾病

除了外力引起的突发事件会导致伤亡外,突发心脑血管疾病同样也会在瞬间威胁到病人的生命。中医将出血型(如脑溢血)和缺血型(如心肌梗死)的心脑血管疾病统称为中风。一旦出现中风,早一点施救,就会使病人增加一分生的希望。

人中风后,通常其鼻子一侧出现皱纹、左右鼻唇沟不对称、嘴的一侧下斜、脸部不对称、口水下滴、打鼾、脸色发红(或发青)、眼睛充血、剧烈呕吐、大小便失禁、发烧或出汗等症状。切忌对脑中风病人摇晃、垫高枕头、前后弯动、头部震动等。如果病人的呼吸和心跳已经停止,要马上做心肺复苏术。如果病人意识清楚,可让病人仰卧,头部略向后,以开通气道,不要垫枕头,并盖上棉毯以保暖。对于失去意识的病人,应维持昏睡体位,以保持气道通畅,不要垫枕头。

脑中风病人往往会有呕吐现象,要保持病人脸朝向一侧,让其吐出。抢救者用干净的手帕缠在手指上伸进其口内清除呕吐物,以防堵塞气道,最好用汤勺压在病人的后舌根处,使其口腔保持张开,这样能防止窒息,也能防止抽搐发作咬伤舌头。

(九)运动损伤的预防

做好运动前的准备活动,做好运动后的整理活动,注意运动后的饮食,正确处理运动时的伤痛,患有疾病的同学不能参加剧烈活动。

大学生校园体育运动损伤预防与急救方法

四、预防不法侵害对人身安全的威胁

案例

某医学院 2015 级硕士研究生林某,在某医院实习期间,牵涉同班同学黄某被投毒死亡案。2018 年 4 月 16 日,警方初步认定林某存在重大作案嫌疑,林某被刑事拘留。

2019年2月18日，法院一审以故意杀人罪判处林某死刑。2019年12月8日，此案二审开庭。2020年1月8日，该市高级人民法院宣判，驳回上诉、维持原判，死刑判决依法报请最高人民法院核准。

2020年12月9日，最高人民法院下发裁定书，核准林某死刑。11日，林某被依法执行死刑。

点评

本案中，被告人林某作为一名医学专业的研究生，本应尊重生命、关爱生命，利用专业知识服务社会，但林某仅因日常琐事对被害人不满，便利用自己所掌握的医学知识，蓄意向饮水机内投放剧毒化学品，故意杀死黄某，无视他人的生命。

（一）大学生伤人案件

近年来，国内接连发生高校命案，在社会各界引起强烈反响，也让人们产生了一个巨大的疑惑：如今的大学生怎么了？究其原因是多方面的。

大学生正处于青年时期，其生理和心理都迅速走向成熟但还没有成熟。他们感情丰富、心理起伏大、易冲动、自控能力差、做事欠考虑，他们没有走向社会却渴望走向社会。所以，如果没有正确引导，大学生很容易误入歧途，走上犯罪的道路。

（1）心理脆弱，无法应对挫折。大学生犯罪的主要原因是自控力较差，心理脆弱，无法应对挫折。现在大学生中独生子女占绝大多数，远离父母独立生活之后，对挫折没有准备，一旦遇到比较大的事情，容易产生过激行为。还有一些大学生因出身贫寒，或有某些缺陷，一方面对家庭和社会不满，另一方面敏感自卑、自我调控能力差，无法应对社会的一些不公和挫折，对人生悲观，以致不能自拔，最终走向极端。

（2）心理迷乱，情绪失控。如今，大学生失业现象也日益突出，许多大学生的自我预期开始下降，使其缺乏社会责任感。他们不再拥有昔日大学生身为少量"社会精英"的自豪感，而是感到前途渺茫，这就使他们极易产生消极颓废心理，导致心理迷乱，情绪失控。

（3）蔑视法律的心态。犯罪的大学生大多对法律的相关规定有大致了解，有的甚至攻读法律专业。在犯罪大学生中，有的学生明明知道那样做是违法的，但心存侥幸，认为自己手段比较高超，不会被查获，而以身试法，这是一种蔑视法律的心态。

（4）性心理不健康。大学期间，大学生的生理迅速走向成熟，开始对性充满了好奇和渴望。从青春期开始的逐渐性成熟及性意识的增强必然使这些刚刚成年的年轻人关注异性，这本无可厚非。但是，如果不引导他们形成良好、正确的性道德观念，再加上受到各种暴力、色情文化的不良影响，就有可能在神秘感、好奇心的驱使下产生性犯罪行为。

（5）价值观念的偏离。大学生的任何行为均受其人生观、世界观和价值观的影响。正确的大学生安全意识需要得到正确的思想意识形态的支持，只有大学生明确了自身的发展目标，树立正确的、积极的人生观、世界观和价值观，才能保证自身的安全行为。

（二）大学生伤人案件的预防

（1）提高对社会的适应能力。

（2）及时发现犯罪预兆。
（3）培养自我责任意识。
（4）尊重生命。
（5）在特殊情境中全力控制暴力侵害的滋生。

第二节　纠纷和斗殴的预防

高校中出现打架斗殴，绝大部分是因为同学之间一些小的矛盾纠纷没有得到及时化解而酿成的。俗语说："祸福皆源于口。"本节主要介绍怎样预防、化解纠纷和如何防止斗殴，以增强同学们的自律意识，保护自身安全。

案例

2004年2月中旬，某大学学生马某因家境贫寒经常受到同学的鄙视、嘲讽，心灵扭曲，于13~15日3天内，在该大学某学生公寓，用事先购买的铁锤先后4次分别将其同班同学唐某、邵某、杨某、龚某杀害。

点评

该案例虽然距今已有十余年，但作为在当时极为轰动的案件，十分具有典型性。从此案件中可以看出，良好的人际关系能够淡化矛盾，减少隐患，消解不稳定因素，是最好的自我保护工具。在现实生活中，大多数案件的起因是人与人之间的关系处理不当。如果人与人之间在相互交往中能够做到待人以礼、以诚、以信，往往能够化干戈为玉帛；相反，以邻为壑，就会纠纷不断，永无宁日。要解决这种问题，就必须发挥传统文化中"和"的功能，"和"意味着没有冲突、没有积怨，事物在秩序内运行。

一、预防纠纷

（一）大学生发生纠纷的主要原因及表现形式

学生中发生纠纷的原因主要有：
（1）不拘小节容易发生纠纷。
（2）开玩笑过分或刻意地挖苦别人容易发生纠纷。
（3）猜疑容易发生纠纷。
（4）骂人或不尊重别人容易发生纠纷。
（5）妒忌他人容易发生纠纷。
（6）不谦虚，狂妄自大、目中无人容易发生纠纷。
（7）极端利己、不容他人、争强好胜容易发生纠纷。

纠纷的表现形式主要有两种：一是争吵斗嘴，互相攻击、谩骂；二是争吵不断升级，发展为你推我搡，最后大打出手。两种形式，联系紧密，以争吵开始，以打架甚至造成伤害告终。还有其他一些形式，如写恐吓信，背后造谣、污蔑等。

（二）大学生发生纠纷有哪些危害

1. 损害了大学生的美好形象

当代大学生应当是政治方向坚定，思想品德高尚，富有创造精神的一代新人。争争吵吵、打打闹闹、纠纷四起，不仅损害了自己的人格，而且玷污了大学生这一称号。尽管闹纠纷的是少数人，但受到损害的是整个大学生的形象。

2. 妨碍内部团结，破坏大学生成才的良好环境

同学之间、师生之间、朋友之间真诚相处，和睦团结十分可贵，它不仅可以使你感受到集体的温暖，在良好的环境中培养自己良好的品德，而且可以从他人身上得到帮助、受到启发，以提高自己的学识和为人处事的能力。而"内战"四起，纷争不休，只会伤害感情，削弱友谊，破坏团结，瓦解集体。在这种环境中，养成互不信任、怀疑猜测、尔虞我诈、逞强好斗的不良习惯，影响自己成才。

3. 酿成刑事、治安案件，葬送自己的前程

就纠纷发生的直接原因而言，多数是微不足道的小事，但是一旦升级为纠纷，有的则难以收拾。例如，恋爱纠纷可以使人丧生，同学纠纷可以使人镣铐加身，家庭纠纷可以酿成血案。纠纷是刑事、治安案件的温床，纠纷是破坏安定团结的蛀虫，我们应当引以为戒。

（三）怎样防止纠纷发生

纠纷是大学生活中的常见现象，又往往会造成严重后果，所以大学生应尽量防止发生纠纷，避免"一失足成千古恨"。

当预感到可能发生纠纷时，希望大学生尽力做到以下三个方面。

1. 冷静克制，切莫莽撞

无论争执由哪一方引起，都要持冷静的态度，不可情绪激动，这就要求我们大度、虚怀若谷。只有"大着肚皮容物"，才能"立定脚跟做人"。某古刹有一副颂扬大肚弥勒佛的对联：大肚能容，容天下难容之事；开口便笑，笑世间可笑之人。对于那些可能发生摩擦的小事，要宽容，一笑了之。如果能够做到这一点，就能"卒然临之而不惊，无故加之而不怒"，一切纠纷，都会化为乌有。

2. 诚实谦虚

在与同学及他人相处中，诚实、谦虚是加强团结、增进友谊的基础，也是消除纠纷的灵丹妙药。有了诚实、谦虚的精神，在发生纠纷时，就能认真听取他人的意见，进行自我批评，宽容他人的过失，处理好相互间的争执。要知道，在与他人的交往中，特别在发生争执时，诚实、谦虚并不是懦弱、妥协，恰恰相反，它是你强大和品德高尚的表现。"人有毁我消我者，攻之固益其德，安之亦养其量。"培根说过，"经得起各种诱惑和烦恼的考验，才算达到了最完美的心灵健康"，而"每一次的克制自己，就意味着比以前更加强大"。

3. 注意语言美

实践证明，大学生中的纠纷多数由口角引起，而口角的发生都是恶语伤人的必然结果。俗话说，"病从口入，祸从口出""话不投机半句多"。语言美是社会主义精神文明的重要内容，当你不小心触犯了别人时，你讲一句"对不起""很抱歉""请原谅"，或者别人触犯了你，向你道歉时，你回敬一句"别客气""没关系"，紧张气氛就会烟消云散，从而化干戈为玉帛。要做到语言美，一是说话要和气，心平气和地与人说话，以理服人，不强词夺理，不恶语伤人。二是说话要文雅，谈吐要雅致，不说粗话、脏话。三是说话要谦虚，尊重对方，不说大话，不盛气凌人。

防止发生纠纷的总原则是：恪守本分，互谅互让，求同存异，理解万岁。

二、防止斗殴

案例

大学生张某与蒲某是2021级同学，由于蒲某经常对张某的家乡进行讥讽，嘲笑他为"老逼儿"，张某于是怀恨在心，遂产生报复心理。2022年9月早晨，张某与蒲某双方因生活琐事再次产生矛盾。张某将蒲某叫到其宿舍，因言语不和，张某首先动手打蒲某，并用脸盆猛砸蒲某头部使其头部出现多处肿胀青紫，血流满面。蒲某在厮打过程中将张某鼻梁骨打折。因同室马某、崔某、周某当时在场各偏袒一方，导致当事人双方均有伤害。事后学校给予张某留校察看处分，其他几位同学均受到校纪处分。

点评

斗殴是人们在现实生活中超出理智约束的一种激烈的对抗性互相侵害的行为。这种行为一般发生在青少年身上较多。目前，我们在校大学生的年龄大多在18~23岁，正是血气方刚时，生活中有时也许会不理智地处理同学之间的矛盾，或遇突发性纠纷时容易超出道德"警觉点"，而步入歧途。

（一）禁止打架斗殴

校园内同学之间交往频繁，由于性格不合、见解不一和利益冲突等原因，必然会引发各种各样的矛盾和纠纷，从而导致打架斗殴现象发生。打架斗殴是在校大学生违法违纪行为的主要表现之一。《普通高等学校学生管理规定》第四十二条规定："学生不得有酗酒、打架斗殴、赌博、吸毒，传播、复制、贩卖非法书刊和音像制品等违法行为；不得参与非法传销和进行邪教、封建迷信活动；不得从事或者参与有损大学生形象，有悖社会公序良俗的活动。"

（二）怎样防止斗殴

1. 防突发性斗殴的"偏方"——说服术

突发性斗殴往往是对偶然事件不能冷静处理而引起的。制止这种斗殴首先应采取说服的方法，针对不同的对象，讲清道理，指出"行其少顷之怒而丧终身之躯"的严重后果，使冲动的头脑迅速冷静下来，不自酿苦酒。

案例

在游泳池里，一同学跳水时不慎撞到另一个同学的身上，他钻出水面后连忙道歉，然而被撞的同学却不予谅解，怒气冲冲地爬上岸，叉腰喝道："有种的你上来。"水中这个同学十分冷静，他清楚地知道，应以理智告诫自己和提醒对方。于是考虑了一下便说："我不上去。但我要向你说明，我不是不敢打架，我知道打架不是解决问题的办法。咱们毕竟是受过高等教育的人，我怕周围这些人笑话，何况打完架咱俩都得受处分。"仅此短短一席话，引起了双方的感情共鸣，紧张气氛骤然消失，不少同学也过来劝解，一场干戈即刻烟消云散。

2. 防报复性斗殴的方法——攻心术和暗示效应

报复性斗殴往往产生于某种变态心理。在生活中，人们的思想动机必然要从言语、行为等方面显露出来。所以，我们要关注同学的思想变化，发现问题及时而又有针对性地进行规劝。同说服术一样，所不同的是攻心术以关切为先导，不直接指出对方的错误，因为那样容易引起对方的反感，或置对方于十分难堪的境地。一般来说大学生自尊心都是很强的，所以应委婉相劝，攻心为上，用相似的人或事来善意暗示对方。让对方自己觉悟，从而领悟到同学之间的情谊。

3. 防演变性斗殴

演变性斗殴一般有较长周期的滋生过程。同学们长期生活在一起，不可避免地在思想上和生活上发生一些摩擦和冲突。而有些伤人感情的话语容易生成积怨，引起斗殴，甚至毙命。怎样防止演变性斗殴？在平时的学习生活里，我们要做到尊重他人、虚怀若谷，凡事冷静克制、切忌莽撞。交流时要和气，心平气和地与人说话，以理服人，不强词夺理，不恶语伤人。这些才是有效防止演变性斗殴的方式。

4. 防群体性斗殴

大学生完全能够从纷繁复杂的生活现象中分辨是非、判断正误，但是为帮同学、老乡或朋友而进行群体性斗殴的现象却也时有发生，这是大学生要高度警惕和预防的。

案例

一天，某高校浴室里洗浴的人员很多。当A系的学生李某正在冲浴时，B系的学生张某走过去说："这是我刚才占的喷头。"本来二人相互谦让一下就行了，不想二人却争吵起来，致使A、B两系37名学生参与了群体性斗殴。结果李某、张某二人一个被拘留，一个被开除，其他人也受到了处分。仔细想想，为一个喷头值得吗？

（三）遇上别人斗殴的处理方法

案例

学生董某在打篮球时不慎撞了吴某，拒绝向对方赔礼道歉，随即两人发生争吵，并开始相互推搡。就在这时，董某同宿舍室友祁某碰巧路过，见好兄弟被吴某辱骂，感到好友被人"欺负"，于是勃然大怒，冲上去开始暴打吴某，导致吴某一条腿骨折。事后，祁某不但赔偿了经济损失，而且受到校纪严肃处分。

如果你遇上别人打架斗殴，请别火上浇油，防止扩大事态，并希望你做到以下几点。

（1）不围观，不起哄，不介入。

（2）如果你想劝解，应当先问明情况，站在公正的立场上做双方的工作。若劝解无效，应迅速向学校有关领导或保卫部门报告，以防事态扩大。

（3）打架的一方如果是你的同学或熟人，在劝解时要主持公道，不可偏袒。在采取隔离措施时，应当首先拉自己的同学或朋友，以免被对方误解为拉偏架，或者将你当作对方的"同伙"而无故受到伤害。

（4）当学校有关部门调查打架真相时，现场目击人要勇于站出来向有关部门提供线索和证据，以保护受害人的合法权益，使肇事人受到惩处。见义勇为是每一个公民应有的美德。

第三节　自杀的预防

案例

2021年12月14日，谈某从学校附近一个建筑工地跳下，当场身亡。据记者从家属口中了解，死者谈某当天下午查询了初级中学教师资格考试成绩，三门中有一门没过，离及格线差6分，这已经是他第三次考初级中学教师资格证了。谈某的遗书就写在该考试的准考证上，交代了他的财产，并向父母道歉。

点评

学生自杀是一种极端的行为，它给家庭带来毁灭性的打击，给周围的学生、老师留下难以抹去的阴影甚至是心理的创伤，给学校带来极大的负面影响，给社会造成一些不稳定的因素。国家培养一个高学历的人才十分不容易，父母含辛茹苦养大一个孩子更不容易。当学生准备自杀时，是否应该考虑一下对国家、对家庭的影响？是否应该对自己的生命负责？

因此，大学生需要加强自身的心理素质建设，采取合适的途径发泄心中的不满，解除心中疑惑，倾诉心中担忧，做一个懂得表达自我、调节自我、德智体全面发展的大学生。

大学生自杀既是家庭的悲剧，也是社会的悲剧。为了有效预防大学生自杀，需要每一位大学生对自杀现象有所了解，懂得在挫折面前从容应对，珍惜宝贵的生命，以积极健康的心态迎接人生的各种挑战，顺利走完人生历程。

一、大学生自杀的原因

自杀死亡属于非正常死亡中的一种。从大学生自杀的原因来看，绝大多数是由不健康的心理所导致。从主观和客观因素分析，大学生自杀的原因非常复杂，纵观他们自杀前的各种思想和行为表现，可归纳为以下几个方面。

（一）人际关系的压力，不善处理

从中学到大学，学习方式、管理方式有很大的不同，学生来自不同的家庭环境和不同的区域，文化背景、生活方式及习惯存在较大差异，需要融入全新的集体并不断磨合。人际关系处理不好往往可以给一个人带来打击。少数大学生独立生活和处理问题的能力较差，既不善于处理与同学、老师之间的关系，又有心胸狭窄、猜忌、嫉妒等缺点，一遇到矛盾或受到批评，就爱钻牛角尖，自我扩大对立面，走向极端，导致自杀行为的发生。

（二）学业的压力，常遇挫折

学业压力过大是大学生自杀的重要原因之一。大学生处于人生的黄金阶段，无论是家人还是自己，对读大学都寄予了厚望。进入大学后，不同的学生在学习上会碰到相应的困难和挫折。例如，专业不如意甚至根本就不喜欢，学习科目多、难度大，学习方法不适应，成绩下降，有危机感等。一些学生在遇到挫折时感到沮丧、失意，反复遭遇挫折时就可能产生心理障碍和心理疾病，特别是对前途感到绝望时，行为就会发生偏差，甚至"走火入魔"。

（三）情感的压力，难以处理

大学生谈恋爱已是高校的普遍现象和热点问题。大学生的恋爱浪漫色彩浓厚，盲目性大，所以失恋也是常事。个别同学承受能力差，失恋的打击往往容易使他们产生自卑、悲观、失望，甚至绝望、报复等一系列异常心理，严重的还会精神失常，甚至出现自杀、报复杀人等后果。

（四）就业的压力，屡受打击

在目前严峻的就业形势面前，大学生也面临着激烈的就业竞争压力。有些同学"眼高手低"，期望值高，但是因自身能力不足、成绩不好，或者所学专业的社会需求量少，找工作屡次碰壁，通过各种渠道都未能如愿找到理想工作，形成了恐慌、沮丧、焦虑甚至是绝望的心理状态，特别是性格内向、自卑或虚荣心很强的同学，更觉得无脸见人。如不能及时发现和干预，化解其内心压力，这类同学就有可能走上自杀的道路。

（五）家庭的压力，经济拮据

根据初步估计，一个家庭供养一个大学生，学费加上生活费等开支，平均每年支出的费用占家庭总支出的较大比例，这对于一些贫困家庭确实难以承受。一些学生家长不得不借债让孩子读书。不少学生体谅家长的辛苦，在求学的同时，四处打工赚钱，以求自立；但四处奔波往往以牺牲学习为代价，造成成绩滑坡，引发更大的心理压力。

除了经济方面的压力之外，因为家庭不和、父母关系破裂、教育不当、暴力教育、过分宠溺等原因，学生从小就形成了自卑、压抑、孤独无助等消极人格心理，当生活中偶然出现不如意的事情时就很容易走向极端。这些学生若能及时得到亲友及师长的安抚劝慰，则可迷途知返；若无人抚慰，孤立无援，就会加重其心理失衡，甚至走上自杀的绝路。

二、大学生自杀的预防

研究发现，大约三分之二的自杀者，并非在走上绝路之前就毅然决然，只是由于在自杀前期和最后施行阶段没有得到应有的帮助，没有采取防范措施才导致无法挽回的后果。许多被挽救的自杀者，绝大多数在以后的日子里都能很好地生活下去，同时也对自杀的鲁莽行为追悔不已。另据调查发现，自杀者在自杀前都会有意无意地表现出明显的异常行为，从语言、身体、行为等方面发出求救信号，这就为预防自杀提供了可能。

（一）有自杀倾向的初期信号

想自杀的人可能在自杀前数天或数月出现以下四种征兆。

1. 言语上多消极悲观

有自杀意念的人会间接、委婉地说出来，或者谨慎地暗示周围的人。如"想逃学""想出走""活着没有意思""生活是无意义的""我没有希望了""如果我不在人世了，情况可能会更好些""你会参加我的葬礼吗""我想结束我的生命"等。

中国大学生心理健康调查情况

2. 情绪上多反复无常

有自杀意念时，通常会表现出不想和人沟通或希望独处的迹象，喜欢避开朋友或亲人，自己一个人躲在角落呆呆地思考。情绪反复不定，表现出持续的焦虑与愤怒、过度的罪恶感和羞耻感、痛恨自己、害怕失控、担心伤害自己和别人、极度悲伤等。有少数人在决定结束生命前，会表现得极度欣喜、激动、亢奋，待人异常热情，这往往是因为他们已感到一种解脱。

3. 身体上多软弱无力

有自杀意念的人会有一些身体症状反应，比如容易感到疲劳、体重减轻、食欲不好、失眠、头晕等。这往往是抑郁情绪所致，不能简单地认为是身体有病，应引起注意。

4. 行为上多怪异，令人费解

当自杀意念增强时，在日常生活中会表现出不同于平常的行为，如无故缺课、频繁洗澡、看有关死亡的书籍、异常冷漠、萎靡不振、绝望、逃避社会，或食欲缺乏、无缘无故地与别人诀别、将平时珍视的私人物品送人，甚至出走、自残，"无意中"服药过量等。

当我们发现自己生活圈子里的某人有上述语言、身体、行为的某些迹象时，应予以关注，并及时地提供必要的帮助，或向老师、有关部门寻求帮助。

（二）自杀的预防

在导致大学生自杀的诸多因素中，个人的心理素质和对问题的主观态度是最主要的因素，对自杀行为的发生起着关键作用。因此，防止自杀现象的发生，最积极的办法就是自觉培养个体健全的人格和良好的心理素质，增强自身抵抗和化解危机的能力。

1. 积极学习心理健康知识

大学生的综合素质包括多方面的内容，心理健康是其中重要的内容之一，学习必要的心理健康知识为我们的成长、成才提供了前提和保证。大学生可以通过请教老师、跟同学探讨、上网搜集资料等方式进行心理知识的积累。除了学习知识，还要学会理论和实践相结合的方式，将心理健康知识付诸实际行动中。

2. 磨炼自己承受挫折的能力和意志

正确应对挫折是预防自杀的一个重要环节。从心理学的角度来看，挫折是指个体行为欲望受阻或受干扰的情景，如生理、心理、物质、精神的需要得不到满足，从而产生失望、愤怒、紧张的情绪，有的人会因此抑郁、厌世，继而采取自杀行为。某些意志比较薄弱的大学生往往缺乏承受挫折的能力，心理耐受力差，情绪具有冲动性、爆发性和极端性等特点，遇到挫折时，容易出现过激行为。

为了提高自己承受挫折的能力，大学生需要做到以下几点。

（1）正确认识挫折对人生的影响。俗话说，人生不如意之事十有八九。挫折人人都会遇到，只不过有大有小，应对方式不同而已。挫折并不完全是一个阻碍人们前行的挡路石，如果应对方式正确，反而是人生的宝贵财富，是更上一层楼的阶梯。每个危机后面都隐藏了一个机会，挫折、苦难锻炼了我们的心理抗压能力、解决事务能力、协调能力和自控能力等，这些良好的心理素质是我们踏上成功之路、实现自身梦想和价值必备的心理基础。所以，用辩证的思维看待挫折、苦难，会发现自己将收获不一样的经历。

（2）勇敢面对挫折。在挫折、压力面前，应采取正确的应对方式，进行自我心理调节，将压力变为动力，丢掉沉重的心理包袱，朝着自己的人生目标轻装前进。

①倾诉。当我们遇到挫折或精神受到打击时，不妨找亲朋师友一吐为快，以释放沉重的心理负荷。切不可将苦闷埋在心底，自己硬扛着，这样不仅不易疏导负面情绪，反而还会滋生不良心理。可以用写日记或书信的方法将自己的苦闷记录下来，还可以上网聊天，听听网友们的评论与劝导，设法寻得心理安慰和寄托。

②升华。它是借用理性来获得解脱，用理性的"我"来提醒、暗示和战胜感情的"我"。如贝多芬、歌德等年轻时都受到失恋的折磨，在受到巨大打击后却能将痛苦化为力量，分别成为世界上著名的音乐家和诗人。

③转移。这也是不少大学生在遇到挫折时常用的办法。当遇到不愉快的事情时，可积极参加各种文体活动，如打球、跑步、唱歌、跳舞等以释放苦闷，舒缓情绪；也可以在悲痛欲绝时大哭一场，在盛怒愤慨时大声高喊，这样往往可以使负面情绪得到舒缓，从而度过危机。

④积极寻求学校心理辅导老师的帮助。各高校都设有心理咨询中心，大学生遇到如学习、交友、恋爱、疾病或挫折等引起的心理障碍时，不能讳疾忌医、羞于开口，一定要勇敢地找心理辅导老师帮助，使自己恢复正常的心理健康状态。

3. 热爱专业知识，积极参加社会实践活动，培养广泛的兴趣爱好

心理学家穆勒指出："适当的焦虑是促进人们趋于健康，趋于完整，趋于最高效率的力量。"良性的学习压力，是克服挫折、忘却烦恼的动力。大学生理应珍惜大学期间的学习机会，热爱专业知识，可通过广泛阅读各类书籍来找到自己的兴趣爱好所在，并注重培养自己专业的深度和知

识的广度。大学里各类学生组织很多，可通过参加各类社会实践活动锻炼自身的处事能力，学会处理人际关系，最重要的是学会做人做事，为以后踏上就业之路提前积累相关的工作经验。具有广泛兴趣和幽默感的学生，能够从多方面感受生活的乐趣，当在某方面的活动遭受挫折时，能够从别的活动中寻找精神寄托，冲淡消极情绪的影响。

> **小贴士**
>
> ### 克服对自杀行为的认识误区
>
> 察觉自杀行为的发生，要从企图自杀者所表现出来的蛛丝马迹入手，帮助其走出危机，还需要我们克服对自杀行为的认识误区。
>
> 误区一：不能与有自杀意念的人谈论自杀。
>
> 有人认为对那些有情绪困扰、有自杀意念的人，主动谈论自杀会助长他们的自杀动机。事实上，受自杀困扰的人往往愿意别人与其交谈，听其诉说对自杀的感受，如果故意避开不谈，反而会因被困扰的情绪无从化解而加重情绪恶化。
>
> 误区二：宣称自杀的人不会自杀。
>
> 当有些人向他人透露自己想自杀，尤其在语言中有恐吓成分时，听者却以为他不过是说说而已，或者误以为真正想死的人是不会把自己的打算告诉别人的。其实研究表明，曾经自杀过的人中，有80%在事前都谈及过自杀。这种人很可能有自杀的举动，必须引起高度重视。
>
> 误区三：所有自杀的人都是精神异常者。
>
> 有人认为只有精神病患者才自杀。事实上，只有20%的自杀者是抑郁症或精神分裂症患者，大多数自杀者是正常人。
>
> 误区四：自杀危机改善后就不会再有问题。
>
> 有自杀企图的人经过危机干预改善状态后，情绪会好转。周围的人常常因此会误以为自杀危机已经不存在了，因而放松防范措施。而事实上，自杀危机改善后，至少在3个月内有自杀企图者还有可能重蹈覆辙。

第四节　女大学生的自我保护

一、性侵犯的形式和特点

案例

2018年2月，在网上发布寻求兼职消息的女大学生王某，很快收到了一家度假村的面试通知。说来真奇怪，面试地点就定在了大学校园门口，而面试官竟骑着破旧摩托车，身穿蓝色工作制服，全然没有单位负责人的派头。王某虽然感到疑惑，可还是中了坏人的圈套，被带进荒山，连续遭受了强奸和抢劫的不法侵害。更令人发指的是，王某并不是该男子强奸的第一个对象，在她之前，他已采用"招聘度假村兼职礼仪小姐"的相同手段，接连强奸了两名女生，只是两人均放弃报案，他才能继续逍遥法外。

点评

案例中王某的遭遇，提醒正在应聘岗位的女大学生们，求职时千万要擦亮眼睛，遇到可疑人物或可疑环境时，宁可放弃工作，也不要以身涉险。

据有关部门调查，近年来，性犯罪在整个社会发生的刑事案件中所占比例越来越大，仅次于财产犯罪而居于第二位，成为扰乱社会治安、败坏社会风气、阻碍社会进步的重要因素。因此，在社会治安日趋严峻和复杂，性犯罪案件日渐增多的形势下，女大学生应了解、掌握有关预防性侵害的知识，以有效保护自己，免遭性侵害。

（一）性侵犯的概念

性侵犯泛指一切与性相关且违反他人意愿，对他人做出与性有关的行为。强奸、性骚扰是性侵犯，像露体、窥淫等也可算是性侵犯。

（二）性侵犯和性骚扰的对象

在性犯罪中，凡女性，无论老幼都有被攻击的可能，而以16~29岁的女性为主要侵犯目标。女大学生正处于青春年华，其年龄构成、身体条件、社会经验等都是她们易受性侵害的原因。

从高校女生受到性伤害的实际情况来看，下面几种类型的女学生易受攻击。

（1）装扮时髦，行为不羁，经常出入社会公共场所的。
（2）身材矮小，弱不禁风的。
（3）性格懦弱的。
（4）作风轻浮，交友不慎的。
（5）独处于宿舍、实验室、运动场或其他隐蔽场所的。
（6）被人抓住把柄，容易被他人要挟的。
（7）贪图钱财，贪图享受，缺乏观察识别能力的。
（8）意志薄弱，难拒性诱惑及精神空虚、无视法纪的。
（9）衣着暴露，裸露部分较多，曲线毕露的。
（10）夜晚长时间独自在室外活动的。

（三）性侵犯的形式

性侵犯是危害大学生人身安全，影响大学生健康成长的主要问题之一。大学生尤其是女大学生应多了解一些这方面的知识，掌握一些应对方法是很有必要的。校园中的性侵犯主要有以下几种形式。

1. 暴力型性侵犯

暴力型性侵犯，是指犯罪分子使用暴力和野蛮的手段，如携带凶器威胁、劫持受害者，或以暴力威胁加言语恐吓，从而对女学生实施强奸、猥亵等。暴力型性侵犯的特点如下：

（1）手段残暴。当性犯罪者进行性侵犯时，必然受到被害者的抵抗，所以很多性犯罪者往往要施行暴力，且手段野蛮和凶残，以此来达到自己的犯罪目的。

（2）行为无耻。为达到侵害受害者的目的，犯罪者往往会不择手段，比野兽还疯狂地任意摧残、凌辱受害者。

（3）群体性。犯罪分子常采用群体性纠缠方式对受害者进行性侵犯。这是因为人多势众，容易制服被害人的反抗而达到目的；还会使原来单个不敢作案的罪犯变得胆大妄为，这种形式危害极大。

（4）容易诱发其他犯罪。性犯罪的同时又常会诱发其他犯罪，如财色兼收、杀人灭口、聚众斗殴等。

2. 胁迫型性侵犯

胁迫型性侵犯，是指利用自己的权势、地位、职务之便，对有求于自己的受害人加以利诱或威胁，从而强迫受害人与其发生非暴力型的性行为。其特点如下：

（1）利用职务之便或乘人之危而迫使受害人就范。

（2）设置圈套，引诱受害人上钩。

（3）利用过错或隐私要挟受害人。

3. 社交型性侵犯

社交型性侵犯，是指在自己的生活圈子里发生的性侵犯，与受害人约会的大多是熟人、同学、同乡等。社交型性侵犯又被称为"熟人强奸""社交性强奸""沉默强奸""酒后强奸"等。受害人身心受到伤害以后，往往出于各种考虑而不敢加以揭发。

社交型性侵害主体在实施侵害之前都是有计划的，常常利用机会或创造机会把正常社交引向性犯罪。如经常对被侵害的女性动手动脚；频繁地以性为话题，进行挑逗勾引；想方设法把被侵害人带到可以受他控制的环境（如他的家中）或偏僻的角落，然后实施性侵害。

4. 诱惑型性侵犯

诱惑型性侵犯，是指利用受害人追求享乐、贪图钱财的心理，诱惑受害人而使其受到的性侵犯。

5. 滋扰型性侵犯

滋扰型性侵犯的主要形式包括：一是利用靠近女生的机会，有意识地接触女生的胸部，摸捏其躯体和大腿等处，在公共汽车、商店等公共场所有意识地挤碰女生等；二是暴露生殖器等变态式性滋扰；三是向女生寻衅滋事、无理纠缠，用污言秽语进行挑逗，或者做出下流举动，对女生进行调戏、侮辱。

（四）女生易遭受性侵犯的时间和场所

1. 女生易遭受性侵犯的时间

（1）夏天是女同学容易遭受性侵害的季节。夏天天气炎热，女生夜生活时间延长，外出机会增多。夏季校园内绿树成荫，罪犯作案后容易藏身或逃脱。同时，由于夏季气温比较高，女生衣着单薄，裸露部分较多，因而对异性的刺激增多。

（2）夜晚是受害者容易遭到性侵害的时间。这是因为夜间光线暗，犯罪分子作案时不容易被发现。所以，在夜间女同学应尽量减少外出。

2. 女生易遭受性侵犯的场所

（1）校内。

①公共场所，如厕所、教室、礼堂、舞厅、溜冰场、游泳池、宿舍等。

②偏僻幽静的处所，如空旷的操场、池边湖畔、亭台水榭、树林深处等。

③偏僻小道、建筑物结合部、夹道小巷。

④尚未交付使用的新建筑物或是废弃的建筑物。

（2）校外。

①公园假山、树林内。

②车站、码头附近。

③没有路灯的街道、楼边、小巷。

④立交桥下。

⑤单位的值班室、仓库。

⑥无人居住的小屋、陋室、茅棚。

⑦影院、舞厅、酒吧等公共娱乐场所。

（五）性侵犯的特点

女大学生由于生理条件所限，力量、速度等方面都比男性弱，所以在日常生活中较易遭受侵害。但是只要我们了解性侵害案件的一些规律，就能采取有效措施预防犯罪分子作案。案件的发生一般有以下特点。

1. 作案时间具有规律性

因为犯罪分子大多是一些不务正业的青年，他们上午睡觉，下午游荡，晚间出来寻衅作乐，所以性侵害案件大多发生在下午和晚上。就季节性而言，虽然一年四季都可能发生性侵害案件，但发案高峰则是在 6~10 月，其中 7~8 月最为突出。

2. 作案地点具有选择性

犯罪分子作案的地点是有选择的。滋扰型性侵犯大多发生在城镇的闹市、街道、公园、娱乐场、商场、影剧院、公共交通车辆上。因为这些地方来往人员较多，互相拥挤，犯罪分子容易得手，一旦被发现还便于逃脱。暴力型性侵犯大多发生在偏僻处。

二、女大学生防止性侵犯的方法和技巧

案例

广告公司业务员杨某失业在家，于 2019 年 3 月在网上发布了招聘业余服装模特的信息，由于其对广告公司的业务非常熟悉，发布的招聘广告看上去非常专业可信。大学生小茵通过

招聘软件，看到招聘信息后信以为真，便与杨某取得了联系。2019年3月9日晚，杨某谎称其所属广告公司在某楼盘办公，让小茵前来面试。该楼盘是新建楼盘，内部装修未完工，但外形与主体结构均已成形，楼内施工人员已不多。急于找兼职赚钱的小茵警惕性不足，便独自一人到此。杨某将小茵骗到楼盘工地无人处，恐吓、威胁并抢走小茵手机，后又强行施暴，并致其体表多处受伤。

点评

从本案可知，犯罪分子的作案模式是以招聘为名，将女大学生骗至某个地点，然后对其施以毒手。他充分利用了大学生想找工作的急切心理。大学生在找工作之前，应当树立自我保护和心理防范意识。

（一）女大学生预防性侵犯的基本方法

1. 筑起思想防线，提高识别能力

女大学生应该树立防范意识，提高识别能力和应对能力。特别应当消除贪小便宜的心理，对一般异性的馈赠和要求应婉言拒绝，以免因小失大。谨慎待人处事，对于不相识的异性，不要随便说出自己的真实情况；对自己特别热情的异性，不管是否相识都要备加注意。一旦发现某异性对自己不怀好意，甚至动手动脚或有越轨的行为，一定要严厉拒绝、大胆反抗，并及时向学校有关领导和保卫部门报告，以便及时加以制止。

2. 行为端正，态度明朗

如果自己行为端正，坏人便无机可乘；如果自己态度明朗，对方则可能打消念头，不再有不良企图；若自己态度暧昧、模棱两可，对方就会增加幻想、继续纠缠。女大学生在恋爱关系中拒绝对方的要求时，要讲明道理，耐心说服，一般不宜嘲笑挖苦。中止恋爱关系后，若对方仍然是同学、同事，不能结怨成仇人，可适当保持正常的往来关系。参加社交活动与男性单独交往时，要理智、有节制地把握好自己，尤其应注意不能过量饮酒。

3. 学会用法律保护自己

对于那些失去理智、纠缠不清的无赖或违法犯罪分子，女大学生千万不要惧怕他们的要挟和讹诈，也不要怕他们打击报复。要大胆揭发其阴谋或罪行，及时向领导和老师报告，学会依靠组织和运用法律武器保护自己。千万注意不能"私了"，"私了"的结果常会使犯罪分子得寸进尺、没完没了。

4. 学点防身术，提高自我防范的有效性

一般女性的体力弱于男性，防身时要把握时机、出奇制胜，狠、准、快地出击其要害部位，即使不能制服对方，也可制造逃离险境的机会。人的身体各部位都可以用来进行自卫反击。如头的前部和后部可用来顶撞，拳头、手指可进行攻击，肘朝背部猛击是最强有力的反抗，用膝盖对脸和腹股沟猛击相当有效，用前脚掌飞快踢对方胫骨、膝盖和阴部非常有效。同时，在确保自身安全的前提下，要注意设法在案犯身上留下印记或痕迹，以备追查、辨认案犯时作为证据。

女子防身术常用技法

（二）女大学生预防性侵犯的具体方法

1. 夜间行走的预防方法

（1）保持警惕。如果在校园内行走，要走灯光明亮、行人较多的大道。对于路边黑暗处要有戒备，最好结伴而行，不要单独行走。如果走校外的陌生道路，要选择有路灯和行人较多的路线。

（2）陌生男人问路，不要带路；向陌生男人问路，不要让他带路。

（3）衣着不要穿得过分暴露，防止产生性诱惑；不要穿行动不便的高跟鞋。

（4）不要搭乘陌生人的机动车、人力车或自行车，防止落入坏人的圈套。

（5）遇到不怀好意的男人挑逗，要及时斥责，表现出应有的自信与刚强。如果碰上坏人，首先要高声呼救；假如四周无人，切莫慌张，要保持冷静，利用随身携带的物品，或就地取材进行自卫反抗；还可采取周旋、拖延时间的办法等待救援。

2. 摆脱异性纠缠的方法

学生中的异性纠缠，主要是恋爱中的异性纠缠。这种纠缠来自两个方面：一是单恋者的纠缠。一方有情，另一方无意，有情者积极进攻，穷追不舍；二是原来有恋爱关系，因为某种原因，一方提出终止恋爱关系，另一方无法接受，因而苦苦纠缠。

为了摆脱恋爱中的异性纠缠，应该做到：

（1）态度明朗。如果你并无谈恋爱的打算，对于那种单恋的追求者，应该明确拒绝；如果是正在恋爱中或曾经恋爱过的对象，要冷静，考虑一下有无重归于好的希望，如果没有，也要明确告诉对方，让对方打消念头。你应当知道，态度暧昧、模棱两可，对对方来说增加了幻想，因而也会带来更多的麻烦。

（2）遵守恋爱道德，讲究文明礼貌。在拒绝对方的要求时，要讲明道理，耐心说服；要尊重对方人格，不可嘲笑挖苦，更不能在别人面前揭露对方的隐私。例如，不要公开对方追求你的情书，不要谈论对方曾经对你有过某种非礼行为等。如果是中断恋爱关系，自己有责任的，也应主动承担责任，表示歉意。

（3）要正常相处，但要节制往来。恋爱不成，但仍是好同学、好朋友，不可结怨，更不可成为仇人、敌人。在交往中，最好要节制不必要的往来，以免对方产生"物是人非"的伤感，让对方尽快消除由于失恋所形成的心理上的伤害。

（4）遇到困难时要依靠组织。在你认为向对方做了工作以后，可能效果不大，仍制止不了对方的纠缠，或者发现对方可能采取报复行为时，要及时向老师和领导汇报，依靠组织妥善处理，防止发生意外事件。

（5）女生要自爱自重。女生作风上要稳重，生活上要俭朴，不要刻意追求打扮，不要在和男生的交往中占小便宜、要钱要物、吃喝不分；要大方得体，不要随意向异性撒娇，以免异性有非分之想。

3. 防止歹徒入室强奸的方法

入室强奸，是指犯罪分子使用各种手段侵入室内，强行与女性发生性关系的行为。

（1）犯罪分子入室的方式。

①以找人为借口骗人开门入室。

②破门或强行撬窗入室。

③趁门窗未关潜入室内。

④挖洞入室。

⑤尾随事主入室。

（2）采取防范措施，把色狼拒之门外。为了防止犯罪分子入室强奸，女生在日常生活中应注意以下几点。

①单独在室内时不要让陌生男性随便进入。

②经常检查门窗，如发现门窗损坏，应及时报告有关部门修理。外出或入睡时应锁好门窗，防止犯罪分子潜入作案，在天热时也不能例外，尤其是住在较低楼层的女生更应注意。

③在校外租房（必须经过学校有关部门的许可）的女生尽量与人合租一套或一间房，注意锁门，不要让陌生人进入室内。

④外出归来时应观察身后有无陌生人跟踪。如发现可疑点，不要急于开门入室，应到周围人多处暂避，并注意尾随者的动向，在有人协助的情况下可以当面质问。

⑤女生宿舍内不要留宿异性，尽量避免单独和男子到宿舍会面。

⑥夜间上厕所要格外小心。如厕所照明设备已坏，应带上手电筒，上厕所前先仔细查看一下。有的犯罪分子事先躲藏在厕所里，利用女生上厕所时伺机偷窥，甚至猥亵或强奸。

⑦如有人敲门，要问清是谁。如发现有人想撬门、砸窗闯进来，一方面要积极寻求救助，另一方面要准备搏斗的工具，做好反抗的准备。

⑧节假日期间，若其他同学都回家了，最好不要独自一人住宿。回宿舍就寝时，要留心门窗是否敞开，防止有犯罪分子潜伏、伺机作案。如遇异常情况，可请一两位同学陪同进去，以确保安全。

⑨无论一人还是多人在宿舍，当遇到犯罪分子侵害时，都要保持冷静、临危不惧。一方面积极求救，另一方面在保证自身人身安全的前提下与犯罪分子作坚决斗争。

4. 日常注意事项

（1）选好位置。乘公共电车、汽车和地铁列车时，如果是在上下班高峰期，车厢中人多拥挤，难保遇到骚扰，碰到这些利用拥挤而占"便宜"的人是很令女性别扭和气愤的。公交车中最易受到骚扰的地方有两处：一是车门口，他们经常趁人多拥挤时，对女性偷摸一把，因此建议女性一上车就到车厢中央；二是车厢的连接处，因为这里是一个死角，在人多的情况下，一定要注意。根据调查发现，站在前面拉手吊环下是最安全的，因为"色狼"如果在此下手最容易被人发现，所以不敢轻举妄动。另外，研究证明，在车上看报、看书的女性也较少受到性骚扰。

（2）行车高峰期使用安全"挡箭牌"。在上下班高峰期乘车，人们像沙丁鱼般地挤在车厢内。这时，女生一定要巩固自己的防线，如可以把随身背的挎包放在胸前或者把书本放在臀部，还可以上车前将外套脱下来绑在腰际，据调查采用这种方法可以大大降低男性的欲念，是一种安全自然的保护法。

（3）不要在车上打瞌睡。如果女生是搭乘末班车，一天的疲劳可能使你困倦，这样容易给他人提供机会。因此，千万要小心，不要在人前打瞌睡。如果女生确因白天很忙、休息不足，在车上不得不打个盹，那么最好戴上黑色的墨镜，并且仍应保持正常的姿势，切勿低头沉睡。

（4）注意着装，穿薄衣夜归时最好披一条大披巾。穿着露透的衣装夜归，确实是危险的举动。但作为爱美的女生，偶尔穿件薄衣也无可厚非，不过在你穿薄衣出门之前，最好顺手带一条大披巾，这样在独自夜归时，就可用披巾将肩背披盖好。如果是穿短裙，可将其扎在腰间，以减少受侵犯的危险。

（5）穿紧身或较透明的裙子时，必须加条衬裙。如果女生想穿紧身包臀的窄裙出门，就必须考虑内裤的显露问题，即不能让内裤线条显出来，这实际也是穿衣的基本常识。最简单的解决方法就是在窄裙中加一条衬裙，这样就能起到遮蔽内裤线条的作用。

（6）夜里出门最好穿平底鞋。大多数女生喜欢穿高跟鞋，这是女性本身对美的一种追求。但是，如果不得不较晚回宿舍，或者住处较偏僻，则应该换一双平底鞋。这样，不仅能使自己感到双脚轻松舒服许多，而且在遇到紧急情况时，也能很快摆脱纠缠、脱离险境。另外，如果把换下的高跟鞋随身带着，也不失为一个好办法，因为到关键时刻，高跟鞋也能成为自卫的有力武器。

（7）避免男女一对一乘电梯。在电梯中最危险的情况就是出现一对一的局面，当然并不是每位男性都会侵犯你。但经验证明，在密闭的室内，任何人都会变得大胆。作为女生，小心谨慎一些是不会吃亏的。如果你与一个陌生男人一起乘电梯，应该站在靠近按钮控制板的旁边，一手自然地放在开门按钮处，同时两眼注视对方，用心去警戒，而外表仍要显得很轻松的样子。有时当电梯快启动时，经常会有陌生男人一边喊："请等一下！"一边就想跨进电梯门，此时如果电梯中只有你一人，那么处理的原则就只能是：他进我出。多些戒心是没有坏处的。

（8）晚间外出要结伴。晚上外出应相约数人同行，夜间行走要保持警惕，要走灯光明亮、往来行人较多的大道，对于路边黑暗处要有戒备。

（9）夏季应尽量缩短在户外活动的时间，如果一定要外出，要结伴而行。

小贴士

如何处理好恋爱纠纷

正确处理好大学生的恋爱纠纷，对于安定大学生生活，帮助大学生营造良好的学习环境，预防和减少刑事、治安案件的发生都具有重要意义。对此问题，应注意以下几点。

（1）处理恋爱纠纷，应当以双方当事人协商处理为主。

（2）要有诚意。不管恋爱结局如何，都要有解决问题的诚意。只有这样，才能在协商调解中冲破障碍，求同存异，妥善解决争端问题。

（3）严于律己，宽以待人。恋爱纠纷双方多做自我批评，防止感情裂痕加剧，铸成难以收拾的僵局。

（4）涉及中断恋爱关系时，要持慎重态度。在感情好时，要看到对方的短处；在出现感情裂痕时，要想到对方的长处。要珍惜已经建立的爱情，不要人为地制造和加深裂痕。在双方感情矛盾中，有过错的一方要主动承认错误，以取得对方的谅解。如果确无和好可能，或者一方坚持中断恋爱关系，也要面对现实，为了今后的长久幸福，果断地中断恋爱关系。

（5）对于中断恋爱关系的，要处理好善后事宜。

①在恋爱中，用于共同生活的款项，不管谁花了多少，以不结算为宜。

②互赠的礼品，按照民事法律关系中赠予方面的规定，一般不索还。

三、女大学生遭受性侵犯时的应对措施

案例

2023年3月21日晚，小张无意间在网上看到某家工厂招聘秘书，于是便联系上了工厂的李老板，双方约定好在李老板的工厂面试。第二天小张独自去到面试地点，在面试即将结束时，李老板突然把小张摁倒，要强行施暴，小张保持镇静，与对方周旋，趁着李老板上厕所时，爬到二楼窗户的平台上大声呼救。小张后来被消防员救下。李老板因涉嫌强奸未遂被警方刑拘。

点评

当女大学生遇到强奸时，一定要保持镇静，临危不惧。一是给自己壮胆，二是使犯罪分子感到你不是软弱可欺的，同时要随机应变，根据具体情况，仔细观察对方的举动和周围环境，寻找呼救和脱逃机会。最重要的是要坚强，要有信心，与犯罪分子软磨硬泡，拖延时间，顽强抵抗。

性侵害是一种严重侵害他人人身权利、破坏社会治安秩序、对社会造成严重危害的行为，被害者如果不能勇敢地与性侵害行为进行斗争，客观上就会使犯罪分子的气焰更加嚣张，以致犯罪分子逍遥法外，并使更多的人受到侵害。因此，要学会正确处理性侵犯案件，维护好自己的权益。

（一）遭受性侵犯时的应对措施

1. 保持镇静，临危不乱

遭受性侵犯时，要保持镇静，冷静思考可自救的方法。临危不乱的态度可以对犯罪分子起到震慑作用，使其感到胆怯。

2. 大声呼喊，震慑罪犯

女性在走路时，如果遭到歹徒欲行强奸，可以大声呼叫或召唤同学（无论周围是否有人都应这样做），一是震慑强奸犯，二是引来他人相救。强奸犯一般害怕有人察觉，比较恐惧女生的尖叫，所以无论如何，女生遭遇强奸时都要大叫。此时，强奸犯一般会用双手堵住女生的嘴，这时候女生可用鞋子踢强奸犯的下腹部或是狠踩强奸犯的脚，趁其不备，赶紧逃脱。

3. 拖延时间，顽强抵抗

遇到性侵害时要软磨硬泡，拖延时间，顽强抵抗。根据周围的环境选择摆脱、反抗、求救的办法。

4. 抓住时机，迅速逃脱

寻求适当机会和方式逃脱。如可先假装同意，使犯罪分子放松警惕，然后趁他脱衣时，用尽全力将他推倒及时逃跑，并在逃跑时大声呼救。

5. 利用利器，正当防卫

利用身边的器物实施正当防卫。当发生性侵害时，要想一想自己身上有无可以用作防卫的工具，如水果刀、指甲钳、发夹等，观察周围有没有可以利用的器物，用其击打犯罪分子要害部位，使其丧失侵害的能力，趁机逃跑。

6. 狠狠抓咬，毁其体肤

在歹徒实施强奸时，可用手狠抓其面部，用膝盖狠蹬其腹部，或咬其肩部、耳、鼻、嘴唇等，从而使歹徒无法得逞。

7. 留心观察，巧获证据

女性在被侵害的过程中，应设法获取犯罪分子随身携带的物品，详细观察其体貌特征、动作习惯、来去方向等，以便为破案提供更多的线索。

8. 做好标记，保护现场

采取适当的措施妥善保护现场，可为警方破案提供更多的证据。

9. 积极报警，加紧破案

在遭到性侵犯后应设法立即向公安机关报案。报案原则主要有以下三点。

（1）就近原则。到距自己最近或最方便的公安机关报案，以求获得帮助。

（2）迅速原则。报案时，应以最快的速度、最佳的传递方法向有关部门报告案情，以便有关部门能根据案情及时采取相应的措施。

（3）真实原则。在报案、控告和检举时，应实事求是，尽量做到准确、客观，对问题既不夸大也不缩小。

（二）在犯罪分子身上留下痕迹的方法和技巧

性侵害以发生在夜间灯光暗淡和人迹稀少之处居多，或者虽有光亮，但因受害者突然遭受袭击，情绪紧张，故在惊恐中往往忽略仔细观察侵害人的外貌特征，或者无法看清其特征。因此，在性侵害案件中，受害人从侵害人身上获取证据，留下某种印记或痕迹，对于侦查破案，打击罪犯，维护女性人身权利，保障社会安全具有重要的意义。

当受到性侵害时，一定要在与犯罪分子搏斗的同时，千方百计地从犯罪分子身上获取证据，并且巧妙地在犯罪分子身上留下各种印记和痕迹。

（1）在与犯罪分子搏斗时，要设法咬破、抓破其暴露躯体的某一部位，如面部、手背。

（2）保留犯罪分子的血迹、精斑及被咬下、撕下的某些肌体。

（3）拉扯犯罪分子的头发、阴毛、衣服、纽扣等。

（4）故意让犯罪分子接触光滑物体，如箱子、抽斗、地板、玻璃台面，让犯罪分子留下指纹、掌印、足印、鞋印等。

（5）在犯罪分子的身上、衣服上涂上颜料、油漆、油污等。

小贴士

女生正当防卫十招

（1）喊。有道是"做贼心虚"。犯罪嫌疑人在实施犯罪行为时，心很虚。别小看喊声带来的风吹草动，它很可能阻止其犯罪行为。假如正处于犯罪初始（刚着手）阶段，女性应该大声呼救，以求得旁人闻声救助。

（2）撒。若只身行走遭遇坏人，呼喊无人应答，跑躲不开，坏人仍然紧追不舍。女性可以干脆就地取材，抓一把泥沙撒向其面部（城市女性为防侵害，可以在衣袋、书包里常备些食盐），这样可以争取时间，跑脱后再去报警。

（3）撕。如果撒的办法不起作用，仍被死死缠住，打斗不过，女性可以在反抗中撕烂坏人衣裤，尔后将烂衣裤（碎片、衣扣、断带）作为证据带到公安机关报案。

（4）抓。使劲撕仍不能制止其加害行为的，可以向犯罪嫌疑人的面部、要害处抓去。抓人时只有抓得狠、抓得死，将其抓破，才能达到制服坏人、收集证据的目的。

（5）踢。面对一时难以制服的坏人，可以拼命踢向他的致命器官，这样可以削弱他的继续加害能力。这一手不少女性在自卫中使用过，极见成效。还应大声告诫坏人，再猖狂将受到法律制裁。

（6）变。若遭坏人跟踪，不要害怕，见机变换行走路线，一般都可以将其甩掉。

（7）认。受到坏人不法侵害时，女性应当瞪大眼睛，牢记坏人的面部和体态特征，多记线索，以便在报案（一定要争取在24小时之内）时提供给公安人员。

（8）咬。坏人施暴时常常先将女性的双臂缚住，不得已时可用"咬"的办法。有位女性在被迫害过程中，遭坏人强行亲吻，情急之中她"稳、准、狠"地咬住了坏人的舌头，致使其疼痛休克，被捉送到公安机关。

（9）套。如果几经反抗不力，坏人强奸既遂，此时也不可轻易放过（有些受害女性到此时就彻底放弃反抗了），可以采取"套"的办法将其制服。如一位姑娘被害后哭着说："这么一来，我连对象都没法找到了。你要是没有对象咱就……"次日晚，当坏人再次去找姑娘要"谈情说爱"时，被早已等在那里的公安人员抓获。

（10）刺。如果遇上坏人手中有凶器，女性仍要沉着冷静，胆大心细，不要慌乱。坏人要强奸，必会脱衣裤，此时可见机行事。有一女性被持刀坏人相逼，她临危不惧，让坏人先行脱衣，当其动手脱衣时，该女性快速夺刀向坏人身体要害处刺去。

第三章 财产安全

第一节 防盗常识

思政小课堂

一、校园盗窃现象概述

案例

2018年3月11日12时，某大学一学生宿舍被盗4台笔记本电脑、3台相机和现金600元。

2018年3月11日15时，某大学一办公楼发生入室盗窃案，办公室柜子被撬，3台笔记本电脑、1台投影仪及现金3.9万元被盗。

点评

由以上案例可知，高校盗窃案件时有发生，师生若对贵重物品保管不周，易蒙受经济损失。

随着人们生活水平的提高，学生随身携带的贵重物品也随之增多。而且随着高校招生规模的扩大，在校大学生的数量逐年上升，校园受到社会的影响，治安问题日趋彰显。然而，在校大学生的防盗意识不强，对盗窃现象不够警惕，也没有相应的思想准备。因此，给不少盗窃团伙和盗窃分子可乘之机。与此同时，有极少数学生也沾染了偷窃的恶习，盗窃同学的贵重物品和现金，致使高校盗窃案频繁发生，严重影响了大学生的学习和生活。

（一）盗窃的概念

盗窃，是指一种以非法占有为目的，窃取公私财物的行为。

盗窃是一种常见的违法犯罪行为。据有关统计，盗窃罪属于常见高发罪，是目前国内刑事犯罪案件中数量最多的一种，约占80%。我国自1985年以来的重大、特大刑事案件中，盗窃案约占50%。在高校发生的各类案件中盗窃案约占90%。盗窃案件的频繁发生，不仅给学校及师生造成了财物损失，而且严重影响了师生的正常工作、学习和生活秩序。

《中华人民共和国刑法》第二百六十四条规定，盗窃公私财物，数额较大的或者多次盗窃、入户盗窃、携带凶器盗窃、扒窃的，处三年以下有期徒刑、拘役或者管制，并处罚金；数额巨大的或者有其他严重情节的，处三年以上十年以下有期徒刑，并处罚金；数额特别巨大或者有其他严重情节的，处十年以上有期徒刑或者无期徒刑，并处罚金或者没收财产。

（二）高校易发生盗窃案件的时间和场所

1. 校园容易发生盗窃案件的时间

（1）一年中容易发生盗窃案件的时间。

①新生开学期间。学校外来人员多，人员混杂，而新生人生地不熟，从家里带来的贵重物品未能及时妥善管理好。加上缺乏生活经验，对陌生人来宿舍警惕性不高，往往不加盘问，这给盗窃分子以可乘之机。

②新学期返校之际。开学之初，大多数学生往往带了一个学期或者几个月的生活费。经过一个假期的分别，很多同学迫不及待地想出去吃饭团聚，此时一方面容易露财，引起盗窃分子的注意，另一方面人多热闹，易忽视财产安全。

③临近放假期间。学生忙于复习考试，精力集中在学习上。这期间会经常在图书馆、自习室学习，导致宿舍无人留守，容易被盗。

④毕业离校期间。毕业生由于很快就要离开母校，要办理的手续众多，东西杂乱，宿舍内进进出出的人较多，学生忙于离校，放松了警惕，容易被盗。

⑤寒暑假、"五一""十一"等假期。校园内人员稀少，教学楼、实验楼、图书馆、学生公寓等容易发生盗窃案件。

⑥夏秋季节。天气炎热，学生开门、开窗休息，缺乏防范，容易发生盗窃案件。同时，经过一天的学习、活动，大家都比较疲惫，而且学校一般都有规定的熄灯时间，所以上床后很快入睡。盗窃分子趁夜深人静、室内人员熟睡之际入室行窃。

⑦新生军训、运动会等大型活动期间。因学生集中外出，学生公寓楼内容易发生盗窃案件。

（2）一天中容易发生盗窃案件的时间。

①上课时间。学生上课或晚自习时。上课时间学生和老师通常都在教室或者办公室，宿舍一般很少有人，大家习惯将钱包和手机等放在宿舍里，而此时没有课的同学一般也都在熟睡当中。这给了盗窃分子作案的机会，常见的"溜门作案"便是利用这个时间。

②早操时间。早操期间，很多宿舍没有锁门的习惯，给盗窃分子可乘之机。

③课间时间。课间休息仅10分钟，学生在下课后一般都会走出教室放松，很少有同学回宿舍，作案分子特别是内盗作案分子会利用此时机，在盗窃得手后继续回教室上课，给人以没有作案时间的假象。

④食堂就餐时间。学生打饭时，喜欢把书包随便放在桌子上便去排队买饭，容易丢失书包和书籍等物品；食堂打饭人员较多，不少同学喜欢把手机、钱包等放在衣服口袋里，盗窃分子趁人多时，顺势把手机、钱包等贵重物品扒走。

⑤晚上学生睡觉时间。由于一些学生安全防范意识差，晚上睡觉时不关门或宿舍门虚掩。贵重物品随手乱放，给盗窃分子可乘之机。凌晨2~4点是大多数人深度睡眠时期，不容易被吵醒，是盗窃分子光顾的高发时间。

2. 校园容易发生盗窃案件的场所

（1）学生宿舍。学生的现金、贵重物品等主要放在宿舍里，所以宿舍被盗次数在高校一直占有很高的比例。

（2）教室。许多学生将装有贵重物品的书包放在教室里，自己出去办事或者上厕所时容易造成物品丢失。

（3）图书馆阅览室。图书馆阅览室一般都不允许将自己的书包带入，大多数学校是在门口放一个书架或者书柜供学生存放书包。有的学生警惕心较差，没有及时上锁，致使被窃。

（4）操场、运动场。许多同学将书包和衣服随意放在操场边或是运动场上后锻炼身体，造成现金、贵重物品及衣物的丢失。

（5）澡堂。部分学校的澡堂没有配备带锁的衣柜箱，因而造成学生衣服兜内现金或贵重物品丢失。

（6）停车地。乱停乱放在学生公寓楼、教学楼、图书馆等较为空旷的停车场的电动车及自行车容易被盗。

（7）自租房。有的学生为图生活方便，私自在校外租房，由于房屋简陋、偏僻且人员混杂，常常发生盗窃案件。

（三）高校盗窃案件的成因

近几年来高校盗窃案件逐年增多，高校盗窃案件增多的原因主要有以下几个方面。

1. 主观方面的原因

（1）制度不严，管理松懈。学校安全管理制度不健全、管理不到位、重要场所无人值班，或值班人员责任心不强、工作不认真、麻痹大意，易被盗贼乘虚而入。

（2）缺乏警惕性，防范意识差。主要表现在：

①贵重物品随意乱放。有的大学生对手机、笔记本电脑、钱包等贵重物品保管不严，随意搁置，造成被盗。

②不注意个人信息保密。有的同学存折、银行卡、信用卡的密码设置简单，且随意告诉他人，容易造成财物被盗取。

③宿舍门窗忘记关、锁或有意敞开。往往一间宿舍住五六位同学，经常进进出出，出现不关窗、不锁门的现象，尤其在夏秋季节学生喜欢开窗、敞门睡觉。有的同学认为洗脸、上厕所时间短，将手机等贵重物品放在开门且无人的宿舍内问题不大，从而造成失窃。

④宿舍钥匙保管不当。一些同学随意丢放宿舍钥匙或交给他人保管，有意行窃者容易取得钥匙，在私自配好钥匙后，开门入室盗窃。

⑤显财露富，引贼入室。有的同学虚荣心强，故意在人多场合吹嘘自己的财富，炫耀自己的贵重物品，这必将引起有意行窃者的注意，造成失窃。

2. 客观方面的原因

（1）安全设施不健全。近年来，一些高校在校学生人数几乎翻了几番，学校在经费预算时，由于要让位于学科建设、基础设施建设，往往对安全防范经费投入不足，导致高校防范设施欠缺，给犯罪分子可乘之机。比如，有的贵重物品存放处没有特制的安全防护设施，有的公寓外围围墙低矮易翻越等。

（2）贵重物品增多。由于生活条件的改善和科学技术的发展，师生个人拥有体积小、价值高、易携带的高科技产品越来越多，如笔记本电脑、手机、相机、摄像机等，这些物品客观上促进了作案者产生到高校盗窃的欲望。

（3）校园周边环境复杂，人员流动频繁。校园周边环境复杂，学校大门对外开放，外来闲杂人员以种种理由随便进出学校，使得门卫管理难度加大，校园内外的治安环境受到危害，为犯罪分子提供了有利环境。常说"铁打的营盘，流水的兵"，高校也是如此。同时，高校用人制度的改革，使教职工经常流动，特别是高校后勤大量用工，客观上造成了高校居住人员复杂、流动频繁，易被盗窃分子钻空子。如果学校的防盗警报系统不够完善，就会增加案件发生的概率，也增加了案件破获的难度。

3. "内盗"行窃者的特殊心理原因

（1）侥幸心理。有的学生缺乏法律常识，抱着试一试的念头进行盗窃，一旦取得成功便难以罢手，这种侥幸心理使他们在盗窃行为上越陷越深，无法自拔。

（2）虚荣心理。有的学生在日常生活中为了引起别人关注，在物质上讲排场、搞攀比，而家庭条件又不允许，为了不丢面子，便采用行窃的手段来满足自己的虚荣心。

（3）嫉妒心理。一部分家庭条件好的学生不注意自身言行，过度炫耀高档贵重物品，可能会对一些家庭条件差的同学产生刺激，由此造成嫉妒心理，导致少数行为过激的同学乘机行窃。

（4）报复心理。有的同学被盗以后，由于内盗案件不能及时侦破，于是相互猜忌，造成同学之间不和，甚至产生"你偷，我也偷"的报复心理。

（5）心理障碍。个别学生人格缺失，有心理疾病，尽管不缺少钱物，但有"顺手牵羊"的习惯或盗窃的嗜好。

二、常见盗窃方式及特点

案例

2020年3月，警方破获一起横跨两省的校园盗窃案，抓获涉嫌盗窃的犯罪嫌疑人吕某及涉嫌销赃的犯罪嫌疑人陈某两人，缴获来历不明的手机50余部，涉案赃款2万余元。据吕某交代，自2019年9月以来，他曾潜入两省的多所高校多次进行盗窃。吕某称，在早上7点左右，学生出操或上课时，是最佳的作案时机，他便打扮成学生模样，潜入高校校园进行盗窃。

点评

随着教育体制的改革，大学环境日渐开放，闲杂人等容易进入校园。许多盗窃分子较容易通过假扮学生或以推销产品的名义查看宿舍的财物情况，准备在宿舍无人时行窃。而遇到当时没有人在的宿舍，则顺手牵羊将学生贵重、易携带的物品拿走。这个案例告诫同学们，加强警惕和防范意识，接待外来推销人员时，千万不要轻易露财；有事外出时，记得关好宿舍门窗。

案例

某大学大一学生张某自入学后近一年的时间内,先后在同年级宿舍盗窃近20次,以配钥匙开锁、乘虚而入、顺手牵羊等手段进行盗窃。盗窃物品价值5 000余元,小到洗衣液,大到手机等财物。某日早上7时,张某趁室友外出做早操之时,盗窃同宿舍黄某放在床头的小收音机一部(价值1 200余元),后被校保卫处查获。张某在被查获后,鉴于其认错态度较好,主动交代盗窃事实,并积极退回赃物。学校未将其移交司法部门,但对其进行勒令退学处理。

点评

防盗难防"内贼"。一些法律意识淡薄的同学,利用作案环境的方便,偷取同学的财物,从而毁掉了自己的大好前途。

盗窃分子往往针对不同的环境和地点,选择对自己较为有利的作案手段,以获得更大的利益。在高校发生的盗窃案件中,作案者所采取的手法主要包括无目标的随机盗窃、有目标的准确盗窃和智能化盗窃三种。

多年来,尽管公安机关采取严厉措施一次次坚决打击,但校园内仍时有盗窃案件发生。为了做好防盗工作,大家有必要了解小偷行窃的惯用手法。

(一)校园盗窃案的常见方式

1. 无目标的随机盗窃手法

(1)顺手牵羊。盗窃者利用财物主人不备,将其放在床铺上、桌上、走廊、阳台等处的钱物随手拿走,占为己有。碰到有机可乘时,如看见别人的摩托车、自行车没锁,便顺手盗走。

(2)溜门串户。作案者首先会摸清情况,包括时间、地点、治安防范措施等,往往以找同学、找老乡、找亲朋、推销为借口,登门入室,发现宿舍无人或是发现同学在室内洗澡、睡觉或上网时没关门,便乘机入室行窃。作案者明白,宿舍门未锁,主人必定离开不远,随时可能回来,故作案时间很短。

(3)乘虚而入。作案者常乘主人不在或房门抽屉未锁之机入室行窃。为防范这类盗贼,同学们一定要养成外出时上锁、关好门窗的好习惯。

(4)调虎离山。作案者故意提供虚假"信息"诱主人离开宿舍,然后趁室内无人行窃。

(5)内贼难防。此种盗窃在校园盗窃案件中所占比例最大,且大多发生在学生宿舍,并多数为熟悉的人所为。

(6)浑水摸鱼。当宿舍内外发生意外情况或学校组织大型活动时,大部分学生因外出看热闹或是好奇外出而忘记关门上锁,作案者乘机行窃。

2. 有目标的准确盗窃手法

(1)撬锁入室。盗窃分子在基本摸清主人财物的价值、存放地点后,采用踢、撞、顶、撬等方法弄开门,入室后盗窃分子又用同样的方法撬开抽屉、箱柜等行窃。使用此法的盗窃分子胆大手狠,现场翻动较大,作案目标以现金和价值高、便于携带的物品为主。

（2）翻窗入室。盗窃分子在基本摸清主人财物的价值、存放地点后，趁主人不关窗户或关窗未插插销，翻越窗户入室行窃；或撬开防盗窗，爬入室内，进行盗窃。在窃得钱物后，堂而皇之地从大门离去或原路翻越而出。

（3）窗外钓鱼。盗窃分子趁室内无人或室内人员睡觉之际，从窗户外用竹竿、木棍、铁丝等，将晾晒的衣物和放在桌子、床、凳子上的衣服、包等物钩出室外，再将有价值的物品盗走。还有的甚至利用钩到的钥匙开门入室进行盗窃。因此，住在一楼或其他楼层靠近走廊、窗户的同学，如果缺乏警惕性，很容易被盗。

（4）留宿盗窃。盗窃分子利用个别学生警惕性不高、纪律性不强的弱点，借用朋友、老乡、同学等关系，留宿宿舍，趁主人上课或外出活动时，盗窃室内的手机、现金、照相机、电脑等。

（5）钥匙开门。盗窃分子用同学随手乱扔的钥匙，秘密配置相同的钥匙（门钥匙或橱柜钥匙），伺机作案行窃。有的甚至直接用同学的钥匙打开橱柜、窃得财物。因住宿人员变动，锁芯没有换和钥匙丢失后没有及时换锁的学生宿舍，必须高度重视，别让盗窃分子在钥匙上钻了空子。

（6）换锁盗窃。用明锁的学生宿舍，由于有的学生怕麻烦，回到宿舍后，将打开的锁挂在门扣上。盗窃分子趁学生不注意，用另一把相同型号的锁换下，等到该室学生都出去后，从容地将其打开，入室盗窃，得手后再将锁换回。

（7）内外勾结。校内个别教职工或在校学生，勾结社会上的窃贼，利用熟悉情况的特点，内外串通，私自配制钥匙交给窃贼，在学生上课时或学校放假期间实施盗窃。

3. 智能化盗窃手法

盗窃分子利用自己的计算机知识，破译他人的网络账户及密码；或偷记他人的网络账户、银行卡号及密码并伺机到银行等地盗取现金；或利用新生领取学校发放的校园卡后没有及时更改密码之机，盗取他人的存款。这类手法常见于内盗案件。

（二）校园盗窃案件的特点

1. 作案流动性大，难以侦破

校园盗窃案件大多发生在学生宿舍或者教室没人时，瞄准目标，下手准确，所以此类案件具有作案手法简单、现场遗留痕迹和物证少、作案时间短、隐蔽性强的特点，而且校园里人来人往，作案人员趁乱混入人群，方便转移。正是由于上述情况，使得校园盗窃案件的破获受到了很多限制。

2. 作案时间具有选择性，以深夜为主

校园内被盗窃的目标多为学生和住在教师宿舍、家属楼的教师及家属。一般学生和教师在正常上课期间，其宿舍多为无人状态，极容易下手。所以，作案首选时间便是上课期间，而盗窃分子容易得手时是在人们熟睡时。

3. 内盗案件突出，难以防范

近年来各大高校对于校园盗窃案的统计结果显示，近七成的盗窃案属于内盗。所谓内盗就是作案者为同学、老乡或者在校内务工的人员。财会室、计算机室等在什么位置，作案者掌握得一

清二楚；哪个学生有钱或贵重物品常放在什么地方、钥匙放在何处，盗窃分子也基本了解。不动手便罢，一旦动手，常是十拿九稳。

4. 内外结伙盗窃，损失重

内外结伙盗窃，是指校内人员与校外人员结伙在校园盗窃。作案主体主要是某些家属子弟与社会上的无业人员。这类人员从小就养成了不良习惯，不求上进，滋生了不劳而获、贪图享受的思想。为了满足欲望，他们往往利用熟悉校园环境和住户情况的便利条件进行盗窃。因为有校内熟悉校园环境的熟人帮忙，盗窃者往往能较为顺利地偷取财物，造成被害人损失惨重。

5. 作案手法多样，防不胜防

作案者为了准确地选择盗窃目标，在作案前常以某种身份做掩护，对作案目标进行暗中观察。他们通常采用顺手牵羊、溜门串户、撬门盗锁等方法行窃。由于盗窃分子的作案手法多样，尤其是趁被害者不注意时伺机作案，让人防不胜防。

6. 作案具有连续性

盗窃分子在第一次作案时很容易得手，"首战告捷"以后，盗窃分子往往容易产生侥幸心理，加之报案及破案的滞后，盗窃分子极易屡屡作案而形成一定的连续性。

> **小贴士**
>
> **盗窃分子是怎么行窃和逃逸的**
>
> 盗窃分子进入学生宿舍作案，目标首先是现金、银行卡（有的盗窃分子行窃后会立即去银行取款）；其次是手机、笔记本电脑、照相机等价值较高又便于携带的物品；最后是价值较高的衣物。因为大部分学生喜欢将贵重物品放在抽屉、柜子、被子底下。因此，盗窃分子入室后，往往首先是开抽屉，越是上锁的抽屉，被撬的可能性越大；其次是开箱子；最后是翻褥子、枕头。一些老练的盗贼搜寻既快又细，即使是放在枕芯里、褥子下、盒子里的现金，也难逃其"毒手"。
>
> 盗窃分子被学生发现后，一是骗，一般会搪塞说是找人的，或说是外系的，如同学信以为真，不认真盘问，就可能被其蒙混过关；二是逃，趁只有一两人发现，还未对其形成合围之势，立即逃之夭夭；三是混，有些盗窃分子因深入宿舍作案，一时逃不出去，往往先逃出发现者的视线，再躲入厕所、空房、阳台等处，待无人时再从容离去；四是求，装出一副可怜模样，哀求私了或放过他（她）；五是铤而走险，掏出凶器威胁，这种情况虽不经常发生，但同学们在捉拿盗贼时，对这一招也应有必要的思想准备，防止发生意外。

三、发生盗窃案件后如何处置

案例

2020年4月27日晚上7时许，某一大学学生李某趁学生宿舍熄灯无人之时，从其居住的宿舍阳台攀爬到隔壁宿舍的阳台，然后进入该宿舍，盗走魏某放在宿舍内的一部平板电脑，得手后携带赃物原路返回宿舍。4月30日下午3时,失主魏某携同该校物管保安员到李某宿舍找寻失物,犯罪嫌疑人李某将所盗走的平板电脑藏在同宿舍梁某所睡的被子下面。后被失主寻获并报警,民警将嫌疑人李某传唤至派出所处理。

点评

许多学生因为缺乏防范意识,将手机、平板电脑、笔记本电脑、相机等贵重物品随便放在宿舍的桌子上或是床上,容易导致盗窃案件的发生。需要注意的是,发生盗窃案件时,一定要学会使用法律武器维护自己的权益并及时跟学校的保卫处联系,报告被盗情况,联系警察缉拿窃贼,以避免更多的盗窃案发生。

"害人之心不可有,防人之心不可无",针对目前校园的治安状况,大学生一定要保持良好的防护习惯,认真观察身边的人与事,及时规避针对自己的财产侵害。发现财物被盗时,要快速、准确、实事求是地报警求助,用法律手段维护自己的财物安全。面对暴力侵财,在积极采取正当防卫的同时,要注意保护好自身安全。要做到联防联治,共同营造文明、和谐、有序的校园环境。

(一)发生盗窃案件时的基本应对措施

一旦发生盗窃案件,一定要冷静应对,注意做好以下几个方面的工作。

1. 及时报告,保护现场

发现被盗,应立即报告院(系)有关领导、学校保卫部门或当地派出所,并保护现场。安排专人负责,不准任何人进入现场,不要翻动现场的物品,不能急急忙忙地去查看自己的物品是否丢失。万一进入现场后才发现被盗,应马上撤离现场,切忌翻动现场物品查看损失情况。封锁和保护现场是判断犯罪分子进行犯罪活动的依据。

2. 发现窃贼,防止其逃跑

发现犯罪嫌疑人后应立即组织学生进行堵截,进行堵截时需要注意以下几个方面。

(1)随机应变,注意安全。即使明知其是窃贼,也可以故作轻松,故意误认为他是其他同学的亲友,和他随便交谈以拖延时间,等待其他同学的到来。在援助人员未到之前,要和窃贼保持一定距离,谨防其狗急跳墙行凶伤人。万一逃窜,应大声呼叫,以引起校园师生注意并协助抓获。

(2)保持冷静,急而不乱。面对窃贼逃跑,同学们应紧紧跟上,并利用熟悉的地形,分头守住楼梯口或大门出口,同时报告宿舍管理部门和学校保卫部门处理。窃贼在逃跑的过程中,往往都会在厕所、阳台、水房等处躲藏,这时要守住出口,有组织地认真盘查。

(3)依靠集体,控制窃贼。如果发现宿舍有正在行窃的窃贼,可以大声招呼住在周围的同学和宿舍管理人员,一起来控制窃贼,防止其逃跑。校园内师生员工众多,只要一喊,许多师生都会赶来帮忙的。

3. 协助调查,如实回答

公安部门和保卫人员来调查问题时应该据实回答,一是实事求是地回答公安部门和保卫人员提出的问题，积极主动地提供线索，不凭想象推测，不隐瞒情况。二是认真回忆，力求全面准确，对事不对人。三是发现线索，积极主动地向学校保卫部门或院系组织汇报。必要时，可以请求有关部门予以保密，公安机关和保卫部门有义务和责任为提供情况的同学保密。

（二）发生盗窃案件后的具体处置方法

1. 存折或储蓄卡被盗后的处置方法

存折或是储蓄卡被盗，应第一时间带有效证件到银行或储蓄所办理挂失登记手续，接着到学校保卫部门报案。若汇款单被盗，也应立即带有效证件到校收发室或投递汇款单的邮政局挂失，防止他人冒领。

盗窃分子在盗取了存折或储蓄卡后，凭借之前盗取的密码，往往会迅速支取卡内资金，当发现存折或储蓄卡内的资金被盗取后，要第一时间向公安部门报案。因为现在的储蓄所及部分提款机已经安装了摄像头，警察调取视频资料，可以较好地识别盗窃者的样貌和身形，给案件的侦破提供直接线索，挽回部分损失。

2. 手机被盗后的处置方法

许多窃贼偷取手机后，常常通过手机上的号码簿查到失主的至亲或是朋友进行诈骗，通过假扮失主，并以短信的形式，以自己生病需要借钱等借口骗取失主的至亲或是朋友的财物。因此，手机丢失后，需第一时间告之自己的家人和朋友勿相信任何需要汇钱的短信，平时也需要注意存取自己家人号码时，勿用"爸爸""妈妈"等通用称呼。

3. 汽车、摩托车、自行车被盗后的处置方法

首先要及时向学校保卫部门报案、备案，讲清楚汽车、摩托车、自行车的车牌号码、车型、颜色等可辨别的特征。如果发现自行车刚刚丢失，要先发动同学在存放地点附近寻找，因为小偷一般都不在第一现场撬自行车锁，而是转移到人少或者僻静的地方撬锁；如遇到窃贼正在撬锁，千万别惊动窃贼，可通过拍照等方式获取证据，同时立即通知学校保卫部门，力争现场抓获。

> **小贴士**
>
> **如何保管好自己的现金和贵重物品**
>
> （1）现金最好的保管方法是存入银行，并设置密码，密码不要告诉他人。存折、银行卡与身份证要分开存放，这样即使存折被盗，也不用担心被人冒领。
>
> （2）贵重物品不用时最好锁在抽屉、柜子里，以防被顺手牵羊、乘虚而入者盗走。放长假时，最好将贵重物品带走或交给可靠的人保管，不要留在宿舍。
>
> （3）住一楼的同学，睡觉应注意将衣物放在远离窗户的地方，防止被人钩走。
>
> （4）宿舍钥匙不要随便借给他人或乱扔乱放。
>
> （5）对贵重物品，最好有意识地做一些特殊的记号。即便被盗走，将来找回的可能性也要大些。

四、防盗的基本措施与技巧

案例

2019年8月，李某窜至多所大学的食堂和体育场，趁其他同学排队买饭、观看比赛之机，将放在座位、餐桌和看台座位上的背包窃走，窃得笔记本电脑、手机、数码相机、银行卡、医保卡、公交卡等物品，总计价值人民币近3万元。

点评

目前，校园内偷盗案件时有发生，这给在校学生的学习和生活造成了影响。这些案件发生的主要原因多是学生安全防范意识不强，随手将贵重物品放在没有防盗措施的宿舍、课桌上和公共场所，客观上吸引了不法分子作案。

在高校提高防范意识和防盗水平尤其重要，应养成随手锁门、关窗的习惯。妥善保管自己的钱财、贵重物品及钥匙等重要物件，以尽量避免盗窃案件的发生和财产的损失。

（一）校园防盗的基本预防措施

盗窃的基本预防方法有人防、物防和技防三种。

其中，人防是预防和制止盗窃犯罪最可靠的方法。人防首先表现为自防，很多盗窃分子都是利用人们防范意识差和麻痹大意的特点进行盗窃的。学校要经常对师生进行防盗和法治教育，不断提高学生的防范意识和法治观念，形成人人能自防、人人都能防的氛围。其次表现为专职人员的专防，由校园各类门卫、特殊场所的专职保安对校园进行定点安全管理和治安巡逻。

物防是一种应用最为广泛的基础防护措施。

技防是能即时发现入侵，能替代人员守护，长时间处于戒备状态，且不会疲劳、懈怠和更加隐蔽的一种方法。

对学生来说，最重要的是做好自防，增强安全防盗意识，提高警惕，不给盗窃分子可乘之机，以有效地遏制盗窃案件的发生。

1. 学校需采取的预防措施

（1）制定严格的学生行为规范条例并加强教育。学校需制定严格的行为规范条例，并进行学生行为规范教育，使学生明确自身的权利和义务，加强法律意识，规范学生的行为，通过管理制度来保障学生的人身、财产安全。

（2）建立宿舍安全管理制度并严格执行。为了保证正常的教学秩序和生活秩序，各高校都制定了一整套管理制度，宿舍值班人员的管理必须到位且严格，特殊情况下应该对外来人员进行详细的登记排查，限定离开时间，并最终确定外来人员是否离开及离开的时间。此外，不应该跟学生打"感情牌"，不能让学生随便将外来人员带入宿舍甚至长期居住。对于以推销、找人等借口要求进入宿舍的外来人员应一律拒绝。

（3）建立盗窃案发的应急机制。学校应加强校园安全设施的建设，对宿舍、图书馆、教学楼等加大安全防范设备的建设。比如在一楼安装防盗网、护栏，及时维修损坏的门或窗等；对发生盗窃案后的报案途径和方法进行简化；学校保卫部门需要对盗窃案引起足够的重视，集中力量缉拿窃贼，保护学生的物资财产和人身安全。

2. 个人需注意的预防措施

（1）加强自身的防范意识。学生应该加强自身的防范意识，妥善保管个人财务，贵重物品应锁起来或者随身携带。很多盗窃案发生的根本原因在于同学们防范意识的缺失给了盗窃者可乘之机。

（2）严格遵守学校的规章制度。现实中，很多学生不把学校的规章制度当回事，尤其是学生宿舍管理条例，有些人常常明知故犯。作为学生，自己首先要严格遵守宿舍楼的管理制度，杜绝留宿外来人员且不登记等情况的发生，以此来维护个人及其他人的权益。

（3）养成随手关门、关窗的习惯。同学们一定要养成随手关灯、关窗、锁门的习惯。室内无人或者睡觉期间一定要关好门窗。另外，把自己的随身物品放到安全的地方。比如，睡觉时钱包和手机最好放在自己的枕头底下，不给盗窃分子下手的机会。宿舍人多时也要把自己的东西放好，免得被人顺手牵羊。最后离开教室或宿舍的同学，一定要将门、窗关好，千万不要怕麻烦，要养成人走门锁的习惯。

（4）贵重物品保存在安全的地方。手里只留少量生活费，其余的尽量存进银行，存折和银行卡不要使用生日作为密码，密码不要告诉其他人，取钱时如果有人在身边，要保证密码不被人看到。此外，卡和身份证应分开存放。很多学生把银行卡、身份证和其他证件都放在一个包里随身携带，一旦发生被扒窃的情况就会导致所有的证件丢失，给学生本人造成麻烦。而如果恰巧银行卡使用生日作为密码，盗窃分子利用身份证上的信息很容易盗取钱财。妥善保管好各类钥匙，包括宿舍、橱柜、抽屉等处的钥匙，不能随便借给他人或乱丢乱放，以防别有用心的人复制。钥匙一旦丢失，需马上更换门锁，切不可私自借配。

（5）外出时妥善保管钱物。外出时，妥善保管自己的钱物，不要将手机、钱包等物品随便乱放。如果脱下衣服，检查里面的贵重物品并搁置好。外出不要带太多的财物，注意不要让陌生人靠近。

（二）校园盗窃的具体预防技巧

1. 学生宿舍的防盗技巧

宿舍成员集体防范，才能有效防盗。因为大学生宿舍多为集体宿舍，多人同住。每个人都有活动自由和私人空间，出入难以同步。只有大家都关心全宿舍乃至整层、整栋学生宿舍的财物安全，人人提高警惕，对陌生人、可疑人，大家都过问，大家都关心所住房间门窗是否上锁、关牢，互相关心财物安全，才能形成防范环境，使盗贼无空可钻、无机可乘。大学生除了做好以上所述的个人防范措施外，还应做好以下工作。

（1）做好宿舍的坚壁工作。门窗检查是宿舍防盗不可缺少的一环，如发现有破损或其他漏洞，应马上通知管理人员进行维修。

（2）切忌留宿他人。要遵守学校的有关规定，对要求入住学生宿舍的外来人员一律拒绝，如发现有随意留宿的人员，要报告值班人员或老师及时处理。留宿外来人员，一方面给自己和同学带来不便，另一方面，如果外来人员品德、动机不良，可能给同学或自己造成损失。

（3）保管好宿舍钥匙，不要随便借给他人。注意保管好自己的钥匙，包括宿舍、箱包、抽屉等处的钥匙，不能随意借给他人或乱丢乱放。宿舍钥匙关系到整个宿舍的安全，如果随便借给他人，就有可能被人利用，拿去配置，然后入室行窃。要将宿舍钥匙与其他（如自行车）钥匙分开放置，同时要随身携带。如有丢失则要告知同宿舍其他同学，必要时更换门锁。

（4）发现可疑人员，要进行盘查诘问。发现形迹可疑的人进入学生公寓，要提高警惕，多加注意。如发现来人疑点甚多、神色慌张、左顾右盼，同学们应主动上前询问，并请其出示相关证件，交由值班人员记录；也可派人与其交谈，同时抓紧时间报告管理人员或学校保卫部门。

2. 校园内公共场所的防盗技巧

（1）图书馆的防盗技巧。

①严格遵守图书馆的规章制度。现在各高校图书馆都制定有内部规定或专门的防盗制度（如财物保管制度等），遵守图书馆的规章制度，有利于保持图书馆的有序、整洁，对于预防盗窃也有重要的作用。

②衣服不能随意搭在椅子上，特别是装有现金或贵重物品时，更加应该注意，以防盗贼顺手牵羊。

③在公共阅览室里，切不可将贵重物品、现金随意放在桌子和椅子上，要做到现金、贵重物品不离身。

④需暂时离开时，应将现金、贵重物品带走或交同伴代管，且离开的时间不宜过长。

⑤不要用书包、手提包、衣物或其他贵重物品占位，这既有违公德，也使盗贼有机可乘。

（2）运动场所的防盗技巧。

①尽可能不携带过多现金、贵重物品，这样做可以避免和减少损失。

②有保管处的，应将物品交由保管处保管；若无保管处，则应集中置于显眼处，由专人看管或轮流看管，不能随意乱放。

③对形迹可疑的人应提高警惕。对于那些东张西望或只注意别人物品或在物品周围徘徊的人，要特别注意，必要时可上前询问，但态度应热情。

④离开前应清点物品。这样不仅可以避免物品遗漏，还可以在物品被盗或者丢失时，能及时报告保卫部门，有利于保卫部门迅速组织人员进行围堵，抓获盗窃分子，找回被盗物品。

（3）食堂的防盗技巧。

①排队（特别是刷卡）时，应注意周边环境，提高警惕。背着背囊、书包的同学尤其应注意身后的变化，以防有人浑水摸鱼。最好和同学一起结伴就餐，互相看包，互相照应。

②随身物品不能随意置于身旁、身后，离开时应把物品带走。

③饭卡一次性不要充入太多钱，不能随手置于桌上，同时最好加上密码，必要时设立一次性最高消费额。

④若发现饭卡丢失，应立即到相关部门办理挂失手续。

（4）教室的防盗技巧。

①学习时最好结伴而行，应尽量避免单独行动。将自己的书包和贵重物品放在自己能够时刻

看到或是触及的安全范围之内,切忌用自己的书包占座。

②长时间离开教室时,书包及其他物品一定要随身携带,尤其是现金和贵重物品。千万不要存侥幸心理,否则很容易被盗窃分子顺手牵羊。

③在固定教室里,最后走的同学一定要检查一下门窗是否已关好,教室的钥匙也要严加管理,严防外借和流失。

④单独去教室,无论是自习、做实验还是上网,最好不要携带现金和贵重物品,以免丢失。

⑤不要随意将手机、平板电脑等贵重物品及现金放在教室,课间休息也要随身携带,以防被盗。

(三)校园外的防盗技巧

1. 旅途防盗技巧

(1)结伴而行。外出活动,特别是长途旅游,最好结伴出行,便于相互照看财物。

(2)不要露财。人多混杂的场所内,不要戴金银首饰,不要暴露大量现金、信用卡及贵重的电子设备等,以免被盗窃分子盯上,招致财物损失。

(3)现金及重要证件随身携带。大量现金及重要证件不要放在背包或手提包中,揣在隐蔽的衣兜中较为保险。在紧急避险时,即使背包、手提包及行李丢失,也不会陷入困境。睡觉时要把现金和贵重物品放在妥善之处,如放在贴身处或压于身下。

(4)不要凑热闹。外出活动常常会遇上意想不到的各种新鲜事。这时不要上前凑热闹。因为人多拥挤,加上注意力分散,疏于警惕,会给盗窃分子可乘之机。

(5)现金分两处存放。随时需要用的小额现金放在取用方便的外衣兜里,大额现金放在贴身的隐秘之处。如带的物品过多,最好办理托运。

(6)遇到人多拥挤时要提高警惕。人多拥挤时,扒手最易浑水摸鱼,如遇到有人故意冲撞、推拉、遮挡视线时,更要特别注意,提高警惕。如发现自己或同伴被扒手盯上了,此时要相互告诫一声,保管好自己的财物,以防被窃。

2. 住宿宾馆、旅店的防盗技巧

(1)将贵重财物寄存服务台。住宿宾馆、旅店时,不要怕麻烦,不要有侥幸心理,要将所携带的贵重财物交给宾馆、旅店服务台保管,并妥善保存记录清单。

(2)先看房,后办住宿手续。住宿宾馆、旅店时,最好"房比三家"。在办理入住手续前,最好让服务员带到客房实地考察,看看其防盗及其他安全设施是否齐备,然后再做决定。

(3)夜晚睡觉时要给门上闩,关好窗。住宿宾馆、旅店保证个人财物安全的关键在于自己。千万不要因为宾馆、旅店门前有保安,服务台有服务员,就麻痹大意,放松警惕。特别是睡觉前要做足安全防范工作,不但要将门反锁,还要上闩,同时关好窗户。

3. 逛街购物防盗技巧

(1)尽量少带现金,不要露财。

(2)不要将背包和手袋背在背后,也不要把钱放在后裤兜中。

(3)试衣时,一定要将背包和手袋交同伴照管或拿在自己手中。

（4）在购物时，不要将包或衣物放在手推车或篮子里，以防不注意时被拎包。

（5）在外就餐时，将背包和手袋放在自己能照看得到的地方。

（6）遇到热闹，不要光看热闹而疏忽了自己的钱物。

（7）避开常黏在身边的陌生人，如果在街上不小心被人撞了，要及时查看钱物。

（8）女生背包途经偏僻和复杂地段时要提高防盗的警惕性。

4. 乘汽车的防盗技巧

（1）不要挤在车门口，注意碰撞你的人及周围紧贴你的人。

（2）坐在双人座上，要注意同座位或后面人的"第三只手"。

（3）对一些手持衣服、报纸、杂志等物品的人多加留意，防止在这些东西遮掩下的盗窃行为。

（4）在车厢内最好一只手扶横杆，另一只手注意保护好随身携带的提包或背包。

（5）备好坐车的零钱，尽量不要在公共场所翻钱包，以免引起扒手的注意而作案。

5. 乘火车的防盗技巧

（1）售票厅内勿掏现金。买票前准备好现金，不要在大厅内急匆匆取钱和放钱。

（2）上车勿在门口拥挤。在始发站或经过大站时，挤在车门口的旅客较多，上下车十分拥挤，可能给装扮成旅客的不法分子可乘之机。

（3）车厢内勿挂贵重物品。有些旅客喜欢将装有现金或贵重物品的衣服挂在衣帽钩上，过后却发现衣服里的现金和贵重物品不翼而飞。

（4）乘车勿与陌生人聊天。列车上的人员相对复杂，不法分子经常装扮成旅客与你主动攀亲结友，请你吃、喝东西，伺机作案。

（5）夜晚困乏时与同伴轮流睡。在后半夜，不法分子常会对熟睡的旅客实施盗窃。他们常购短途票上车，先踩点后作案，作案后迅速下车逃窜。在乘坐火车前，应休息半天，最好有人同行，轮流休息，千万不要都睡觉。

（6）到站前20分钟要警惕。列车上作案的不法分子常常盯住旅客所挂衣物或行李架上的物品，在到站前约20分钟内作案。在列车到站前要提前收拾好自己的行李物品，即使不下车，也应加倍警惕，防止不法分子趁人多顺手牵羊。

6. 银行取款的防盗技巧

（1）最好能与人同去，一个人在柜台前办理存取手续时，其他人在后面照应。

（2）取钱时，遇到不明白的事情，应向银行人员询问，尽量避免与周围的陌生人搭讪。

（3）输入密码时，要用手臂等部位挡住他人的视线。

> **小贴士**
>
> **银行卡、存折的密码如何保密**
>
> （1）要将记有密码的函件或纸条放在旁人不易发现、不易找到的隐蔽处，不要随手乱放在桌子上或不上锁的抽屉内，最好是及时修改初始密码、销毁密码纸；只要密码不泄露，在一定程度上是可以有效地保证存款安全的。

（2）平时去银行或在ATM机上取款时，输入密码时注意遮挡，以免将自己的密码泄露给他人。

（3）不要以出生年月、身份证号、电话号码等容易泄密的号码作为密码，不要与其他卡使用同一密码。

（4）密码有可能已泄露的，应立即去修改，并注意新密码的保密，以确保存款安全。

第二节　防诈骗常识

一、校园诈骗现象概述

案例

某大四学生接到这样一条信息："这个月房租还没交吧？那张银行卡被自助取款机吞掉了，打这个账号吧！刘某。"该同学误以为是房东提醒他交房租，就按信息账号汇出人民币1 000多元。

点评

近年来，以大学生为对象的诈骗案件逐年上升。作案人主要利用大学生善良的同情心或少数同学贪图小利的心理，使用花样百出的诈骗手段，骗取他们的信任和好感，使一些大学生言听计从、慷慨解囊。

随着社会的发展和高校办学体制改革的深入，高校校园也日益社会化。社会上的一些不法分子也乘虚而入，将诈骗作案目标定位在高校大学生身上，使得诈骗案件在高校内时有发生。诈骗案件已经成为高校案件中，仅次于盗窃案件而位居第二的多发性案件。校园内的诈骗行为严重地损害了在校大学生的合法权益和人身安全，影响了正常的校园秩序。

（一）诈骗的概念

诈骗是指以非法占有为目的，用虚构事实或隐瞒真相的方法，骗取公私财物的行为。

诈骗案件由于一般不使用暴力，是在平静甚至愉快的气氛下进行的，因此大学生往往容易上当。

诈骗案件的行为特征是犯罪分子采取欺骗的方法。从其作案的手段看，它属于智能型犯罪，其犯罪目的是骗取公私财物归为己有；从犯罪类型看，它属于侵犯财产罪，同时兼有多种犯罪。诈骗案件的一般特点是犯罪分子冒充他人身份，编造谎言，流窜犯罪，重复作案。诈骗分子容易在大学生身上打主意，骗取财物。

《中华人民共和国刑法》第二百六十六条规定：诈骗公私财物，数额较大的，处三年以下有期徒刑、拘役或者管制，并处或者单处罚金；数额巨大或者有其他严重情节的，处三年以上十年以下有期徒刑，并处罚金；数额特别巨大或者有其他特别严重情节的，处十年以上有期徒刑或者无期徒刑，并处罚金或者没收财产。最高人民法院《关于审理诈骗案件具体应用法律的若干问题的解释》中有规定：个人诈骗公私财物 2 000 元以上的，属于"数额较大"；个人诈骗公私财物 3 万元以上的，属于"数额巨大"；个人诈骗公私财物 20 万元以上的，属于诈骗数额特别巨大。诈骗数额特别巨大是认定诈骗犯罪"情节特别严重"的一个重要内容，但不是唯一情节。诈骗数额在 10 万元以上，又具有下列情形之一的，也应认定为"情节特别严重"：

（1）诈骗集团的首要分子或者共同诈骗犯罪中情节严重的主犯。

（2）惯犯或者流窜作案危害严重的。

（3）诈骗法人、其他组织或者个人急需的生产资料，严重影响生产或者造成其他严重损失的。

（4）诈骗救灾、抢险、防汛、优抚、救济、医疗款物，造成严重后果的。

（5）挥霍诈骗的财物，致使诈骗的财物无法返还的。

（6）使用诈骗的财物进行违法犯罪活动的。

（7）曾因诈骗受过刑事处罚的。

（8）导致被害人死亡、精神失常或者其他严重后果的。

（9）具有其他严重情节的。

（二）大学生容易上当受骗的心理因素

大学生之所以容易被骗，究其原因有下面几点。

1. 广泛交友，不加防范

目前在校的大学生大部分是独生子女，社会生活经验匮乏，辨别能力差，大多数人喜欢结交朋友。当遇到一些来访的老乡、熟人、同学，或同学的同学、老乡的老乡、朋友的朋友之类的人时，在不辨真伪的情况下宁可信其有而不信其无，给骗子可乘之机。大学生的善良正是诈骗分子屡次得手的根本原因。一些诈骗案件的作案人员深知这一点，把自己打扮成本校或外校的大学生，利用同乡关系（有的纯粹是编造出来的）与大学生交往，以获取信任。作案人员最初不提出财物请求，待打得火热时，再制造借口，请求"帮助"，进行诈骗。

2. 同情怜悯，错误判断

初涉世事的大学生，对社会有着较高的责任感和正义感，对社会弱势群体充满同情心。诈骗案件的作案人员往往利用大学生单纯善良、乐于助人、缺乏处事经验、防范能力差等特点，编造出许许多多"落难"的动人故事，以博取大学生的同情，达到诈骗的目的。

3. 经商助学，轻信他人

目前的大学生越来越独立，相当一部分学生加入业余打工的行列。他们不仅忙于学习，而且忙于校内校外的各类兼职，为找工作不少大学生被骗。另外，为了毕业后能够留在大城市，也有不少大学生经常糊里糊涂地给黑中介交钱、签合同，上当受骗是可想而知的了。

4. 有求于人，办事轻率

常言道："人在屋檐下，不得不低头。"每个人都免不了有求于人的时候，在校大学生涉世不深，冷静、理智往往被轻率、鲁莽所取代，为了办事而轻率地交友行事，导致上当受骗。

5. 爱慕虚荣，无意戒备

有些学生在与社会人员的密切来往中，形成了爱慕虚荣的心理，虚荣心常常使他们陶醉在自我欣赏之中，对周围的"朋友"毫无防备。

6. 急功近利，贪图小利

在社会交往的过程中，少数大学生存在急功近利、贪图小利的心理，忽略了对交往方深入细致地分析和考察。诈骗案件的作案人员常常利用大学生这种心理，以介绍出国、联系工作、招聘雇员等名义骗取大学生的信任，向受骗人投以小利，以提起受骗人的兴趣，进而提出获得更大利益的办法，使受骗人在利益的驱使下，一步步进入其设置好的圈套。

提防和惩治诈骗分子，除需要依靠社会的力量和法制以外，更主要的还是依靠大学生掌握相关知识，提高自身的防范能力，形成正确的世界观、人生观、价值观，认清诈骗分子的惯用伎俩，以防上当受骗。

（三）诈骗案频发的原因

1. 社会因素的诱发

当前受多种因素影响，致使部分人心理失衡，致富观念扭曲。加之自控能力较差，法制观念淡薄，在一定条件下便选择行骗敛财的违法犯罪途径。

2. 诈骗行为成本低、风险小，获利丰厚

行骗是非暴力手段违法犯罪行为，不需像其他侵财犯罪如盗窃、抢劫行为那样有爬窗、撬门、动武行凶等较大肢体行动，犯罪分子通过花言巧语或布下陷阱，使受害人"自愿"出钱，容易得手，作案风险小，且行骗成功后的获利往往较大，很容易刺激行骗人员的作案动机。

3. 侦破案件难度大

一方面，因诈骗流窜性、突发性强，侵害目标、作案手段和地点不确定，很难发现破案线索，难以进行超前预测。另一方面，由于此类案件除当事人口供外，很难有其他证据可利用，使办案民警难以发现有价值的线索。此外，有的犯罪分子还是异地、网上作案，给民警抓获现行和固定证据带来更大困难。

4. 受害人对亲人、朋友等熟人的防范心理非常弱

犯罪分子通过巧妙设置的诈骗环节，让受害者迅速认为对方就是自己的好朋友、亲人，并因此实施诈骗。

5. 大部分受害人存在"天上掉石头砸不中我"的心理

很多人即使知道诈骗是客观存在的事实，却并不相信事情会发生在自己的身上。例如，媒体大量宣传的电信诈骗、中奖诈骗案件，很多受害人都很了解，但不相信会发生在自己身上，导致被骗时的戒备心不强。

6. 受害人对网络安全知识不够了解

受害人对网络购物中网站的真伪、发布信息的真伪及合法操作规程等的识别能力差，很容易被犯罪分子从正规购物流程诱导到非法、不可监管的购物通道中。

> **小贴士**
>
> 女大学生为何更易受骗
>
> 在市场经济飞速发展的今天，一些精明的骗子越来越多地把目标锁定在年轻的女大学生身上，且屡屡得手，主要有以下原因。
>
> （1）女大学生大多珍视感情，且富有同情心，易对别人产生信任感和依赖感。一些人正是看准了女大学生的这一特点而更多地对女大学生行骗。
>
> （2）女大学生大多爱面子，容易迁就对方。女性常常碍于情面，对该认真的事却羞于表达，违背了自己意愿的事又不忍拒绝，导致骗子得寸进尺。
>
> （3）有的女大学生贪便宜，容易被一时之利诱惑。现实生活中有些女大学生仅仅因为对方的一两句"我爱你""说话算数"，便很快对其形成了"讲信用、靠得住"的"良好"印象。一旦对方再施以小恩小惠，就很容易放松警惕，让骗子牵着鼻子走。

二、诈骗手法及特点

> **案例**
>
> 某大学应届毕业生董某，为了找到心仪的工作，四处托人，结识了一位自称与理想单位领导的儿子是好兄弟的胡某。胡某声称只要交1000元介绍费，保证没有问题。董某便向父母要来1000元交给胡某。胡某钱一到手，人就再也没了踪影。
>
> **点评**
>
> 在犯罪形式上，犯罪分子一般不使用暴力，而是设计陷阱或圈套，让受害人自投罗网。虽然诈骗作案的形式多种多样，作案手段花样翻新，但仔细研究也能找出其中的规律。把握这些规律和特征，并加以防范，是完全可能避免误入陷阱、落入圈套的。

诈骗分子的诈骗手段花样百出，让人应接不暇，难以防范。作为大学生，十分有必要了解诈骗分子的诈骗手段和特点，提高警惕，谨防被骗。

（一）诈骗作案的主要手法

随着社会治安的日趋复杂，形形色色的违法犯罪分子往往在年轻幼稚、思想单纯的大学生身上打主意，借结交之际或推销之名，变换手法，施展骗术，引人上当。

1. 高校中常见的诈骗类型

（1）伪造身份，流窜作案。诈骗分子利用身份效应和大学生容易轻信和羡慕的心理，将自己伪造成名人或老乡、同学、亲戚等身份，利用假名片、假身份证骗取大学生的信任，采用游击方式流窜作案，财物骗到手后即刻逃离。有的以骗到的钱财、名片、身份证、信誉等为资本，再去诈骗他人，重复作案。

（2）骗取信任，借钱不还。犯罪分子利用大学生单纯、善良的特点，骗取大学生的信任，然后向大学生借钱借物行骗。

（3）以次充好，以假乱真。一些骗子利用学生不"识货"，经验少，又苛求物美价廉的特点，上门推销各种假冒劣质产品而使学生上当受骗。他们一般采取用真品让你鉴定或检查，而在包装或趁你注意力不集中时用假货调换。

（4）招聘为名，设置圈套。犯罪分子利用当前就业形势严峻，大学生找工作难的特点，用招聘的名义对一些学生设置骗局，骗取介绍费、押金、报名费等。

（5）租房为假，骗钱为真。诈骗分子通过短期租赁取得房屋的居住权，再假冒房主，将此房以一年期或更长期租给涉世未深的大学生，以此骗取租金。

2. 网上诈骗的类型

（1）拍卖诈骗。拍卖诈骗在各类网上诈骗中名列榜首，这跟网上交易的模式有关。在网上拍卖时，买主和卖主不用直接见面，拍卖的东西也是虚拟的，人们主要通过在网上竞价的方式来达成交易。诈骗分子故意以虚拟的身份注册，在网上以极低的价格拍卖一些贵重物品，大学生受骗者往往中标后付了款却收不到商品。

（2）长途话费诈骗。某些网友平时经常会去浏览某些成人网站，有些成人网站在你去浏览图片时，会被要求下载某一软件以观看图片。其实，这个软件是一个拨号软件，等你下载后运行这一软件时，电脑自动关闭调制解调器，切断用户原来的本地网连接，并改用国际长途电话线路重新拨号上网，从而使用户在不知不觉中产生巨额的国际长途话费。

（3）劳务诈骗。某外国语学院余某学习之余一直想做兼职，一次在网上看到了一则招聘广告翻译员的信息，她发信应聘，对方先发来一篇文章让她翻译，随后就"正式录用"了。双方通过网络传递文件，约定每月底按工作量付酬。于是余某为对方翻译了不少文件及技术资料，但到了该结算酬劳时，对方却迟迟不将钱汇入她提供的账号。余某发信去询问也再没答复，这才知道是白干了。

学生兼职五大陷阱

（4）情感诈骗。中国人有扶危救难的传统，一方有难，总会有八方来支援。可惜这一良好的传统也正在被某些网上骗子利用。他们往往会写一封感人至深的求助信，虚构一个急需援助的故事，有时甚至专门建立一个主页或专题报道这件事，把故事编得好像真的一样。善良的大学生们往往不加防备，纷纷慷慨解囊，不料却中了骗子的圈套。

（5）交友诈骗。有些大学生喜欢在网上交友、聊天。一些骗子经过精心包装，在网上粉墨登场。这些人在网上专门盯着那些"菜鸟"下手，他们会利用自己的才学、风趣，把"菜鸟"玩弄于股掌之中，等到时机成熟，再骗取钱色。

（6）传销诈骗。诈骗分子把传销的把戏搬到了网上，经过重新包装后，以所谓网络营销的模式来骗取大学生的钱。通过发电子邮件等方式，介绍他们公司新推出的产品，声称高质量、零风险、包退包换。

（7）购物诈骗。

①利用钓鱼网站诈骗。犯罪嫌疑人在淘宝等品牌网站上发布低价购物信息后，诱骗大学生登录陷阱网页，骗取买家银行账号和密码。

②利用品牌网站诈骗。犯罪嫌疑人在淘宝等品牌网站上发布低价购物信息后，诱骗买家绕过有交易保障的网络支付系统（如支付宝），通过传统网银或者ATM机转账。

③网上订、退票诈骗。犯罪嫌疑人在网上发布可订、退飞机票、火车票的虚假信息，并留下咨询电话，以绑定银行卡为由诱骗受害人通过网银、ATM机转账。

④网络游戏代练诈骗。犯罪嫌疑人以公司的名义在自设网站、网络游戏论坛、QQ群、百度贴吧等处发布网络游戏角色升级代练的消息，诱骗大学生通过网银转账，骗取升级代练金。

⑤盗取密码，冒充好友诈骗。犯罪嫌疑人先利用黑客软件盗取他人的在线游戏、QQ、MSN等账号的密码，然后从中物色被骗对象，锁定对象后，冒充账号主人与被骗对象聊天，然后以种种理由诱骗对方汇款到指定账户或进行网上购物。在行骗过程中，有些骗子甚至播放被盗账号主人的视频、音频资料。

3. 电话诈骗的类型

（1）谎称事主家长生病，连续多次诈骗钱财。例如：2022年5月，某学院毕业班的一名学生接到以医院的名义打来的电话，对方称学生家长发生车祸，正在留医治疗，要求学生即刻汇款至指定账户。诈骗者事先多次拨打该学生家长的手机直至家长厌烦而关掉手机，或者直接以公安机关办案的名义要求家长关机，或者谎称中国移动等公司进行网络测试等工作要求家长关机，随即拨打学生电话行骗。学生接到诈骗电话后，因无法与家长取得联系而感到恐慌，个别学生会因此上当受骗。

（2）冒充政府机关、政府下设机构或是电信部门的人员诈骗钱财。例如：2020年4月20日，某学生在家中接到一个自称电信工作人员打来的电话，称其手机话费已欠费3 000元。对方解释道，李某被其他人用其身份证办理手机号码而产生了欠费；另外还有人利用她的身份证办理了信用卡，该卡欠费20万元。当她表示质疑时，对方又将电话转入所谓的公安局，一名自称是公安的男子接电话，称李某卷入银行工作人员利用职务诈骗的犯罪团伙案件中，要求其名下的资金转入公安部门安全账号。所谓的"公安人员"还说，由于所涉经济案件重大，正在侦查中，要求李某不要告诉其他人，包括家人。李某相信了"公安人员"的话，随即到银行向对方指定账号汇款20余万元。

（3）以电话招揽客人从事非法"六合彩"活动。屡次听到铃声，但一接电话又挂断。按照号码回拨，对方的录音提示："欢迎致电××六合彩，×××为广大彩民爱好者提供信息，透露特码。联系电话13×××××××。"以非法"六合彩"招揽客人，而回电话既可能损失话费又容易上当受骗。

（4）打电话进行恐吓。作案手段与冒充熟人诈骗基本相似，犯罪嫌疑人通过拨打事主手机，称事主得罪他人并以要对事主进行人身伤害相威胁的方式进行敲诈。例如：2019年8月，学生孟某接到一个恐吓电话，对方称其与他人有矛盾，让其将5 000元汇入指定的账户中摆平此事，不然就威胁他的家人。

（5）冒充熟人打电话。犯罪嫌疑人主动拨打事主电话，并让事主凭听到的声音猜测他（她）是事主某位朋友或亲属，常说的话是"我是谁？"取得事主信任后，犯罪嫌疑人以其在途中遭遇意外或者家人生病急需用钱为名，让事主汇钱到其指定的账号。例如：2020年4月，学生刘某接到一名男子打来的电话，称要到学校看望刘某，因对方说话有口音，刘某误认为是自己在外地的一个朋友赵某。次日上午，该男子再次打来电话，称自己被抓了，需要用钱保释，向刘某借钱。刘某向该男子提供的银行账号内汇款3万元人民币，后发觉被骗。

4. 短信诈骗的类型

（1）提供账号汇款型。如群发"我手机没电了（卡坏了），速把款打入×××账号。"或直接发送"请把钱打入×××账户"等手机短信给大批手机号码。不法分子采用"全面撒网，重点捕鱼"的手法，面对不特定对象大面积群发诈骗短信，总有个别学生因不了解诈骗手法或缺少防范意识而上当受骗。

（2）找亲友救急型。如发送"我的钱包、手机被偷了""我出了点意外现在在医院，等钱急用，请速汇×××元到我朋友的×××卡上，一定要快。"等短信进行诈骗，有的学生就可能会成为此类短信的受骗对象。有些学生手机被盗，作案分子用盗得的手机发送短信给手机通信录内的联系人，骗取对方话费。如"×××，我手机快没钱了，现在有事不方便，麻烦给我微信转账。"

（3）信用卡遭遇盗卡消费型。如发送"尊敬的信用卡用户：您于某月某日在某某商场刷卡消费×××元，将在您的账户中扣除，如有疑问请咨询银联中心。"当有些心急的学生误认为自己的银行卡被人盗用而拨打短信提示的电话咨询时，极易被冒充银联中心、公安部门工作人员的骗子连环设套，要求学生将银行卡中的钱款转入所谓的"安全账户"，或套取账号和密码。

5. 打工受骗的类型

（1）白辛苦型。一些学生被个人或流动服务公司雇佣，讲好以月为单位领取工钱，但雇主往往找个借口拖延，拖到学生开学时就消失得无影无踪。

（2）先付押金型。这类骗局通常在招工广告上称有文秘、打印、公关等轻松、体面的工作，求职者只需缴纳一定的保证金即可上班。但往往是学生付钱以后，招聘单位又推说职位暂时已满，让学生听候消息，接下来便石沉大海。

（3）直销、传销型。学生本来是来应聘销售人员的，但到公司应聘后却被连哄带骗地先买下一大批货品，然后公司再让应聘者如法炮制地哄骗他人，并用高回扣作诱饵，一旦上当这些学生便白搭上一笔钱，甚至失去人身自由。

（4）模特、特种行业型。这类招工通常以招模特或歌星、影星培训班为名，让学生花大价钱拍艺术照参加速选，最后再借口说应聘者条件欠缺而予以拒绝。

（二）高校常见诈骗案件的特点

1. 作案上的流窜性

诈骗案件犯罪分子的活动规律是流窜犯罪，往往跨地区作案，难以确定案发地点。

2. 手段上的智能性

诈骗分子在高校作案行骗时，一般都是利用丰富的知识、技能、经验，经过精心策划，设置诱饵，使受骗者落入圈套。常常使用科技性高（如互联网）、迷惑性强（摸准大学生的个人心理）的手法提高诱骗效果。

3. 方式上的多样性

高校诈骗案件的方式是多种多样的，作案人会根据不同的情况，使用不同的方式进行诈骗。

4. 目标上的选择性

作案人员常选择以下人员作为作案对象。

（1）求人帮忙，轻率行事的。

（2）疏于防范，感情用事的。

（3）贪图便宜，财迷心窍的。

（4）思想单纯，防范意识较差的。

（5）贪图虚荣，遇事不够理智的。

（6）急功近利的。

5. 案件上的遮掩性

高校诈骗案的受害人大多是文化层次较高的大学生，他们由于轻信谎言而上当受骗，一旦醒悟过来发现被骗就懊悔不已。一部分人为了顾全名誉而不愿报案，正是因为他们有这种消极心理，所以骗子才能故伎重演、反复作案而不被揭露，长期逍遥法外。

> **小贴士**
>
> **大学生与人交往时应注意什么**
>
> （1）具备法律意识。大学生不仅要知法，还要学会用法，明白罪与非罪。在涉及具体的合作事项上，不仅是在事后知道要运用法律，更重要的是将法律意识贯穿于事前和事中。事前要履行完备的书面法律手续，不作口头协议，书面手续要力求明细化。
>
> （2）在与人交往中，对陌生人要时刻保持警惕，对其提出的问题或允诺不要轻易相信。不能把自己的身份、联系方式等轻易告诉他人，更不能随人独往。
>
> （3）当面对诱惑时，千万不要急功近利。任何时候都得想一想：别人凭什么给我这么多好处？这样做是否符合常理？"天上没有掉下来的馅饼"，仔细分析对方许诺给你的利益，就会得出比较客观和是否可行的结论。
>
> （4）有很多不法之徒专以"交友""恋爱""求助"为名，利用大学生的爱心和情感需求来行骗，要当心甜言蜜语或"慷慨义举"之后所隐藏的欺诈。

三、防诈骗常识

案例

2020年6月15日晚9时左右，某校大三学生赵某在学校广场碰到两名男青年，两人自称来自台湾，因到学校找朋友无果，身上所带的新台币在校园内不能使用，储蓄卡又被自助取款机吞掉，故想借赵某的手机给家人打电话。好心的赵某没有拒绝，便将自己的手机借给他们，电话打通后，他们称其家人要送1万元现金过来，需要借用赵某的银行账号转账。赵某回到宿舍后，觉得事有蹊跷，于是就将事情告诉了何某。何某立刻打电话向老师报告，老师接报后，立即向学校保卫处及有关领导反映此事。经大家分析，认为极有可能是一桩诈骗案，于是立即布控。当两名骗子在校区银行自助取款机旁实施诈骗时，被该校保卫处人员及老师当场抓获，送至派出所处理。

点评

许多诈骗者的手段并不是那么高明，其中有许多漏洞或"前言不搭后语"的现象，只要细心观察，或是以逻辑推理就可辨别。因此，在遭遇可疑人物搭讪或是感到事情很突然时，需要多个心眼，多方求证，或是主动报告给老师、保卫处和公安机关，以防止诈骗案件的发生。

（一）诈骗分子的特征

1. 诈骗分子的表情特点

（1）诈骗分子说的是假话，做的是假事，必然做贼心虚、提心吊胆，这样会引起其生理机制发生变化，如血压升高、心跳加速、呼吸急促，有的会面红耳赤、肌肉不舒展。

（2）由于其生理机制发生变化，使得声带不正常，特别是在初次见面谈话和将猎物弄到手时，往往语音短促、声调低沉，发出轻微的不易觉察的异音。

（3）诈骗分子在谈笑时，由于面部肌肉不能舒展，笑容里表现出明显的不自然，以及皮笑肉不笑的神态。

（4）诈骗分子的眼睛充满虚伪、狡诈和警惕的神色，在对方产生怀疑和不信任时，往往还会表现出焦躁不安的神色。

2. 诈骗分子的语言特点

（1）表达能力都比较强，口齿伶俐，能说会道。

（2）为了取得人们的好感，往往甜言蜜语，阿谀奉承。

（3）为了显示自己的身份，他们往往自吹自擂，夸夸其谈。

（4）为了让人相信他们所办的事是真的，往往说得有理有据、绘声绘色、十分肯定。

（5）当别人对其有所察觉和怀疑时，他们往往巧圆其说，假作镇定。

（6）当被别人看出破绽时，就表现得吞吞吐吐，回答问题拐弯抹角或故作镇静，企图蒙混过关。

（二）防骗的基本要点

1. 树立防骗意识，学会自我保护

目前校园的诈骗案件日益增多，大学生必须时时提高警惕，增强防范意识，学会自我保护。

诈骗分子行骗的过程可分为两个阶段：一是博得信任，二是骗取对方财物。对于行骗者和受害者来说，第一阶段是最重要的，也是行骗者行为表现得最为突出的阶段。虽然行骗手段多种多

样，但只要大学生树立较强的防范意识，对于问题保持应有的清醒，做到"三思而后行，三查而后行"，是可以做到不上当受骗的。

2. 服从校园管理，自觉遵守校纪校规

为了加强校园管理，学校制定了一系列管理制度和规定，用来规范学生的行为。在执行的过程中可能给同学们带来一些不便，却是必不可少的。况且，绝大多数校园管理制度都是为控制闲杂人员和犯罪分子混入校园作案，为维护学生正当权益和校园秩序而制定的。因此，同学们一定要认真执行有关规定，自觉遵守校纪校规，服从校园管理，预防心怀不轨的外来人员进入校园，减少受骗的可能性。

3. 加强学习和交流，加深对社会的认识

多学习，多观察，加深对社会的认识。通过报纸、电视、广播、网络等媒体，可以了解千变万化的世界；通过学校组织的安全防范教育活动，可以掌握更多的防范知识。通过学习和交流，能加深我们对社会的了解和认识，有助于提高我们分辨是非、善恶的能力。

4. 提高个人修养，克服不良心理

不良心理是大学生上当受骗的重要原因之一，拥有一个健康而理性的心理是大学生预防诈骗的重要手段。

（1）不贪私利，不图虚荣。作为大学生，要自觉拒绝金钱、名利的诱惑，增强抵御诱惑的能力。

（2）要拥有爱心、乐于助人，但不被坏人利用。

（3）在与同学、老乡、朋友的交往中，既要懂得尊重他人，又要强调自立意识。

（4）不投机取巧、贪图便宜，用平常心与人交往。

总之，要加强个人修养，树立正确的世界观、人生观、价值观，时刻加强自身思想、道德、情操的陶冶。

5. 慎重交友，不感情用事

交往要有选择，要谨慎，了解需要时间，信任需要逐渐积累。冷静甄别，避免以感情代替理智。如果只凭感情用事，一味"跟着感觉走"，往往容易上当受骗。

交友的基本原则有两条：一是择其善者而从之，真正的友情应该建立在志同道合、高尚的道德情操基础之上，是真诚的感情交流而不是简单的利益关系；二是严格做到"四戒"，即戒交低级下流之辈，戒交挥金如土之流，戒交吃喝嫖赌之徒，戒交游手好闲之人。与人交往要区别对待，保持应有的理智。

6. 及时与同学、老师沟通

班集体是校园中最基本的组织形式。在这个集体中，同学间、师生间的友谊非常珍贵，彼此间应该加强沟通和帮助。在自己拿不定主意时，最好与同学、老师多交流。特别是在自己觉得可能会吃亏上当时要与同学、老师沟通，这样能够及时避免诈骗案件的发生。

7. 慎重对待他人的财物请求

人人都需要别人的帮助，同学、老乡、朋友之间因一时急需，相互借钱是正常的，也较为安全，但应当考虑对方的信誉和偿还能力，三思而行。

8. 掌握法律常识，维护合法权益

要掌握法律常识，尽量走正常渠道，办正常手续。不论办什么事情，只要不违反国家和地方的有关法律法规，应该是可以办成的，托人走后门反而容易被骗去钱物。尤其是涉及经济活动的法律法规，一定要掌握了解，以防止诈骗分子利用同学们对相关规定的不了解或是法律的漏洞进行诈骗。

通过学习法律，可以了解国家对某一具体违法行为的规定，知道自己有哪些合法权利及受骗后通过何种途径维护自己合法的权益和人身安全。

（三）网络购物

1. 网络购物陷阱

随着电子商务在我国的迅速发展，网络消费已经十分普及，但存在的陷阱也比比皆是。

（1）有的购物网站中，东西看着便宜，但买到手时算算总账，加上运费，就不像想象中那么划算了。有些网站的标价动辄5折甚至3折，其实所标的原价都比线下的要贵，而对大家耳熟能详、对价格比较清楚的产品标很低的价位，给人造成这个网站非常便宜的假象，这就是网购陷阱。

（2）大学生网购时使用信用卡的比例比较大，容易出现信用卡被盗用、财产损失的问题。

（3）有些网站采取格式化契约条款，给消费者提供的只是"同意"或"不同意"，至于契约中的详细内容，是否存在不合理条款，消费者并不清楚。网购时一定要仔细阅读条款，以免掉入网购陷阱。

（4）C2C的拍卖网站人气很旺，对于个人卖家，更要多加留心。千万不要被这些小诱惑吸引，否则很容易掉入网购陷阱。

（5）多数网站未给消费者提供足够信息。33%的网站没有退换货说明，39%的网站未建立隐私保护对策，这种网站最好还是少去。

（6）买到的商品不能让人满意，包括有色差，计算机的图片有时候看起来很漂亮，拿到实物，却又不一样；上传到网上的图片都是经过处理的，这个网购陷阱不是很明显，因此在购买东西时一定要多看看评价。

2. 网络购物陷阱的预防

（1）预防低价陷阱。"第二件半价""特价"及"最低价"等字眼是最常见的，实际上这恰恰是大学生消费者最容易中招的地方，因此购物前可查看该商品的历史交易价格，防止跌入价格陷阱。

（2）预防宣传陷阱。相信不少消费者都有类似的网购经验，寄来的商品和网页美美的图片相差甚远，因此建议向展示实物图的商家购买，或者购物前索取实物图。

（3）预防钓鱼陷阱。各种大促期间，很多曾经网购的消费者会收到商家发送的促销、物流、支付、红包等信息，不少可直接点击网址进入查阅。为避免误入钓鱼网站，请勿打开网址链接，应进入网店的官方网站、APP查阅信息。

（4）预防订金陷阱。不少商家会以交订金可在"双十一"当天享受低价的方式吸引消费者提前交纳订金，并注明订金不退。在此提醒大学生消费者交订金前要货比三家，别冲动消费。

（5）预防海外代购陷阱。海外代购存在一定风险。如确需海外网络代购，消费者除选择知名度较高的第三方网络交易平台和可靠的支付方式进行交易外，还需要求代购人提供购物凭证、收银单据、真实联系方式等，并保留邮寄凭证，以备查询。

（6）要提早做好购物准备，以免冲动消费。网购前要考虑自己的实际需要，千万不要因为促销低价而购买。收货时当场开箱查验，特别是代收货款的交易，一旦发现问题，立即联系商家并拒收商品。

案例

"全网狂甩某某手机，超低价抢购只限今天！"黄同学浏览手机网站时，跳出这样一个促销某某手机的网页。"199元就能抢到一部价值1 999元的某某手机！"黄同学被低价抢购的噱头吸引了，当即点击抢购，并支付199元。

原以为天上掉馅饼，可等手机一到货，黄同学傻了眼：原来是一部外观和某某手机差不多的杂牌机。黄同学觉得上当受骗了，多次拨打运单上商家的电话，但都没人接听，当时支付的网页也已经打不开了。

请思考

你是怎样预防网络购物陷阱的？

（四）网络诈骗

1. 网络诈骗的发生

网络诈骗是指以非法占有为目的，利用互联网采用虚构事实或者隐瞒真相的方法，骗取数额较大的公私财物的行为。

随着互联网的快速发展，网上炒股、网上银行、网上营销等网上商务活动日渐兴起。殊不知，就在这个虚拟世界中，潜伏着这样那样的诈骗陷阱，而且这些诈骗陷阱又非常隐蔽，让上网者防不胜防。

警惕骗子利用"数字人民币"诈骗

2. 网络诈骗的预防

（1）针对假冒网上银行网站的对策。广大网上电子金融（网上银行、网上证券）、电子商务用户在进行网上交易时要注意以下几点。

①一定要核对网址，看是否与真实网址一致，建议直接在浏览器上输入银行网址，而不是点击搜索引擎的搜索结果或其他不明网站和不明邮件中的链接。

②要选妥和保管好密码，不要选如身份证号码、出生日期、电话号码等作为密码，建议用字母、数字混合密码，尽量避免在不同系统使用同一密码。

③要做好交易记录，对网上银行、网上证券等平台办理的转账和支付等业务做好记录，定期查看"历史交易明细"和打印业务对账单，如发现异常交易或差错，立即与有关单位联系。

④建议不要使用大众版网上银行，要管好个人数字证书，避免在公用的计算机上使用网上交易系统。

⑤要对异常动态提高警惕，如不小心在陌生的网址上输入了账户和密码，并遇到类似"系统

维护"之类的提示时,应立即拨打有关客服热线进行确认,万一资料被盗,应立即修改相关交易密码或进行卡的挂失。

(2)针对虚假电子商务信息的对策。应学会区分以下诈骗信息特点,不要上当。

①虚假购物、拍卖网站看上去都比较"正规",有公司名称、地址、联系电话、联系人、电子邮箱等,有的还留有互联网信息服务备案编号和信用资质等。

②交易方式单一,消费者只能通过银行汇款的方式购买,且收款人均为个人,而非公司,订货方法一律采用先付款后发货的方式。

③骗取消费者款项的手法如出一辙,当消费者汇出第一笔款后,骗子会来电以各种理由要求汇款人再汇余款、风险金、押金或税款之类的费用,否则不会发货,也不退款,一些消费者迫于第一笔款已汇出,抱着侥幸心理继续再汇。

④在进行网络交易前,要对交易网站和交易对方的资质进行全面了解。

⑤一定要看看该电子商务网站是否已经部署了SSL证书,即浏览器下方是否有安全锁,否则你在线输入的机密信息极有可能被非法窃获。

(3)设置多种密码。如果已经不小心向不明人员或网站提供了网上银行密码,要立即登录网上银行修改密码,或到银行柜台进行密码重置,并且选择不容易猜测的密码,以免被"有心人"猜中。还可以将网上银行登录密码和用以对外转账的支付密码设置为不同的密码,多重验证,以保证资金安全。

(4)验证预留信息。"预留信息验证"是有些银行为帮助客户有效识别假银行网站、防范不法分子利用假银行网站进行网上诈骗的一项服务。使用时可以在银行预先记录一段文字即"预留信息",登录个人网上银行、在购物网站上进行支付或在线签订委托缴费协议时,网页上会自动显示预留信息,以便验证是否为真实的银行网站。如果网页上没有显示预留验证信息或显示的信息与客户的预留信息不符,应立即停止交易。

(5)确认交易对象。消费者应该选择信誉良好、有保障的商家,对于不熟悉的卖家,务必检查网站上的联系信息是否真实。

(6)选择安全购物网站。安全网站会采取加密技术传输你发出的信用卡号码类信息,有效保护用户重要信息。这类网站网址通常以"https"开头,"s"表明它是更加安全的。买家可以在互联网浏览器下方寻找是否有一个闭合的挂锁,如没有挂锁,表示该网站可能存在安全隐患。即使在安全的网站上购物,除完成交易手续外,消费者也不要发送其他财务数据。

(7)警惕来自貌似熟悉公司的钓鱼邮件。警惕要求你提供个人信息的电子邮件,因为正规企业不会主动要求消费者透露个人信息。

(8)检查卖家的隐私权与安全政策。正规卖家会在其网站张贴隐私权与安全政策或声明,注明搜集哪些数据、如何使用或分享这些数据。如果不希望个人信息被其他公司分享,你可以要求保密,如没有此选项,可以考虑远离该网站。

(9)注意不同国家的安全与隐私权的不同标准。消费者应及时打印购物时的条款、条件、保障、商品说明、公司信息及来往确认的邮件(最好注明日期),作为购买凭证,并及时检查购买的商品,发现问题时尽快联系卖家。

（10）主动预防。消费者应该购买并定期升级带有探测间谍软件功能的防毒与防火墙软件，并及时安装操作系统补丁，还要坚持每周完全扫描一次系统并删除发现的病毒、广告软件或间谍软件。

（11）定期检查信用报告与信用卡账单。消费者应该定期检查信用报告与消费记录，确保金额正确及信用卡密码未被他人盗用。

案例

2019年12月，学生王某在网上某商城浏览电子产品。该网站上出售手机、数码相机、数码摄像机、笔记本电脑、平板电脑等，上面很多产品的价格都特别低。王某看中了一款手机，售价是1 800元。王某开始一直很怀疑这个网站，打过很多次电话到客服，在王某一系列的提问下，客服接线员都耐心、详细地回答，于是王某相信了这个网站。12月26日王某转账1 800元过去，并嘱咐尽快发货。客服说正好在王某所在城市也有客户购买他们的笔记本电脑，由于不好邮寄需要上门送货，约好12月30日顺道送货给王某。可就在送货当天的早上王某接到电话，对方说他现在已经在王某所在城市，但是他有一个工作伙伴在王某所在城市送货时被工商局抓了，货也被收了，因此以怕王某是工商局的人为由，拒绝当面交易。还说如果想现在拿到货，王某就必须汇3 000元的保险金到他们账上。王某马上又拨打客服电话，客服还是以同样的理由让王某汇3 000元给他们。后来王某打客服电话要么就是不接，要么就是说可以退钱，但是需要王某先打款。

请思考

你经历过这样的事情吗？遇到这样的情况，你会如何应对？

（五）受骗后的处置方法

1. 平静心态及时报案

受害人无论是否因为自己的过错（如贪财、无知、轻信、粗心大意）而受骗，都要保持平静的心态，从受骗的噩梦中回到现实，吸取教训及时向有关部门报告，切勿"哑巴吃黄连，有苦肚里咽"。

如果在校内受骗，则应向校保卫处报案；在校外受骗，可向公安机关、工商管理部门报案。

2. 提供线索，配合调查

被骗后向有关部门报告的，要注意对作案人员遗留下来的文字资料、身份证件、电话号码等证据予以保留，并积极向学校保卫处和公安机关提供诈骗嫌疑人的各类线索，配合调查、追缴被骗的财物。

报案时要向接报人员讲明以下情况。

（1）受骗的时间、地点、过程。

（2）诈骗分子使用的姓名及其年龄、体貌特征、衣着、口音。

（3）诈骗手法、骗取的赃物的名称、数量、特征。

（4）诈骗分子与之谈话的内容、暴露的社会关系。

同时应将诈骗分子使用的犯罪工具（如工作证、介绍信等）及遗留物（骗取物品留下的字条、收条、单据、信件等）提交给公安机关，并协助公安机关在诈骗分子可能出没的地点进行秘密寻找和辨认。一旦发现，要将其扭送公安机关。

3. 吸取教训，现身说法

应该从上当受骗的事件中吸取教训，也可以现身说法，不仅今后自己避免上当受骗，也让别的学生能够提高警惕。如能写成文字的东西让别人注意，则更值得提倡。

小贴士

遇到可疑情况，请记住各种公共服务电话

如果有通信方面的问题，可拨打各大通信公司的固定客户服务电话：遇到可疑电话和短信，请及时将电话和短信转发至警方免费虚假短信报警专号"10639110"或拨打"110"电话报警。各大通信公司24小时客户服务电话分别为：

移动：10086　联通：10010　电信：10000

如有银行方面的问题和疑问，请与各大银行24小时固定客户服务电话联系。部分银行24小时客服热线电话分别为：

工商银行：95588　　农业银行：95599　　中国银行：95566
建设银行：95533　　兴业银行：95561　　民生银行：95568
交通银行：95559　　招商银行：95555　　光大银行：95595
邮政储蓄：11185　　华夏银行：95577　　银联：95516

第三节　防扒、防抢常识

一、扒窃犯罪的常见手法及特点

案例

2019年7月6日，公安民警正在某一商厦走访巡查，发现有一对情侣徘徊在商场的入口处，而且总是在入口处人多时随着人流进进出出，于是对他们进行了秘密跟踪。在跟踪时民警发现，男子乘人不备，偷了一部手机，随后放进了女伴的背包，二人急匆匆向外走去。民警立刻对二人进行盘查，在女子的包内有他们的身份证和三部没有手机卡的手机。当民警询问手机来历时，二人说不出来。

经过讯问，二人交代他们是从外地来此实施扒窃的。扒窃的主要地点是人流比较密集的商场，作案目标主要以女性为主，通过掏衣兜、挎包等来偷取受害者的财物，并在得手后立即将手机中的手机卡扔掉。

> **点评**
>
> 扒手无处不在，加上扒手手段的高明，造成了许多受害者的财产损失。而扒手的目标就是盗取钱包或是手机等易携带的贵重物品。同学们不管在校内还是校外均需提高警惕，注意妥善保管自己的财物。

（一）扒窃犯罪的常用手法

（1）拥门。公交车进站，扒手在车门处拥挤却不上车，瞄准乘客的衣袋、裤袋和挎包，扒窃钱包和手机等财物。

（2）设计。4~5人同时上车，由女同伙先用身体等撞男人，其他同伙再乘机扒窃。

（3）伪装。西装革履，全身名牌，拿着公文包，白领打扮，以迷惑旁人，降低他人的防范心理。

（4）贴身。扒手先选好目标，后尾随被窃人同车贴靠，伺机扒窃。

（5）障眼。扒手一只手抓着车顶吊环，手臂弯曲，以挡住被窃人的视线，另一只手悄悄扒窃。

（6）刀割。钞票包着刀片或是在指甲内藏小刀片，专割被窃人的提包和衣、裤袋，将里面的财物窃走。

（7）漏底。扒手穿的衣服多为西装和夹克，手揣在衣袋时，衣袋是空的，下部穿底，手可以从底下伸出来进行扒窃。

（8）坐掏。坐在被窃人的座位后面，趁人不备，从椅子空隙下手。

（9）反掏。扒手与你背靠背，将手伸到后面扒窃裤袋、提包里的财物。

（10）掀门帘。顾客冬季进入商场时，在抬手掀门帘进入的一瞬间，尾随其后的扒手顺势将顾客口袋内的手机或钱财偷走。由于冬季穿衣厚，当事人一般感觉不到。

（11）端包。趁人不注意将放在一旁的包偷走，这种情况多发生在商场试鞋、试衣、付款时。

（12）调包。用空包调换他人装钱物的包。

（13）骗扒。扒手往往借助种种欺骗手段，主动引开受害人的注意力，然后进行扒窃作案。

①扒手在人少车稀的马路边向过路自行车的后轮内扔铁丝或布条。当骑车人不能骑行而下车查看时，他们乘机拿走车篮内的皮包。

②在沿街小店或商场内，由一名扒手以挑选商品为名，引开营业员或店主的注意力，另一同伙趁机窃取店内抽屉里的营业款或放在一边皮包内的钱物。

（二）扒窃犯罪的作案特点

掌握扒窃犯罪的作案特点可使同学们增强防范意识。

1. 时间上的选择性

扒手一般选择以下时间进行盗窃。

（1）每年春秋两季及重大节假日、双休日。此时公共场所流量大幅上升，人流拥挤，为扒窃犯罪提供了隐蔽贴身条件。

（2）平常工作日中的上下班时间段。此时人们为了赶时间往往比较匆忙，且人群拥挤，人员流动集中，使扒手易于下手。

（3）上公交车时。公交车到了站台，人们都习惯拥挤到车门处准备上车，这时人的注意力都在上车，几乎忽视了防范，给扒手提供了机会。

（4）车、船始发或终到站时刻。此时大批旅客拥挤在车站、码头，人群集结，秩序相对较乱，那些始发车站、码头的车船更是拥挤，这都给扒手提供了盗窃的条件。

2. 高发于人流量大的场所

扒手一般在以下场所作案。

（1）一般在车站、码头、商场、医院、饭店、电子游戏厅、集贸市场等地。这些地方人员流动量大，出口四通八达，作案后易于逃脱。

（2）一般在公交车、长途客车、火车、轮渡等交通工具上。其中市区内的公交车和可以当天往返的中短途客车上多是本地的扒窃团伙所为，而长途客车、火车、轮渡上多是流窜扒窃团伙所为。专门进行"车扒"的扒窃团伙，常常以某一条线路的公交车或火车作为固定的作案目标，自称是"吃路车"的或"跑线"的，将其作为自己的势力范围，不容许其他团伙染指。

3. 作案时的掩护性

扒窃分子的作案目的主要是窃取现金。因此，其作案目标自然要集中在人们的衣裤口袋，背包和手提包等上面。在白天及大庭广众之下，扒窃别人袋内的现金是有风险的，这一点扒窃分子比谁都明白，所以扒窃分子既要扒窃，又要防止作案暴露。为防止暴露，就要使用各种有利于掏兜而不容易被察觉的方法做掩护。扒窃分子主要有以下掩护方法。

（1）利用自己身体的某一部位做掩护，在被窃人正面、侧面和身后作案。

（2）利用身边人群的身体做掩护。如公交车靠站时，扒窃分子便借助周围人群的身体做掩护进行扒窃。另外，如果是两人或两人以上结伙作案，扒窃分子则会利用同伙案犯的身体做掩护。

（3）利用随身携带的衣物、帽子、手套、围巾，或者书刊等物品做掩护。

（4）扒窃分子佯装将手放在自己事先剪开的上衣两侧口袋，发现可偷钱物时，便靠近受害者，将手从自己的"漏兜"伸进受害人的衣兜行窃。

（5）利用小孩做掩护。

4. 作案类型

扒窃犯罪分子作案大体可分为单一型和团伙型两种。

单一型也就是所谓的"单跳"，即扒窃分子一人独来独往，不与其他扒窃分子搭伙。一旦发现目标并有机可乘，便毫不犹豫地采取掏兜、割包、拉包等方法作案。

团伙型一般是两人以上组成团伙，严格分工，在瞄准目标后，其中一人以问路、借火抽烟等方式，转移受害人的视线，另一人则迅速窃走受害人的密码箱、手提包等，然后递给第三人，整个作案过程在短短十几秒内完成。当受害人发现箱、包不见时，第四人主动上前挡住受害人视线，指着反方向说："有人提着箱子朝那儿逃走了。"这样的案件在各地区已发生多起，且涉案金额均较大。

小贴士

如何识别扒手

1. 看神色

扒手寻找行窃目标时,两眼总是注视别人的衣兜、皮包、背包等,特别留心外地人、妇女、老年人,选准目标后,一般环顾四周,若无他人注意便迅速下手,此时因精神比较紧张,往往有脸色时红时白等神情。

2. 看行为

扒手选择侵犯目标时,往往在人群中窜动,选定目标后即盯住不放,紧紧尾随,趁拥挤或车体晃动的机会,用胳膊和手背试探"目标"的衣兜。扒窃分子还常用衣服、毛巾、书报、杂志等来掩护作案。

3. 看穿着

扒手大多数衣着时尚,那些三五成群作案的,衣着打扮往往相似。少数打扮平常、衣着朴素的,则是老扒手。

4. 听行话

扒手之间为了方便联系,常常使用"黑话"与隐语。他们把掏包称为"背壳子""找光阴";他们互称"匠人""钳工";把上车行窃叫"上车找光阴";把上衣兜叫"天窗",下衣口袋称"平台",裤兜称"地道";把妇女的裤兜称"二夹皮";行动称为"开工";扒到钱了称为"下货了""上市了"等。

5. 看动作

扒手在动手作案时,一般借车体运行晃动或乘客(顾客)拥挤的机会,紧贴被窃对象的身体,利用他人或同伙做掩护或用自己的胳膊、提包、衣服、书报等遮住被窃对象的视线。有的扒手发现行窃可能失败,便做一个"八"字手势或摸一下上唇胡须,暗示同伙停止作案。

二、防扒常识

案例

某日小王上学时去公交车站等车,公交车进站后,大家争先恐后地往车上挤,小王上车后被挤到了车的中间。这时他看到一个男子将手伸向旁边一个女士的包中。小王立刻大声对那个女子喊道:"李姐,好巧呀!怎么在这儿见到你了。"那女子扭头看向小王,表情很迷茫,小王赶紧说:"不好意思,我认错人了。"随即用目光追随那个男子,发现他已经向车的后面走去,并很快下了车。当小王将事情的来龙去脉对女士说明后,这名女子才恍然大悟。

点评

从案件可知,许多扒手一般是趁受害者不注意时,用神不知鬼不觉的手法偷取钱物。而扒手的目标大多是易携带、体积小的贵重物品。因此，同学们要加强防范，妥善保管好自己的贵重物品，不要露财显富，应将贵重物品放在较为隐蔽的地方。

（一）对扒窃犯罪的基本防范方法

1. 加强防范意识，保管好财物

一般来讲，在商店、车站、码头、影剧院售票口、交通车辆上等人多易于发生拥挤的场所，往往挤得最凶的人可能就是扒手。大家应有防扒意识，最好不要把大额钞票放在外衣口袋里，如果拥挤严重最好走出队伍，或转到拥挤圈的外围观察。

2. 不要随意"露财""显财"

在公众场合，不应随意暴露自己携带钞票的数额，不要拿着贵重物品随处乱晃，或是炫耀自己的高端手机、高档手表、项链等贵重物品，否则会引起扒手的密切关注，导致扒窃案件的发生。

3. 时刻留意自己的口袋和提包

外出时，应随时注意自己的贵重物品是否在身边，在旅行、逛街、买饭时，都需要随时确保自己的钱包、手机等贵重物品在自己的视线范围之内，尽量避免出现人包分离的现象。若不得不人包分开，也不要把行李提包让不相识的人看守，最好请治安联防人员代为保管。

4. 突遭陌生人搭讪或撞击，应提高警惕

如果突然遭受陌生人挤碰、撞击或是遇到陌生人主动搭讪时，立即观察其相貌特征并检查口袋或提包是否失窃。团伙作案时，一般是一个人负责引开目标的注意力，另一个人负责扒窃。因此，遇到突发的事件时，应提高警惕。

5. 不要下意识抚摸放钱的地方

平时不要用手下意识地抚摸放钱的部位，更不要在公共场所随便翻弄钱款。

（二）对扒窃犯罪的具体防范知识

1. 在公共汽车上如何防扒

（1）提前准备好公交 IC 卡或者零钱，事先将钱款放在不易失落的部位，如内衣口袋、皮包内层等；尽量不要在上衣两侧的口袋中放置财物；上车前要检查口袋的纽扣或拉链；手机要放入包内，或握在手中。

（2）上下车时将背包或贵重物品放在胸前。在公交车上，女士的拎包不可用手挽；背拎包一侧肩的手不可去拉扶手，使拎包处于自由状态。在整个乘车过程中，一定要用手抓住拎包拉链的中间部位，以牢牢控制住拎包口；同时，将拎包尽量拉到身体前面，使整个拎包一直处于视野范围内，特别要注意旁边三番五次挤碰你的人。

（3）要注意周围小区域内人员的动作反应，如有人在车厢内前后走动，要留意其方向、幅度是否有主动接近自己的意思。同时，对手拿报纸、雨伞、塑料袋等物品，且多次上下车、行为反常的人要特别注意。

（4）不要让别人用身体、胳膊或所携带的提兜、衣物或书报等挡住自己的视线，在车门、座位人多拥挤时，要注意对存放钱款部位的特别保护，防止钱款外露。

（5）乘客在乘车时尽量不要打瞌睡，尤其在往返于市郊的公交车上更不能放松警惕。发现自己的财物被盗，应立即请司乘人员关闭车门，以防小偷逃离现场，并立即向警方报案。

（6）有意识地防护随身佩戴的金银首饰，最好不要在公共场所佩戴贵重首饰。

2. 乘坐火车时如何防扒

（1）事先将零星物品集中装箱打成包裹，放在座位底下或行车架上，由于目标大，窃贼不太好提取。所带现款，冬季可放在内衣口袋内，夏季放进随身携带的皮包内层或用兜子束在自己的腰间。

（2）衣物脱挂于衣帽钩上时，应将衣服中的钱物转移。

（3）不要让别人的衣帽与自己的同挂一个衣帽钩，防止窃贼借机偷走自己衣服内的财物。

（4）中途离开座位、铺位时，现款随身携带，并注意留心自己物品的放置情况，以便返回时加以观察比较。

（5）途中防止打瞌睡，同时应将现款置于自身较敏感的部位。

（6）旅客到站上下车时，不要轻易离开自己物件的位置，密切注意自己的钱物，防止有人乘机偷包。自己下车前应先清点物品，检查一下现金存放的情况，做好下车过程中的安全准备。

3. 在商店、超市如何防扒

（1）事先要将钱款放在不易失落的部位，如内衣口袋、皮包内层等。

（2）在人拥挤的柜台前要特别对存放物、钱款的部位进行有意保护（如将皮包置于身体前侧，并用手加以防护）。

（3）在选购物品交付现款之后，一定要将多余的钱物仍放回不易被扒窃的地方，尽可能不让人发觉放置位置，以不暴露目标为好。

（4）在购物过程中，注意观察周围有无不买东西但专往人堆中挤或向掏钱的人身边靠的人，对这种可疑对象应时刻注意其动向。

4. 如何防止被调包

窃贼拎包，多见于车上、轮船、车站和码头。由于旅客各自携带的包裹数量多且形状相近，所以在搭乘火车、轮船或滞留在车站、码头时要特别留意自己的包裹。

（1）在码头、车上、船上要设法将自己的包裹相对集中存放，并尽快固定在车、船的某一位置，而后再处理其他事项。

（2）如无固定设施，应将包裹放置于自己座位底下，或留于自己的视线能顾及的范围内，并不时检点查看。

（3）自己的包裹尽量不要和别人的颜色相近或式样相同的包裹混放一处。

（4）车、船停靠车站、码头时，要注意观察自己的包裹，防止被人故意提走，临车窗而坐的旅客应更加留心包裹被外面人从窗口拎走。

（5）下车、船时应兼顾自己的各个包裹，切不可分批零散地转移物件，以免被其他乘客"顺手牵羊"。

5. 如何防止划包扒窃

划包案件是扒窃作案的一种形式。这种行窃方法技术性较强，偷钱数量也多，危害性也大。为了预防划包案件的发生，大学生外出时应加以注意。

（1）增强提包的厚度或强度，有条件的可选择一些质料比较厚的皮包装载贵重物品，或者使用双层提包装载法，将贵重物品放在里面的小包内，这样即使碰上罪犯划包作案，犯罪分子也很难一下子划破两层提包偷取财物。

（2）在人多拥挤的场合，应该设法将包置于自己的身前，用手护着，这也可防止犯罪分子划包作案。

（3）钱款最好随身携带，如放包里应和其他物品混杂放置，不要将钱款放在包内的小袋、边角和底部位置。

三、抢夺、抢劫案件的特点

案例

2019年11月20日下午6时10分左右，某校的大四女生李某，在做完兼职骑车回校的途中，突然一名男子从路边的树丛中蹿出，手中还拿着铁棍和一把尖刀，该男子一把将李某推倒在地，然后夺走她身上的书包。洗劫完该女生的钱物后扬长而去。

点评

抢夺、抢劫案件在一定情况下容易转化为凶杀、伤害、强奸等恶性案件，严重侵犯大学生的财产及人身权利，造成大学生生命、健康及精神上的损害，具有较大的危害性。大学生涉世不深，缺乏社会经验，遇险被抢后大多数不敢反抗，往往成为犯罪分子的作案对象。

广大同学只有不断提高自我保护能力，采取恰当的防范措施，才能有效地防止抢夺和抢劫带来的人身伤害和财产损失，减少不必要的伤害。

（一）抢夺和抢劫的区别

抢夺，是指以非法占有为目的，趁人不备公然夺取公私财物的行为。抢夺案件发生突然，作案隐蔽，逃逸迅速。作案人虽未使用暴力、胁迫等手段，但作案人在实施抢夺行为时，极有可能造成受害人的人身伤害。这类案件严重侵害了受害人的人身及财产安全，同样具有较大的危害性。

抢劫，是指以非法占有为目的，以暴力胁迫或者其他强制手段，当场将公私财物据为己有的一种犯罪行为。对抢劫案件定性的关键是作案人是否采用了暴力、胁迫或者其他方法强行抢走财物。抢劫对社会具有较大的危害性、骚扰性，往往容易转为凶杀、伤害、强奸等恶性案件。

> **知识拓展**

抢劫罪和抢夺罪的处罚方式

1. 抢劫罪的处罚

依照《中华人民共和国刑法》第二百六十三条的规定，以暴力、胁迫或者其他方法抢劫公私财物的，处三年以上十年以下有期徒刑，并处罚金；有下列情节之一的，处十年以上有期徒刑、无期徒刑或者死刑，并处罚金或者没收财产：

（1）入户抢劫的。
（2）在公共交通工具上抢劫的。
（3）抢劫银行或其他金融机构的。
（4）多次抢劫或者抢劫数额巨大的。
（5）抢劫致人重伤、死亡的。
（6）冒充军警人员抢劫的。
（7）持枪抢劫的。
（8）抢劫军用物资或者抢险、救灾、救济物资的。

2. 抢夺罪的处罚

依照《中华人民共和国刑法》第二百六十七条的规定，抢夺公私财物，数额较大的，或者多次抢夺的，处三年以下有期徒刑、拘役或者管制，并处或者单处罚金；数额巨大或者有其他严重情节的，处三年以上十年以下有期徒刑，并处罚金；数额特别巨大或者有其他特别严重情节的，处十年以上有期徒刑或者无期徒刑，并处罚金或者没收财产。

鉴于抢劫作案人希望或准备以武力或类似性质的力量迫使被害人失去财物，或者希望在被害人不能反抗或无法反抗的情况下取得财物，行为恶劣。因此，司法机关在对抢劫案件进行认定时，对被侵害的财物数额没有要求，只看其是否以暴力胁迫或其他强制手段。然而司法机关在对抢夺案件进行认定时，对抢夺的财物数额要求较大。根据司法解释，抢夺公私财物价值人民币 2 000 元以上的，为"数额较大"。

抢夺案与抢劫案有明显的区别，但由于实际情况的复杂性，一些案件呈现出交织性。

（二）校园抢劫和抢夺案件的特点

1. 时间上多选人少时

作案的时间常在行人稀少的中午、黄昏和夜深人静时。这时候作案，人员走动较少，抢劫比较方便，不易被人察觉，逃匿也比较容易。

2. 地点上多选僻静之处

作案的地点常在校园内较为偏僻、阴暗、人少之处。一般为树林中、小山上、远离宿舍区的教学实验楼附近或无路灯的人行道、正在兴建的建筑物内。这些地方灯光较暗或根本没有灯，加上有许多掩遮的建筑物或树木，不易被人发现，得手后也容易逃脱，抢劫时受害人难以看清其真实面目。

3. 目标上多选独行女生

作案人的目标一般比较明确，主要目标是那些没有按时作息的穿着时髦、携带贵重财物、单身行走的女生和弱小学生，看电影或晚自习晚归无伴或少伴的，谈恋爱滞留于阴暗无人地带的大学生情侣等。这些人身上一般有贵重财物（如金银首饰、现金等），作案人在抢劫之前一般都掌握了他们的经济情况与行动规律。

4. 人员上多搭伙作案

近几年，随着校园内流动人口的增多，外地流窜人员作案的案件也在增多。作案人一般为校内或学校附近不务正业、好逸恶劳的学生、小青年，为了抢劫财物这一共同目的，这些人往往臭味相投，三五成群、结成团伙，共同实施抢劫。他们一般熟悉校园环境，作案时胆大妄为，作案后迅速逃匿。作案时也有明确的分工，有的充当诱饵专门物色抢劫对象，有的充当打手。

5. 手段上多采取暴力

作案人实施的抢劫手段通常有胁迫抢劫、诱骗抢劫、暴力抢劫、麻醉抢劫等。作案人一般都带有凶器，采取暴力相逼。一些凶残的犯罪分子在作案后往往惧怕受害人揭发举报，就用凶器加害受害人，酿成恶果。

四、抢夺、抢劫案件现场处理办法

案例

2020年8月，某学院大二学生谢某勤工俭学为某企业做宣传时，在大学城某僻静处遭遇4个歹徒，被抢劫手机一部。由于势单力薄，显然只能智斗，所以他细心观察了几个作案人的相貌特征及作案车辆牌照号码。在歹徒离开后迅速拨打110报案，赢得了宝贵的时间。当警察到达后，估计那几个人没有走远，就抓紧时间搜查，果然在相距原案发地几公里处发现了劫匪，并一网打尽。

点评

抢夺与抢劫案件出现在大学校园及周边，往往会引起恐慌，使人们丧失安全感，影响极为恶劣。作为大学生，应当具备应付突发事件的心理素质和应变能力，懂得如何避免和应对这类案件，做到"以防为主，遇事不慌"。

实施抢夺、抢劫的犯罪分子往往都是一些惯犯，且作案都是有预谋、有计划的，其作案手法老到、凶残。大学生若遭遇抢劫，要保持精神上的镇定和心理上的平静，冷静分析所处环境，针对不同的情况采取不同的对策。

（一）遭遇抢夺、抢劫时的基本处理方法

1. 奋力反抗，但要确保人身安全第一

犯罪分子实施抢劫作案，一般都做了相应准备，要么人多势众，要么以凶器相逼，有的学生由于生性刚烈，往往鲁莽行事，易被犯罪分子伤害。当大学生遭遇犯罪时，在确保自身安全

的条件下，只要具备反抗的能力或时机，就应及时运用防卫术或借助有利地形，利用身边的砖头、木棒等可以自卫的武器与作案人斗争，制服作案人或使其丧失作案的心理和能力。

2. 无法抗衡时，迅速远离危险现场

俗话说"三十六计，走为上策"。当意识到无法与作案人抗衡时，可看准时机向有人、有灯光或宿舍区奔跑，边跑边呼救，争取别人的救助，同时震慑作案人。犯罪分子由于心虚，一般不会穷追不舍，从而可有效避免劫案的发生。切不可打无把握之仗，将自己的生命当作赌注。当遇到极其凶残的歹徒时，必须破财免灾，千万不能硬碰硬，以免造成不必要的人身伤害。

3. 冷静从容，记下作案人的特征

一旦遭遇抢劫，尤其是在危急关头，应从容不迫，注意观察作案人，尽量准确地记下其体貌特征，如身高、年龄、发型、衣着、特殊疤痕、语言及行为等，尽可能看清犯罪分子的逃跑方向及路线，还可趁其不注意时在作案人身上留下记号，如在其衣服上擦点墨水、泥土、血迹，在其口袋中装点有标记的小物件等，以便为公安机关侦破案件提供线索。

4. 巧妙周旋，临危不乱

当已处于作案人的控制之下无法反抗时，可通过讲道理，晓以利害，劝诫对方；或义正词严地怒斥对方，使其自我崩溃，自动放弃违法行为；或采用与作案人说笑，用幽默方式表明自己已交出全部财物，并无力反抗的意图，使作案人放松警惕，看准时机反抗或逃出其控制。

5. 情况许可时，大声呼救

作案人作案后急于逃跑，可利用这种心理，保持距离紧追不舍并大声呼救；或故意高声与作案人说话，设法让附近的师生知情，帮助喊人援助或拨打"110"报警。只要把握机会及时呼救，一些抢劫案便可以得到有效控制。

6. 及时报警，详细报告

被抢后以最快的速度报警，报警时要准确说出案发时间、地点、案犯人数，尽可能说出作案人的特征、逃跑方向等，以便公安、保卫部门及时组织力量布控，抓获作案人及阻止作案人继续加害他人。

（二）常见抢夺、抢劫案件的具体处置方法

1. 乘车、行走途中遭抢的处置方法

乘车时遭抢，应当冷静观察，寻机行动。

（1）如果犯罪分子人多势众，用凶器相胁迫交出钱物时，应适当拿出钱物，避免受伤。

（2）如果犯罪分子人数相对较少，手上又没有危险武器，则可看准机会向其中一人突然狠命攻击，并呼救。此时乘客一般会群起相搏，犯罪分子也往往因为同伙的受伤而胆怯。

（3）如有机会用手机打电话，则应马上报警；若有可能，尽量拖延时间，记清犯罪分子的体貌特征及时报案。

（4）当有人在背后跟踪你时，要警惕这可能就是坏人要对你下手的征兆，要立即改变方向，

并不断地向背后察看或打手机求救,要朝有人、有灯光的地方走,到商店、住户、机关等人多的地方寻求帮助;要记住跟踪者的体貌特征,并及时向公安机关报告。

2. 在旅游时遭抢的处置方法

在旅游时遭到抢夺、抢劫,如果是在景点内的大路、游乐场等人流较多的地方,则首先应大声呼救,无法呼救时,应尽力发出消息给其他游客或保安人员;如果是在偏僻的树林等地方遭抢,则应尽量和犯罪分子周旋,拖延时间,以使其他游客或保安人员发现。

3. 在购物时遭抢的处置方法

购物遭到抢夺时,在确保自身安全的前提下,则应大声呼叫,并极力追赶,在追赶的过程中,应死死盯住犯罪分子,以防其把抢得的物品塞给同伙;万一发现其把东西塞给同伙时,则应尽力追赶得到物品的那个人;发现犯罪分子把东西扔掉时,则应取得证物后继续追赶;追赶时注意不要被引入人员稀少的胡同等地而受到伤害。

> **小贴士**
>
> **遭遇抢夺、抢劫时脱身的几个技巧**
>
> (1)耍赖法。突然倒在地上打滚耍赖,喊叫号哭,引来旁人围观,令歹徒惊慌失措,你可乘机报警。
>
> (2)认亲法。当不远处有人时,你可佯装惊喜万分,跑过去高呼"表哥"或"二叔"等,把歹徒吓走。
>
> (3)调包法。佯装乖巧,或突然装肚子疼,或突然提出要上厕所或找人借钱物,乘机脱身报警。
>
> (4)放线法。佯装害怕,暂时答应对方条件,约定时间、地点交钱物,待对方离开后立即报警。
>
> (5)抛物法。把书包或身上值钱的物品向远处抛去,并生气地说:"给你!给你!全部给你!"当歹徒忙于抢、捡钱物时,快速脱身报警。

五、防抢常识

案例

某高校两名大学生在僻静的树林中散步,突然冲出几个小流氓围了上来,要强行对他们搜身。女生吓得浑身发抖,男生则从容不迫,立刻掏出数百元钱,谎称自己也是"道上混的,大家都是兄弟,愿意跟他们交个朋友"。小流氓们见他如此豪爽,便没有为难他们,拿钱扬长而去。等他们走后,男生立即叫女生报案,自己则悄悄跟随其后。不久,正在分享"战果"的几个小流氓被警察一网打尽。

点评

上述案例说明,具有一定的防范意识及应对措施,能够有效制止抢夺、抢劫案件的发生或是严重化。外出前要有心理准备，尽量简化行装，提高警惕，严格遵守学校制定的有关安全规定，留意公安机关和学校保卫部门提供的安全指引，并自觉落实到具体的行动中，不给犯罪分子可乘之机。

（一）抢夺、抢劫案件的基本防范知识

1. 遵守校纪校规，避免晚归

为确保学生的安全，各高校都有相应的纪律规定，如按时就寝、不得晚归等。但总有少数同学纪律观念淡薄，不将校纪校规放在心上，晚归或夜不归宿，给犯罪分子作案提供了机会。

2. 妥善保管财物，将财物分类存放

外出时最好不要携带大额现金和贵重物品；手机等小件贵重物品不要挂在胸前，应放在衣袋内；女生尽量少戴贵重首饰；切勿在公共场合翻弄、清点大额现金，如不得不随身携带，应将皮包、钱包、手表、移动电话及珠宝首饰等贵重物品藏在隐蔽处，避免引起犯罪分子的注意，成为他们实施抢劫的目标。

财物不要集中放在一个地方，以避免损失过大。因此，钱包不要放在皮包里，值钱的财物不要放在同一个地方，现金也应分散放置于不同的口袋（身上最好只带少量现金及信用卡）。

3. 结伴外出，远离偏僻场所

作案人实施抢夺和抢劫，目标对象多为单行的女子或是弱势群体。因此，为了保护自身安全，外出务必结伴而行，晚上最好不要外出。

大学生遭到抢劫多发生在比较偏僻、阴暗的地方。因而，为避免受到不法侵害，不要独自在偏僻、阴暗的林间小道、山路上行走，不到行人稀少、环境偏僻的地方，尽量避免在午休、深夜等路上行人较少的时间外出。

若需深夜外出时，应尽量靠人行道内侧或路灯明亮侧行走，最好结伴而行或寻求保安人员协助。被陌生人跟踪或感到危险时，应迅速转入路边店家求助或往人多、灯亮的地方前进。

4. 时刻注意观察，预防被夺被劫

对于周围可疑车辆、人员要提高警惕，特别是对两人合坐一辆摩托车、行驶速度慢、骑车人东张西望、故意遮盖车牌等异常情况，要加强防范，以免遭到骑车歹徒袭击。

返家途中遭人跟踪或在楼梯间发现有不明人员徘徊时，切勿轻易开门进屋，可按电铃请家人或邻居开门；若家中无人时，可暂在邻居或亲友家停留，或到附近人多处逗留，稍后回家。

单独至停车场所取车，上车前宜先检查车内是否异常、邻车是否有人、周围是否有可疑人员徘徊，确定无安全威胁后，再开锁入座，并应随即将车窗关上、车门锁上。

骑乘车辆时，不宜将皮包等贵重物品放置在车前篮、脚踏板处或吊于把手上。

发现有人尾随或窥视，不要紧张胆怯，可回头多盯对方几眼，或哼首歌曲，并改变原定路线，朝有人、有灯的地方走。

（二）常见抢夺、抢劫案件的具体防范

1. 拦路抢夺或抢劫的防范

对广大大学生来说，防范拦路抢劫，要注意以下事项。

（1）夜间出行，特别是单独出行的女生，最好避开人员稀少、光线较暗的路段，尽量走灯光明亮、人多的路段。走路时要昂首挺胸，即使心里害怕也要装得满怀信心，使企图袭击的人望而却步。

（2）外出前应先将身上的贵重财物妥善保管，不要随身携带，也不要带过多的首饰和现金。不要让手机等值钱物品过于显眼，穿衣服也不要太华丽、招眼。

（3）到银行存、取款时，一定要有同学陪同，路上不要暴露现金，尽量不要走地下通道或者过街天桥，特别是在自动取款机取款时，要留意有没有人盯梢。

（4）到陌生地方时，晚上不要外出；如果不得不出去，则要尽量结伴同行；不要和陌生人搭腔；如有人盯梢或纠缠，尽快向人多的地方靠近，必要时可呼叫。

（5）如果夜晚去往偏僻的地方，不要步行或者骑自行车，要尽可能乘出租车（不要乘坐不正规的车），回来时尽量要求司机送往住地，尽量让车停在校内或宿舍楼下。

（6）不要和不熟悉的人到偏僻的地方去。

2. 飞车抢夺或抢劫的防范

飞车抢夺或抢劫多数情况下是两个人骑一辆摩托车实施抢劫的行为。他们一般是看准行人挎在身上的皮包等物，寻机实施抢夺或抢劫。防范飞车抢夺或抢劫，一般需要注意以下事项。

（1）携带皮包走路，应尽量靠近人行道内侧行走，靠左边走时挎包挂左肩，靠右边走时挎包挂右肩，并用胳膊夹紧或用手握紧；不要将包放在自行车篮里或摩托车踏板上。

（2）财物不要外露，不要一边走一边旁若无人地用手机打电话。手机最好装进口袋里而不要挂在腰间或脖子上。

（3）警惕停在银行、大型商场门口的无牌照或外地牌照不熄火的摩托车，或者长时间在自己身旁慢速行驶的两个同乘一辆摩托车的人。

3. 入室抢夺或抢劫的防范

入室抢劫多发生在大学生上课时间，这时候大部分学生在教室，当只有一两个人在宿舍时，特别要注意以下几点。

（1）要注意进出宿舍的人。不要只低头做事，不理会进进出出的人。对到宿舍门口的陌生人要提高防范意识，严加盘问，不要随便让其进出。

（2）不要在宿舍里接待小商贩。对试图与自己表示亲近的陌生人，在无法确认其真实意图的情况下，不要随意接受其提供的饮料、茶水及香烟、食品等。

（3）不要将不明底细的人随便带到宿舍里，在校外也不要将自己的宿舍、所在院系、电话号码等随便告诉不熟悉的人。

4. 乘车时对抢夺或抢劫的防范

（1）乘车时不要轻易显露贵重物品。

（2）不随便显露自己的钱包。

（3）不要将装有贵重物品的包放在地上或挂在窗口。

（4）在车中通过车窗买东西时，不要将钱包伸出窗外，尽量使用小额现金，并"一手交货，一手交钱"。

（5）在上下公共汽车时，要保护好随身携带的物品，背包应抱在胸前，不要背在身后。

（6）站在车门附近乘车时，应格外注意自己的随身物品，防止不法分子趁下车之际抢走物品。

5. 宾馆、招待所住宿时对抢夺或抢劫的防范

（1）住店时尽量少带现金，最好是使用信用卡；有寄存条件的旅店，应将贵重物品、巨额现金寄存在寄存处，没有寄存条件的，应妥善保管，不要显露。

（2）休息时注意锁好门，并上好门锁保险，关好窗；不要和身份不明的人同住一间房间；不要让不熟悉的人到房间串门、打扑克、聊天等；听到敲门声时应问明情况，有门洞放大镜的，应看清是不是熟悉的人。

（3）不要随便显露自己的财富；不和陌生人攀比；不吃陌生人的食品、饮料、香烟；不乱拉关系，不乱攀老乡。

（4）女生最好不单独住宾馆、招待所；遇到困难时，如房间东西坏掉了，不要轻易叫陌生人帮忙，应和服务员取得联系。

（5）发现可疑人员跟踪、打探，不要轻易进房间，要做好防范，及时和保安人员联系，求得帮助。

6. 旅游时对抢夺或抢劫的防范

（1）旅游时应结伴而行。

（2）不要在景区的僻静处单独行走或长时间逗留。

（3）不要在僻静的树林等地谈恋爱。

（4）不要轻易结交陌生人。

（5）不要轻易和陌生人结伴玩耍，不要轻易吃陌生人的食品、饮料。

（6）不和陌生人攀比财富。

（7）行李箱、旅行袋不要乱放。

7. 购物时抢夺或抢劫的防范

（1）购物时不要带太多的现金。

（2）不要轻易显露自己的钱包。

（3）购物时不宜戴太多的饰品。

（4）人多的地方背包不要背在身后。

（5）不要和陌生人一起挑衣服。

（6）试装时不要将钱包等贵重物品乱放。

（7）外出购物最好结伴而行。

8. 银行取款时对抢夺或抢劫的防范

（1）同学们到银行等地存、取款时，最好是两人以上结伴同去。

（2）当取完款准备离开时，要注意观察周围有无可疑人员尾随。

（3）提取大量现金后最好乘坐出租车离开。

（4）遇到紧急情况应及时向警察、路人求救或拨打110报警。

> **知识拓展**
>
> 如何注意正当防卫中的"度"
>
> 《中华人民共和国刑法》第二十条规定：
>
> 为了使国家、公共利益、本人或者他人的人身、财产和其他权利免受正在进行的不法侵害，而采取的制止不法侵害的行为，对不法侵害人造成损害的，属正当防卫，不负刑事责任。
>
> 正当防卫明显超过必要限度造成重大损害的，应当负刑事责任，但是应当减轻或免除处罚。
>
> 对正在进行行凶、杀人、抢劫、强奸、绑架及其他严重危及人身安全的暴力犯罪，采取防卫行为，造成不法侵害人伤亡的，不属于防卫过当，不负刑事责任。

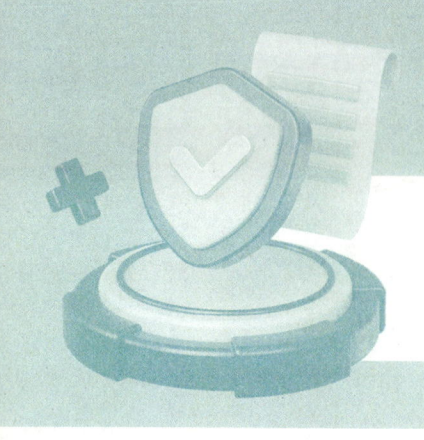

第四章 生活卫生安全

现代科学证明，良好的生活方式（包括生活习惯）是人类身心健康的重要保证，是具有积极意义的卫生保健措施之一。当代大学生精力旺盛，处于长身体、长知识的阶段，良好的生活习惯是促进大学生身心健康，确保其顺利、成功度过大学阶段的一个重要基础。因此，重视大学生日常生活卫生是高校安全教育课的重要课题之一。

第一节 保持良好的卫生习惯和生活习惯

思政小课堂

一、良好的卫生习惯

案例

有一位老先生曾做过5年访问学者，从硕士、博士到博士后一路走来，其学术成就令业内人士肃然起敬。虽然老人有许多成就，却一直勤俭朴实，例如清扫垃圾，不但将自己用过的一次性纸杯拿走，而且将桌子上的纸杯、水果皮都清扫得干干净净，然后丢到楼下的垃圾桶里。这使与他同行的人不好意思，他反而安慰道："没关系，我已经习惯了。"正是这个良好的习惯，不仅为他赢得了好人缘，而且也成就了他在学术界的地位。

还有一位企业家，与外商洽谈一个合作项目，已经基本达成意向，准备隔天签约。洽谈休息时，企业家带领外商到厂区参观，在参观的过程中，该企业家很随意地吐了一口痰，给外商留下了极差的印象。第二天，外商决定放弃签约。企业家因为一个坏习惯失去了一个大项目，企业也因此失去了一个发展的机遇。

点评

培根曾经说："习惯是一种顽强而巨大的力量，它可以主宰人生。"好习惯是一生的财富，坏习惯是一生的债务。培养良好的卫生习惯对学生的健康成长和人生发展有着十分重要的意义。

一些同学对卫生习惯存在着错误的认识，总认为卫生习惯是个人的小事，无关大雅，不值得大惊小怪，也就不重视平时卫生习惯的培养。如有些同学的课桌里甚至能找到已经放了好几天的包装纸、食品袋、用过的面巾纸；有的同学好动，总喜欢在教室内外的墙上留下乱涂乱画、乱踢乱踏后的痕迹，有的污迹甚至被画到1米多高；有些值日生在打扫教室卫生时，不将垃圾倒在垃圾箱内；很多学生公共道德意识不强，无论在教室里还是在校园内，都随地吐痰、吐口香糖；有的学生生病时咳嗽、打喷嚏，痰液飞沫四溅。这样的卫生习惯不仅有损大学生朝气蓬勃的美好形象，更不利于个人的健康成长。

良好的卫生习惯是大学生健康成长的前提，也是事业成功的必不可少的条件。它不仅反映了大学生的生活品位、精神面貌、思想情操和道德水准，而且也是大学生良好素养的外在表现和社会公德的体现。因此，同学们不仅自己要讲究卫生，还要人人争当卫生监督员，共同把学校的卫生管理好，人人养成良好的卫生习惯。

（一）如何养成良好的卫生习惯

（1）养成不随地吐痰的习惯。确因感冒克服不了的，应该准备卫生纸，吐在纸上，再扔进垃圾桶里。

（2）努力克服随手乱丢垃圾的坏习惯。要把废纸、果皮、包装袋扔进垃圾桶中，特别要杜绝从楼上往楼下扔东西的不道德行为。

（3）努力克服乱倒垃圾的坏习惯。在卫生保洁或值日时，即使走再远的路，也要把垃圾及时倒进垃圾桶中，不可乱倒。

（4）捡拾地面上的废弃物。要有随手捡拾地面上废弃物的意识和习惯，共同维护学校环境的整洁。

（5）不乱涂乱画、乱踢乱踏。尤其是好动的学生，不在教室内外的墙上、楼道与楼梯上乱涂乱画、乱踢乱踏。

（6）养成早晚刷牙、饭后漱口的好习惯。每天早晚刷两次牙，尤其要重视晚上临睡前刷牙的重要性。

（7）保持宿舍卫生干净、整洁，使人感到舒适。屋子里要经常开窗通风，保持空气新鲜；物品摆放整齐；衣服被褥要勤洗、勤晒。

（二）提倡心理卫生，学会自我心理调节

（1）对自然事物保持兴趣。对环境中的色彩、声音、光线、香味等保持兴趣，使人生变成一段趣味无穷的旅程。

（2）广交朋友，积极处世。与朋友一起，积极参与一些有意义的活动，克服郁郁寡欢的自卑心理。

（3）乐观开朗的人生态度。无论在学校里或家庭中，避免过多抱怨、挑剔和指责。遇事不忘放平心态，放弃一切成见。

（4）对问题当机立断，不要左思右想，犹豫不决。问题一经决定，就不要再去多想。

（5）珍惜时光。不要热衷于空想未来或反复追忆往昔而使自己陷入苦思冥想的深渊，应该以最有效的方式积极地学习与生活。

（6）从事适度的文娱、体育活动。

（7）必要时可运用"心理防御机制"进行自我调节。

良好的卫生习惯是一个人终生享用不尽的财富。好的卫生习惯并不是抽象的概念，而是表现在一点一滴的生活小事上，并时时伴随在我们的一举一动之中。养成良好的卫生习惯其实并不难，只要你看见垃圾走上前，动一动手，弯一弯腰，捡起来，扔进垃圾桶里，这就是一种良好的"卫生习惯"。作为当代大学生，要特别注意"修身"，不断克服自身的不良卫生习惯，从小处做起，从思想上重视、行动上努力，做到"我走过的地方总是干净的，我坐过的地方总是卫生的"。

二、良好的生活习惯

案例

2019年某校一名大学生与其他三名同学在网吧内玩得兴起，突然间，这名学生歪倒过去，其他同学立即对他进行心肺复苏，同时拨打120。据了解，这名大学生是晚上10点前后来到网吧，到发生意外共4个多小时。

点评

医务人员提醒，长时间上网，久坐不动，容易造成血管内栓塞、肺梗死，特别是在晚上熬夜上网，会导致神经持续兴奋，易造成心律失常，网友连续上网玩游戏时间不宜过长，一般不要超过4个小时。

良好的生活习惯应该从小慢慢养成。培养习惯，收获成功。为了达到身心健康的目的，从进入大学开始，学生就该切实重视这个问题，培养良好的生活习惯。

（一）安排好作息时间，形成良好的作息习惯

有规律的生活能使大脑和神经系统的兴奋和抑制交替进行，渐渐地就能在大脑皮层上形成动力定型，对促进身心健康非常有利。由于不少大学对学生的作息时间要求不明确、不严格，再加上有的学生没有明确的学习目标，失去了明确的努力方向，所以不少学生学习不努力，并形成了不良的作息习惯。有人说大学时期是最容易养成坏习惯的时期，原因是大学管理松散、学生自由支配时间多。大学生应注意培养自我控制和约束能力，增强时间观念，养成良好的作息习惯，睡眠时间每天一般不少于7个小时，早睡早起，适当午休。

（二）进行适当的体育锻炼，养成自觉锻炼的习惯

现在不少大学生不懂得体育锻炼的重要性，没有锻炼意识，认为自己年轻、身体好，没有锻炼的必要。其实青少年体育锻炼的效果最好，从青少年开始锻炼并形成习惯，对身体、学习和未来的工作都大有裨益。一旦身体出现问题或年龄大了才想到体育锻炼，往往达不到理想的效果。在安排好学习的同时，也要根据自身的条件进行适当的体育锻炼，这样不但可以缓解学习和生活的压力，还可以放松心情，增加生活乐趣，有助于提高学习效率。跑步、打篮球、踢足球、打羽毛球等活动都有助于增强体质，提高对疾病的抵抗能力，这也是一种积极的休息。还要注意在锻

炼过程中逐步找到适合自身特点的体育活动项目并一直坚持下去。

（三）安排好饮食，养成良好的饮食习惯

饮食不良现象在大学生中比较普遍，主要表现在以下几个方面：一是饮食不规律。很多学生早晨起床比较晚，来不及吃早饭便去上课，或匆匆忙忙边往教室赶边吃早饭，有的索性取消了早饭，有的则在课间饿时随便吃些零食。二是不懂营养搭配、荤素搭配。喜欢吃什么就经常吃什么，想吃什么就吃什么。三是暴饮暴食。学生主要在食堂就餐，由于食堂的就餐时间比较固定，常有学生由于学习或其他原因错过了开饭时间，于是就随便对付一下，等下一顿吃饭时再多吃。

科学饮水

最近几年，我国因饮食问题产生的疾病逐渐增加，发病率越来越高。青少年中肥胖率快速增高，高血压、高血脂等老年病的低龄化倾向等问题，都与饮食习惯有关，这应该引起全社会及每一个人的注意。大学时期应注意安排好饮食，养成良好的饮食习惯。良好的饮食习惯包括饮食要定时定量；早饭要吃好、午饭要吃饱、晚饭要吃少；吃饭要细嚼慢咽、不要狼吞虎咽；注意营养搭配、荤素搭配，不要只吃喜欢吃的，不能挑食偏食，要加强综合营养，还要多吃蔬菜和水果。

（四）不沉溺于电子游戏或网络游戏，养成良好的生活习惯

网络生活已成为人们日常生活的重要组成部分，不可否认，计算机网络在给大学生的学习和生活带来极大便利的同时，也对大学生的思想品德、学业、身心、人际关系、情绪情感、兴趣爱好等多方面带来巨大考验，个别学生甚至达到成瘾的程度。目前在不少高校中都不同程度存在一些学生上网成瘾的问题，有的学生经常"包夜"，沉溺于网络游戏或网络聊天，白天无精打采或在课堂上睡觉。既给学生及家长带来了一定的经济负担，也严重影响了身心健康和学业成绩，同时对以后的工作和生活产生消极影响。

第二节　常见传染病及防治

案例

2023年4月1日，海地公共卫生和人口部发布消息称，自去年10月至今，该国霍乱疫情已造成至少640人死亡，2 500多人感染，疑似感染患者超过3.8万人，其中约3.2万人正在入院接受治疗。海地曾在2010年发生7级地震，之后该国暴发霍乱疫情（据了解，当地恶劣的卫生条件，尤其是饮水卫生条件是暴发霍乱的主要原因），并持续到2019年初，其间累计报告霍乱病例约82万例，死亡近9 800人。2022年10月2日，海地政府宣布该国再次出现霍乱疫情。

点评

传染病一般有病原体，有传染性和流行性，感染后常有免疫性的特点。因此，稍有不慎，

则可能患上传染病，严重者可造成死亡事件的发生。大学生过集体生活，相互接触密切，一旦有传染源存在，很快就会传播，影响学生的健康及学业的完成。因此，传染病的预防和控制仍是卫生工作的一个重点，大学生更要注意传染病的预防。

一、常见传染病的主要类型

（一）流行性感冒

流行性感冒是由流感病毒引起的急性呼吸道传染病，具有很强的传染性，以空气飞沫直接传播为主，也可通过被病毒污染的物品间接传播。主要症状为发热、全身酸痛、咽痛、咳嗽等。人群对流感普遍易感，病后有一定的免疫力，但维持的时间不长，病毒不断发生变异，可引起反复感染发病。

（二）高致病性禽流感

禽流感是由高致病性禽流感病毒引起的以呼吸道损害为主的急性感染性疾病。禽流感主要通过空气传播，病毒随病禽的分泌物、排泄物及尸体的血液等传播，可造成环境污染，亦可经过消化道和皮肤伤口而感染。人感染禽流感的潜伏期一般为1~7天，出现早期症状与一般流感相似，主要有发热、流涕、咽痛、咳嗽等，体温可达39℃以上，伴有全身酸痛，有些病人会出现恶心、腹痛、腹泻、结膜炎等。任何年龄均具有被感染的可能性，但一般来说12岁以下儿童发病率较高，病情较重。与不明原因病死家禽或疑似感染禽流感家禽密切接触人员为高危人群。

（三）结核病

结核病过去俗称"痨病"，是由结核杆菌主要经呼吸道传播引起的全身性慢性传染病，其中以肺结核最为常见，也可侵犯肠道、肾脏、骨头、卵巢、子宫等器官。肺结核病人是主要的传染源。结核病的传播途径有呼吸道、消化道和皮肤黏膜接触，但主要通过呼吸道传播。结核病多为缓慢起病，长期伴有疲倦、午后低热、夜间盗汗、食欲缺乏、体重减轻、女性月经紊乱等症状。严重的患者有高热、畏寒、胸痛、呼吸困难、全身衰竭等表现。人群普遍易感，尤其是与肺结核病人有密切接触的人群；机体对结核菌抵抗力较弱的人群，如幼儿、老年人、营养不良者、糖尿病患者、HIV阳性或者艾滋病人等群体是重点人群。

二、校园传染病的特点

（一）极易发生

学校是人群高度集中的地方，一个班40~50个学生，集中在50平方米左右的教室里，整天在一起生活学习，相互之间密切接触。如果学校里卫生设施不好，卫生制度不健全，卫生习惯不好，就具备了传染病发生与流行的条件。

（二）传染病的集散场所

学校人员年龄构成从儿童、少年到青年。学生每天从四面八方、一家一户汇集到学校里来，又从学校分散到千家万户里去。传染源从社会的每个角落进入学校，又从学校分散到每个家庭和社会上的各个角落。

（三）极易造成传染病的暴发和流行

传染源、传播途径和易感人群是传染病流行的基本条件，缺一不可。而流行的强度大小则取决于传染源的多少、易感者的密度、传播途径实现概率大小和病原微生物致病力的强弱。学校易感者密度高，传染源又容易进入学校，传染机制极易实现，所以学校极易造成传染病的暴发和流行。

（四）季节性

学校传染病的流行与社会上传染病的流行一样，具有明显的季节性变化。冬、春季呼吸道传染病多发；夏、秋季则以肠道传染病为主。除此以外，学校传染病的发生还与学校寒暑假及开学有密切关系。

三、大学生的自我防护

案例

中国卫生部于2009年5月11日上午确诊了中国内地首例甲型H1N1流感患者。四川省卫生厅通报说："5月10日下午，四川省人民医院发现一例发热病例，根据临床表现和实验室检验结果，初步诊断为甲型H1N1流感疑似病例。"

点评

近年来，全球的疫情多发，传染病时有发生。因此，及早发现，将疫情严格控制，将其消灭于萌芽状态，是每个国家、每位公民的共同责任。

传染病在人类的历史中肆虐了不下数千年，比如横行欧洲的麻风病、鼠疫等传染病，引起数以万计的人死亡，造成了非常恐怖的景象，是对人类危害最大的疾病。

随着人类社会的全面发展，医药科学获得了迅猛的发展。人类生活卫生条件的改善、杀虫灭菌技术的提高、抗生素的应用和免疫疫苗的不断问世，使传染病对人类生存和健康的威胁日益减轻。然而近年来，全球传染病发病率又大幅回升。因此，传染病的预防和控制仍是卫生工作的一个重点。大学生要学习传染病的相关知识，才能更好地有效预防传染病；要掌握各种传染病的防范措施，并了解大致的症状和变化，一旦出现身体不适要及时就医。

（1）积极进行体育锻炼，增强体质，提高身体抵抗力。

（2）遵守作息制度，劳逸结合，防止过度疲劳。

（3）加强营养，忌挑食和暴饮暴食。

（4）做好相关疫苗的接种。疫苗接种是一种有效预防传染病的方法。

（5）对一些传染病可以用药物进行预防治疗。

第三节　远离"黄赌毒"

案例

2019年，22岁的何某因沉迷网络赌博，在网上多个贷款平台欠下大笔外债，无力偿还。同年10月，何某携带刀具等作案工具，在某居民楼，采用持刀威胁等方式，抢走一对夫妇600元。两天后，何某再次携带作案工具来到市广场地下停车场，抢走两名女子180余元现金和两部手机，随后被赶来的警察抓获。2020年，市东区人民法院公开开庭审理此案，并当庭宣判：被告人何某因犯抢劫罪，被判处有期徒刑5年6个月，并处罚金5000元。面对判决，何某的眼中噙满泪水："赌博害人又害己，希望大家引以为戒，不要再沉迷赌博，我一定好好改造，好好做人！"

点评

赌博是一个无底洞，会吞噬同学们的家人辛苦挣来的血汗钱。一旦赌博，往往会深陷其中。因为赌输的人总是想把输了的钱赢回来，但是往往会越输越多，越陷越深。而大部分大学生没有经济能力，只能骗取家人或是亲戚朋友的钱，到了最后伤了大家的感情，得不偿失。因此，望大学生慎重对待赌博行为。

"黄赌毒"作为社会丑恶现象，是万恶之源，不仅败坏了校园风气，甚至还危及社会稳定，历来被国人所深恶痛绝。大学生应牢固树立社会主义荣辱观，继承传统美德，弘扬时代精神，自觉抵制"黄赌毒"的侵害，做有理想、有道德、有文化、有纪律的社会主义公民，肩负起国家和民族的历史重任。

一、"黄赌毒"是万恶之源

大学生一旦和"黄赌毒"沾上边，轻则违反校纪校规，重则触犯法律，对自己、对他人、对家庭、对社会都将造成严重的危害。

（一）荒废学业

大学生是祖国现代化建设的承担者，他们带着成才的愿望和理想跨进大学校园，使大学殿堂充满昂扬向上的朝气。而一旦有人被"黄赌毒"污染，理想和理智的防线就会崩溃，轻者不思进取、想入非非，终日心神不定、精神萎靡不振，课上不能认真听讲，课后不能及时温习功课；重者沉湎其中不能自拔，放弃学业，以至于在原始欲望的支配下坠入犯罪的深渊，成为社会发展的负面因子。

（二）伤害身心

大学生正处于黄金年龄段，身体发育已趋于成熟，性意识已经觉醒，如果整日只知寻求欲望的满足，势必要大大消耗身体，极不利于健康成长；在得不到满足的情况下，又容易形成心理障碍或身心疾病。特别是性行为，还有可能染上性病和艾滋病，从而造成严重的后果。此外，涉黄的录像厅、游戏机房，往往条件简陋、设备老化，多是违法操作，经营者只注重隐蔽性而忽视安全性。震惊全国的河南焦作"3·29"特大火灾，就有数名大学生在录像厅中被烧死。

赌博是多种疾病的导火索。经常去赌场者往往嗜赌成瘾，呈现出一种病态心理。一旦进入那种长时间保持精神高度集中的紧张状态，加上废寝忘食，极易导致心理和精神疾病，从而引起消化系统紊乱和腰肌劳损等。近年来，在报纸上时有嗜赌者因赌博休克甚至倒毙的事例。

毒品之所以被人们称为"幽灵""瘟疫""魔鬼"，是由于吸毒极易上瘾且戒断很难，久而久之，身体严重中毒便产生各种病态反应：烦躁不安、失眠、疲乏、精神不振、腹痛、腹泻、呕吐等。特别是有些吸毒者往往使用不洁净的针头、器具注射海洛因等毒品，为艾滋病的传播提供了通道。云南某大学学生戴某，结交了社会上不三不四的"朋友"，其中有些人就在一起吸食和注射毒品。戴某起初因为好奇也学着吸毒，久而成瘾，用量越来越大，由于大家混用注射针又染上了性病。毒品在危害吸食者身体的同时，还对他们的精神造成极大伤害。吸食毒品使人逐渐懒惰无力、意志衰退、智力下降、记忆力减退，从而使工作和学业荒废，对自己、对家庭都会造成巨大损失。

（三）违反校纪

大学是生产知识、传播知识的场所。大学校园必须严拒"黄赌毒"。面对"黄赌毒"的侵害，校纪校规是无情的。参与赌博很容易上瘾，既浪费精力又花费时间，因而赌博者不可能遵守日常作息制度，违反校纪校规现象时有发生。有的因为"恋战"集体逃课、迟到或早退；有的则因为在赌博时输红了眼大打出手，演变成打架斗殴。某高校学生杨某出生于高级知识分子家庭，父母离异后随母亲生活，大二期间因身体不好休学一年。复学后，母亲为他申请到校外租房居住并亲自监护。杨某却置校纪校规和母亲的教诲于不顾，与社会不良青年打成一片，经常去舞厅、酒吧闲逛，交往了一些不三不四的"朋友"到处厮混。在临毕业前半个月，杨某终于被校方勒令退学，带着羞愧和后悔离开了大学。

（四）诱发犯罪

"黄赌毒"不仅对涉及者造成肉体和精神上的伤害，使他们陷于难以解脱的痛苦之中，而且会诱发多种犯罪，从而在更大范围和程度上危害社会和国家。涉黄者需要黄资，好赌者需要赌资，吸毒者需要毒资，而大学生是消费者，大多需要依靠父母的供给来维持学习和生活，如果大学生与"黄赌毒"沾上边，势必围绕上述犯罪又会引发新的犯罪。

（1）盗窃罪。一些大学生因为赌博输了钱物，为了获取赌资就进行盗窃，凡赌博活动猖獗的地方均有此类案件发生。如某高校一学生因赌输了钱，经常进行盗窃，赃款达8万余元。

（2）抢劫罪。抢劫罪是因参赌而诱发的一种常见的犯罪。如某高校学生郭某赌博输了钱，便纠集同龄人将赌徒龚某的3 000元劫走，又将其致伤而死。

（3）抢夺罪。某大学三年级学生张某因为赌博输了钱，竟在光天化日之下从银行柜台抢夺现金6 700余元。

（4）杀人罪。大学本科生夏某为了弄到购买海洛因的钱，与其弟弟拦路抢劫，杀死了过路的一位教师，抢走了教师身上的钱和自行车。

二、大学生如何抵制"黄赌毒"的危害

案例

三个月前，在某珠宝店抢夺7件黄金首饰（共205 g）的逃犯林某在某市火车南站落网。

林某今年刚满20岁，是某校的大专在读学生，父亲是建筑行业的小包工头，家里其实也不缺钱。

林某经常与几名学生一起赌博，欠了1万多元，却不敢向父母要钱。林某父母原本对他寄予厚望，但他不喜欢学习，所以在学校里也是混日子。林某担心的是，赌博输了这么多钱，父母知道了肯定要责骂他。

输了钱，又欠了钱，林某想翻本，于是对父亲谎称与朋友一起做生意，向家里要了1万多元，但林某取钱后一个晚上就赌输了近5 000元。

第二天，林某怀揣剩余的7 000多元到街上闲逛。林某在为女友挑选金项链时，发现店内没有保安人员，于是动了歪脑筋，选了7件共价值8万多元的金银首饰，趁店员不注意逃窜，后被公安机关抓获。

点评

法网恢恢，疏而不漏。想要逃脱法律的制裁是不可能的。所以，大学生需要加强法律意识，不做违反法律的事情，不把自己的青春葬送在吞噬钱和灵魂的赌博上。

（一）远离黄色淫秽制品

黄色淫秽制品是指具体描绘性行为或者宣扬色情的淫秽性的书刊、影片、录像带、录音带、图片及其他淫秽物品。

《中华人民共和国刑法》第三百六十四条规定："传播淫秽的书刊、影片、音像、图片或者其他淫秽物品，情节严重的，处二年以下有期徒刑、拘役或者管制。组织播放淫秽的电影、录像等音像制品的，处三年以下有期徒刑、拘役或者管制，并处罚金；情节严重的，处三年以上十年以下有期徒刑，并处罚金。向不满十八周岁的未成年人传播淫秽物品的，从重处罚。"

大学生要坚决抵制黄色淫秽制品并做到以下几点。

（1）要坚决做到不看、不传，更不能走私、制作和贩卖黄色淫秽制品。

（2）要洁身自爱，读好书、结交好友，积极参加健康有益的文体娱乐活动。

（3）树立正确的人生观，培养高尚的道德情操，做"四有"新人。

警惕！大学生在色情漩涡中的沉沦与失足

（二）远离赌博

赌博是一种丑恶的社会现象，是利用赌具，以钱财作赌注，以占有他人利益和赢利为目的的违纪违法犯罪行为。大学生参与赌博有百害而无一利。

1. 赌博的危害

（1）经常赌博会荒废学业，违反校规校纪。赌博很容易上瘾，既花费精力又浪费时间，因而不可能遵守学校正常的作息时间，不可避免地要违反校纪。

（2）破坏同学关系，影响正常秩序。赌博是群体性的违法犯罪活动，一旦参与赌博，赢了的不会满足，输了的总想"返本"（把输的捞回来）。这样，长此以往无休止地继续下去，势必会影响同学关系，同学之间的互助、友爱之情往往会被利害关系所替代。

（3）容易走上违法犯罪的道路。有关部门统计资料表明，高校学生中因参与赌博被学校给予开除学籍、留校察看之事时有发生，而因赌博走上违法犯罪的现象屡见不鲜。

2. 大学生应抵制和拒绝参与赌博

（1）自觉遵守校规校纪，养成良好的遵纪守法意识，违法往往从违纪开始。

（2）充分认识赌博的危害，自觉培养高尚的情操，积极参加健康有益的文体活动，充实自己的业余文化生活。

（3）防微杜渐，分清娱乐和赌博的界限。很多赌博成瘾的人都是从"赢饭""赢水果""赢夜宵""赢烟"等开始的，久而久之，胆子壮了，胃口也大了，从而陷入赌博的泥潭。

（4）思想上要警惕，不要因为顾及朋友、同学的情面而参与赌博，遇到他人相邀，要设法推脱。

（5）要从根本上关心和爱护同学，及时制止他人参与赌博，必要时要向老师和学校有关部门报告。

（三）远离毒品

毒品是指鸦片、海洛因、吗啡、大麻、可卡因、冰毒及国家规定管制的能够使人上瘾的麻醉药品和精神药品。吸食（包括注射）毒品或欺骗、容留、强迫他人吸食毒品及非法从事制毒、贩毒已成为社会公害，每个大学生都不可染指，要充分认识其危害。

1. 毒品带来的危害

（1）吸食毒品会严重危害人体健康。吸食毒品成瘾后会产生强烈的病态反应，如烦躁不安、失眠、疲乏、精神不振、腹痛、腹泻、呕吐、性欲减退或丧失。人体内的毒品达到一定剂量后会造成惊厥，乃至神经系统抑制，引起呼吸衰竭而死亡。静脉注射毒品又是传染肝炎、肺炎、性病及艾滋病等的重要途径。

（2）摧残意志和精神，荒废学业。吸食毒品使人逐渐懒惰无力，意志衰退，智力和主动性降低，记忆力减退，致使学业荒废。

（3）吸毒是诱发犯罪的重要原因。吸毒耗资巨大，诱发吸毒者为解决毒资铤而走险，走上了盗窃、抢劫、诈骗、杀人、卖淫等犯罪的道路。

2. 大学生应警惕和预防毒品的侵袭

（1）充分认识毒品违法犯罪活动的危害性，加强自身学习和法律意识修养，培养高尚的情操和伦理道德观念。

（2）积极参加有益健康的文体活动，增强集体观念，培养广泛的兴趣和爱好，避免孤僻。

（3）提高对毒品的辨别能力，不要结交有吸毒恶习的朋友或听信他人的谗言。

（4）不可因好奇而尝试毒品，防止上瘾而难以自拔。

（5）一旦沾染毒品，要积极主动向老师和学校报告，并自觉接受学校、家庭及社会有关部门的监督戒除及康复治疗。

第四节　日常用药安全

一、正确认识药品的不良反应

"是药三分毒",大家都知道药品存在副作用,许多药物还会产生不良反应。大多数人都有过服药后发生药物不良反应的经历。但是,大家对药物的不良反应是否都有一个正确的认识呢?

(一)不良反应如何产生

首先,药物本身的原因。一个较大的原因是药理的反应,由于药物的药理作用,在服用药物一段时间后,可导致一些不良反应。例如,长期大量使用糖皮质激素能使毛细血管变性出血,以致皮肤、黏膜出现淤点、瘀斑。同时药物受到污染也会导致不良反应,如药物暴露在空气中,导致细菌的入侵,药效挥发。

其次,在药物生产过程中的原因。如同一种药物,生产厂家不同,制剂技术的差别、杂质的除去率不同,都会影响其不良反应的发生率。

最后,使用者自身的问题。一是有些患者缺少药物使用常识,随意加大药量,或同时使用两种药物,或者使用药物期间乱吃其他食物等都会导致不良反应;二是使用者体质不同,如种族的不同,性别的不同,营养状态的不同,都会导致药物不良反应。

(二)正确认识药物的不良反应

第一,国家批准的合格药品也会出现不良反应。因为药品本身就存在不良反应,在研究过程中,药物的这些不良反应会出现在临床试验的动物身上,因为动物跟人是有种属差异的。因此,在动物身上能发现的不良反应在人身上不一定能发现,而在人身上发现的不良反应在动物身上很难被发现。因此,就存在一个不良反应出现偏差的问题。同时在人身上的临床试验,也会因为试验人的体质、地域差别等因素而存在一定的差异,这种差异就有可能导致药品不良反应的发生。

第二,中药也会出现不良反应。中药存在历史长,而且疗效显著,多数人盲目信任中药,认为中药是"十全十美"的。其实不然,中药也会出现不良反应。例如,成分含有马兜铃的中药,多吃会引起急性肾衰竭、慢性肾衰竭、肾小管酸中毒等。在北京市一份关于药物不良反应的调查中发现,在致病药物中,中药仅次于抗生素和解热镇痛药,因此我们必须改变中药安全无毒的旧观念。

第三,出现不良反应并不等于假冒伪劣。大多数假冒伪劣产品都会出现不良反应,但并不等同于出现不良反应的都是假冒伪劣产品。所以医生提醒,如果在服药后,特别是服用了新上市的药品后发现原有的症状加重,或是出现了原来没有的症状,要想到服用该药是否出现了不良反应。

二、药品不良反应的预防

临床上药品不良反应的症状有多种形式,但经大量研究表明,药品不良反应的产生是有规律性的,即由该药品固有药理作用所致的症状是可预测的。目前常见的是常与剂量有关的 A 型反应

（由药物的药理作用增强所致）和与固有药理作用完全无关的、难以预测的 B 型反应（与正常药理作用完全无关的一种异常反应），根据不同类型的不良反应可以采取相应的预防和治疗措施。

第一，要注意药品的禁忌，包括生理性及病理性因素，如过敏体质和特异质反应都属 B 型反应，难预测。因此，对该类药品可致敏的过敏体质患者，应禁用；遗传因素的特异质反应如 G6PD 缺乏者亦应禁用某些止痛退热药和磺胺类药等。某些疾病状态下禁用药物亦属禁忌范围，如高血压患者不能用拟交感胺类药，以防血压骤升。在说明书中属禁忌范围的患者一律不得选用该药。

第二，针对药品可能产生不良反应的原因做好预防措施。这些反应多属 A 型。原因比较清楚，可预测。

（1）改换药品剂型。例如，阿司匹林对胃肠刺激性大，改用肠溶制剂，可减轻刺激；硝苯地平可产生面红、心跳加快的症状，改用缓释剂后，血药浓度可降低，使反应减轻或消失。

（2）改善服用方法。例如对有胃肠反应的药物宜饭后服用，对嗜睡不良反应的药物宜睡前服用等。

（3）联合用药减少药品不良反应。例如，异烟肼片与维生素 B_6 合用可减少周围神经炎的发生。

（4）定期检查有关的指标，对于长期用药导致的不良反应，应根据药品常出现毒性的时间进行必要的检查。例如，应用氯霉素检查外周血白细胞数，预防白细胞减少，这样能尽早发现不良反应，及时防止不良反应的加重。

当然，积极的预防措施不能绝对消除药品不良反应的发生。那么，发生不良反应时该怎么办？药品不良反应的严重程度可以划分为三级。轻度的不良反应是指病人可忍受，不影响治疗过程的身体不适，例如胃肠道不适、口干等。这些不良反应常可在连续服用后减轻或消失，所以如果该药疗效确切，患者可以坚持服用，如果这些不适使病人难以忍受，或属过敏反应，或者怀疑对重要脏器有影响，例如黄疸、血尿、心律失常等，可能是中度或严重不良反应，就应马上停药并立刻找医生诊治，不要自行处理以免耽误治疗。

就医安全

三、如何识别变质药物和有效期

药物储存不当或过了有效期会变质，服用变质药物会危害身体健康。因此，要学会识别药物的变质信号。

（一）药物变质信号

（1）胶囊剂有软化、碎裂或表面发生粘连现象。
（2）丸剂有变形、变色、发霉或臭味。
（3）药片有花斑、发黄、发霉、松散或出现结晶。
（4）糖衣片表面已褪色露底，出现花斑或黑色，或者崩裂、粘连或发霉。
（5）冲剂已受潮溶化或结块、变硬、发霉。
（6）药粉已吸潮，发酵变臭，药膏已出现油水分层或有异臭。
（7）内服药水尤其是糖浆剂，不论颜色深浅，都要求澄清，如果出现絮状物、沉淀物，甚至发霉变色或产生气体，则表明已经变质。

（8）眼药水除了极少数为混悬液以外，一般都要求澄清，而且不得有一点纤维，也不能有混浊、沉淀、变色等。

（9）注射液不允许有变色、混浊、沉淀或结晶析出等。

（二）进口药物有效期怎么看

进口药物、营养品和保健品上面没有中文标识如何识别？专家提醒，外包装上的药品有效期由三个英文字母缩写"EXP"表示，后面紧随的就是药品的有效期。患者拿回进口药物应在第一时间核对"EXP"，相应的药物储存方法则可以查询网络上的药品中文说明书。

四、日常服药注意事项

（一）"慎用、忌用、禁用"的区别

"慎用、忌用、禁用"主要是从产生后果的严重程度上进行区分。

（1）"慎用"是指药品用于人体后可能会引起不良反应，应谨慎使用，但不等于不可使用。使用后应留心观察，如出现不良反应要立即停用。老人、孕妇、儿童及肝肾功能不良者使用此类药物时就应当特别谨慎。

（2）"忌用"即避免使用。有些药品的不良反应比较明确，不适宜服用的人用后发生不良后果的可能性较大。若病情急需，应选择药理作用相类似、不良反应较小的药品代替，也可合并其他药来对抗副作用。如磺胺类药物对肾脏有损害作用，肾功能不良者忌用；异烟肼片对肝细胞会有损伤，肝功能不良者应当忌用。

（3）"禁用"即绝对禁止使用。如果使用就会出现严重不良反应。如胃溃疡病人禁用阿司匹林，否则可能造成胃出血。

（二）药物能否混搭

家庭的小药箱里，往往都有很多治疗感冒、胃痛或腹泻等常见病的药物。但是这些药物同时服用时，可能会因为其化学性质、作用机理的不同造成药效下降、副作用增加，严重时甚至危及生命。以感冒为例，药店里所能买到的治疗药物多达几十种，其中多含有对乙酰氨基酚、伪麻黄碱等成分，如果同时服用多种感冒药，则会导致药物过量，长期服用过量药物可能导致肝损伤。腹泻的常用药物——微生态制剂（整肠生、金双歧、妈咪爱、培菲康等）与抗生素合用时，注意应间隔两小时，避免药效丧失。

在日常生活中，我们可能会同时患有两种或两种以上疾病，需要服用多种药物，这个时候需要咨询医生或者药师，避免药物相互作用带来的危害。例如，抗过敏药（特非那定、阿司咪唑），与咪唑类抗真菌药（酮康唑、伊曲康唑）、大环内酯类抗生素（红霉素、克拉霉素）并用后会发生严重的不良反应。

（三）药物能否掰开或掰碎

片剂最常见的有普通片、包衣片、缓释片和控释片等几类。普通片一般可以掰开或掰碎服用，

并不影响药效。包衣片主要是一些口味较苦、异味较大或是需要在特定的环境下（如肠道中）溶解的药物，如果掰开服用，会使药片刚进胃部就被溶解，无法安全抵达肠道。这不仅会影响药物正常发挥药效，还会刺激胃黏膜，所以不能掰开服用。缓释片和控释片通常含有的药量是普通片的几倍，如果掰开服用会造成药物迅速释放，体内药物浓度骤然上升，从而引起药物中毒。

（四）加倍剂量服药或缩短服药间隔的危害

加倍剂量服药或缩短服药间隔，人为造成用药剂量过大，容易造成肝、肾受损，大多数药物都需要肝肾代谢。如果某种药使用时间过长、剂量过大，有导致肝肾损伤的可能。还有一些安全剂量范围窄、毒副作用强的药物，如地高辛、苯妥英钠、氨茶碱等，加倍剂量服用，可导致严重的药物中毒，危及生命。如果降压药物和降糖药物加倍服用，就可能导致威胁生命的低血压和低血糖。

（五）服用一般药物时的饮水量

要根据服用药物的性质和剂型特点来调整饮水量。一般服药时饮水量应以足够将药物咽下为宜。一般片剂 150~200mL 水即可，胶囊则喝水量大一些，因其易附着在食道上。有一些药物服用时，要少喝水甚至不喝水。如硝酸甘油舌下片，含服时间要控制在 5 分钟左右，含服后 30 分钟不宜吃东西、喝水，以免影响药物吸收。服用止咳糖浆时如果喝水，将冲淡咽部的糖浆，影响止咳效果。麦滋林等保护胃黏膜的药物，因需要在胃部形成保护层，不要喝水过多，影响药物作用。而服用磺胺类药物需要大量喝水，因为易在尿中形成结晶引起刺痛。还有一些情况是根据病情来定的，如腹泻时服用口服补液盐、发烧时服用退烧药等需要多喝一些水，则是因为腹泻时需要补充体内水分，退烧出汗后会流失大量水分。

（六）服药用水

服药用温开水送服最好。有些人喜欢用茶水、果汁、汽水、牛奶等，可能会造成药效下降、丧失甚至药物中毒。茶水中含有大量鞣酸，会与多种抗生素、生物碱反应，使其丧失药效。酸性的果汁、汽水会降低碱性药物的药效。牛奶中所含的钙能增加地高辛的毒性。

（七）适宜的服药时间和间隔

采用正确的服药时间和间隔，是为了保证药物的疗效，减少或规避药物的不良反应。应严格根据药物说明书指导服药时间和间隔。科学的服药间隔是将一天的 24 小时除以服药次数，例如每日 3 次，应该每隔 8 小时服药 1 次；每日 2 次即为每隔 12 小时服药 1 次。如果每日 3 次采用了早、中、晚的服用方法，即在用餐时间服用，就会使药物在白天完成吸收过程，白天的药物浓度较高，不良反应也就可能随之增加。但是降糖药的服用是例外，血糖的高低与进食有关，降糖药服用时需要按照进餐时间进行。

在掌握好服药间隔的基础上，还应该根据所患疾病及所用药物情况，合理调整服药时间。以激素类药物为例，人体肾上腺皮质激素的分泌高峰在上午 7~10 时，故采用早晨 1 次服药为宜，可减少对机体内源性皮质激素分泌的抑制。服用补钙药（如钙尔奇 D、碳酸钙）宜在临睡前，因人体的血钙水平在午夜至清晨最低。

(八）餐后、餐前服用的药品

要根据药物的性质制订服用时间。以糖尿病药物为例，格列齐特、格列吡嗪、格列喹酮等磺脲类降糖药，必须在饭前 30 分钟服用；阿卡波糖（拜唐苹）则需要与第一口饭同时服用；二甲双胍由于对胃有刺激，故需要在饭后服用。胃黏膜保护剂（如氢氧化铝）为了形成保护膜，促胃动力药（如吗丁啉）为了发挥其药效，抗生素（如阿莫西林、头孢拉定）为了避免进食对药物吸收的影响，均需要在饭前服用。阿司匹林等非甾体抗炎药由于对胃有刺激，需要在饭后服用。

第五节　饮食安全

案例

某学校食堂办负责全校学生伙食管理，但由于管理不善，将买进的生猪肉存放在已经坏掉的冷冻箱内，致使存放了一个星期的生猪肉腐烂变质，细菌毒素在生猪肉中大量繁殖，大家全然不觉。

某天早上5点多，炊事员小李首先从冷库中取出生猪肉，并切好入盆准备中午使用。接着，又用这把切肉的菜刀切豆干，并将切好的豆干拌好佐料后装入盆里留做早餐食用。

然而，就在吃完早饭半小时后，200多名吃了凉拌豆干的学生，就有20多名感到肚子不适，头晕恶心，纷纷请假看病。后来又有50多名学生相继发作，不断请假到医院就诊。下午，许多学生又面色苍白、出现昏迷现象，很多学生同时或相继发病，来势凶猛，且迅速达到高峰，累计4个班的160多名学生出现急性胃肠炎的症状。这次食物中毒，有两名深度昏迷的学生昏迷时间达半个月之久，幸好送医院抢救及时才把他们从死亡线上拉了回来。

点评

这是典型的细菌性食物中毒事件，其主要原因有：首先，没有妥善保管好食品，对已经坏掉的冰箱没有及时维修；其次，每年的5~10月应少吃或不吃凉拌菜，且凉拌豆制食品食用前要彻底加热；最后，生熟菜刀没有分开，这次食物中毒就是生熟菜刀交叉使用造成交叉感染的结果。

由此可见，预防食物中毒不仅是卫生行政主管部门和高校相关职能部门的主要职责，而且也是每个在校大学生应该重视和注意的重要问题。

一、养成良好的饮食习惯

（一）注意规律饮食

进食要有规律性，定时定量，少吃零食，早、中、晚三餐进食时间尽量固定，临考前应选择营养丰富和易消化的食物。三餐有别，早吃好，午吃饱，晚适量。早餐以低糖、低脂肪、高蛋白为佳。午餐食用鸡或鱼等高蛋白食物可有效补充酪氨酸和胆碱，酪氨酸可通过血脑屏障，在大脑中转化为使头脑清醒的化学物质；胆碱是脑神经递质乙酰胆碱的化学前体，对增强记忆起主要作用。定时定量吃饭，能使胃肠道有规律地蠕动和休息，从而增加食物的消化吸收率，使肠道的功能保持良好状态，减少胃肠疾病。

（二）注意饮食结构的合理性

不要偏食、挑食，食物要多样化，注意合理营养与平衡膳食。防止营养素摄入不足，各种不同的食物还有互相促进消化吸收及利用的效果。吃得太少营养不足，会使体重减轻、消瘦、耐力下降，对疾病的抵抗力降低，严重者可导致贫血、血糖过低、营养不良和维生素缺乏症。相反，如摄入营养过多，不仅造成食物浪费，而且给机体增加负担，同时可能引起肥胖、高脂血症、糖尿病等。因此，饮食要适量，不宜过多。应细嚼慢咽，饭前少喝点汤可刺激食欲，有助于进食和消化。进餐温度要适宜，少喝冷饮，食物温度以 20~45℃为宜，如果超过 60℃，食管壁和口腔黏膜就会被烫伤，在致癌物质的诱导下引起食管癌变。吃过量的冷饮、冷食，会使胃部血管收缩，减少血液供应而使消化不良及胃肠功能紊乱，出现腹痛、腹泻等。不饮酒，不吃霉烂变质的食物。

（三）注意饮食卫生

饭前、饭后要洗手，不吃过期变质的食品，不买"三无"产品（无生产厂家、无商标、无出厂日期的食品），不随便吃不认识的野菇、野果、野菜等；不喝生水。外出就餐时，要选择卫生条件好、证照齐全的摊店，同时，要多留个心眼，看看上述证件是否有效。选购食品时，不买"三无"产品，仔细查看是否在保质期内；特别是在购买熟食时，留意有无防蝇设施。要注意饮水卫生，不用未经检测、消毒的井水烧煮食物，讲究个人卫生，坚持"勤洗手、喝开水、吃熟食"。若有腹泻和呕吐等肠胃不适，应及时到正规医疗机构就医。

（四）其他注意事项

进餐时要专心。如果边吃饭边看书，进餐时听广播、看电视，造成了声、光、景、情一起刺激大脑神经，引起感情急剧变化，精力分散，势必食欲减退，消化不良，久而久之，消化功能减退，引起胃肠道疾患。进食时心境平和，思想专一，对人体大有益处。首先，对食物的色、香、味、形的明显感受会增加食欲，消化液分泌和胃肠蠕动都会随之增强。其次，吃饭时情绪好，食欲增强，血液循环良好，胃肠的消化功能强，免疫力增强。如在吃饭时情绪压抑和郁闷，则会影响食欲，影响血液的正常循环，降低整个消化系统的功能，降低人的免疫力。

> **小贴士**
>
> 注意美味中隐藏的"雷区"
>
> **1. 新鲜的黄花菜不能食用**
>
> 新鲜黄花菜含有一种叫作秋水仙碱的物质，食用以后会使人嗓子发干、口渴，胃有烧灼感，出现恶心、呕吐、腹痛、腹泻等症状。

2. 发霉的花生和玉米不能食用

霉变的花生和玉米中会产生黄曲霉，黄曲霉代谢的产物黄曲霉毒素有致癌作用，对人的肝脏有很大危害。

3. 河豚和鲐鲅鱼含有毒素

河豚中的毒素可以麻痹人体的中枢神经系统，最后可致食用者死亡，不经过特殊处理，最好不要食用。鲐鲅鱼中含有大量的组胺，食用后会引起过敏性中毒。

4. 苦杏仁不能吃

苦杏仁有毒。它的尖和皮含有一种有毒成分叫氰甙。氰甙在胃肠道中水解以后，会释放出剧毒成分氢氰酸。氢氰酸在快速进入血液以后，就会作用于人体各部分细胞，致使细胞不能正常呼吸，组织器官缺氧。氢氰酸的毒性剧烈，即使吃一粒也会中毒。苦杏仁中毒的症状一般在食用杏仁后一小时左右出现，开始呕吐、恶心、头痛，继而心悸、胸闷、全身乏力，最后多因为呼吸麻痹而死亡。另外，生的李仁、桃仁也会造成神经性中毒。

5. 没腌制好的咸菜不能吃

没有腌制好的咸菜中含有大量的亚硝酸盐，它可以使人体血液丧失正常的输氧能力，最后导致食用者因窒息而死亡。有害的亚硝酸盐一般在腌制后一星期左右达到高峰，如果这时候食用，可能导致急性亚硝酸盐中毒。

6. 松花蛋也能引起食物中毒

根据相关研究，干净的松花蛋壳上会有400~500个细菌，而不卫生的松花蛋蛋壳上的细菌则高达1.4亿~4亿个。如果蛋壳上的细菌通过蛋壳的缝隙，或者通过剥蛋壳者的手进入蛋内，松花蛋就被细菌污染了，吃了这样的松花蛋，就很可能发生食物中毒。

松花蛋壳上附着的细菌主要是沙门杆菌，被沙门杆菌污染的松花蛋，会引起肠黏膜发炎，并在人体内产生很强的毒素，导致人出现中毒的症状。因此，松花蛋以少吃为宜，或者食用沸水蒸煮过的松花蛋，因为沙门杆菌在100℃的温度下会立即死亡。最好不要食用凉拌的松花蛋，因为沙门杆菌在20~30℃的温度下生长繁殖最快。同时，还要注意选择好的松花蛋，一般暗褐色的透明蛋体是最好的，绿色的、发黏的松花蛋千万不能吃。

7. 未成熟的青番茄不能吃

未成熟的青番茄含有生物碱，食用后可导致中毒，引起恶心、呕吐等中毒症状。

8. 腐烂的生姜不能吃

腐烂的生姜会产生一种叫黄樟素的致癌物质，可诱发肝癌、食道癌等。

二、引起食物中毒的原因

食物中毒是指食用了不利于人体健康的食物而导致的急性中毒性疾病，通常都是在不知情的情况下发生食物中毒。变质食品、污染水源是主要传染源，手脏、不洁的餐具和带菌苍蝇是主要传播途径。食物中毒的原因很多，主要可以分为以下几类。

（一）细菌性食物中毒

细菌性食物中毒是指人们摄入含有细菌或细菌毒素的食品而引起的食物中毒。引起食物中毒的原因有很多，其中最主要、最常见的原因就是食物被细菌污染。据统计，细菌性食物中毒占食物中毒总数的50%左右，而动物性食品是引起细菌性食物中毒的主要食品，其中肉类及熟肉制品居首位，其次是变质禽肉、病死畜肉及剩饭等。

并不是吃了细菌污染的食物就会马上发生食物中毒，细菌污染了食物并在食物上大量繁殖达到可致病的数量或繁殖产生致病的毒素，才会发生食物中毒。因此，发生食物中毒的另一个主要原因就是储存方式不当或在较高温度下存放较长时间。食品中的水分及营养条件使致病细菌大量繁殖，食物中毒的一个重要原因为食前未充分加热，未充分煮熟。

（二）真菌性食物中毒

真菌在谷物或其他食品中生长繁殖产生有毒的代谢产物，人和动物食入这种毒性物质发生的中毒，称为真菌性食物中毒。中毒发生主要通过被真菌污染的食品，用一般的烹调方法加热处理不能破坏食品中的真菌毒素。真菌生长繁殖及产生毒素需要一定的温度和湿度。因此，中毒往往有比较明显的季节性和地区性。

（三）动物性食物中毒

食入动物性中毒食品引起的食物中毒即为动物性食物中毒。动物性中毒的食品主要有两种：一种是将天然含有有毒成分的动物或动物的某一部分当作食品，误食引起中毒反应；另一种是在一定条件下产生大量有毒成分的可食动物性食品，如食用鲐鲅鱼等引起中毒。近年来，我国发生的动物性食物中毒主要是食用河豚中毒。

（四）植物性食物中毒

（1）将天然含有有毒成分的植物或其加工制品当作食品，如桐油、大麻油等引起的食物中毒。

（2）在食品的加工过程中，将未能破坏或除去有毒成分的植物当作食品食用，如木薯、苦杏仁等。

（3）在一定条件下，不当食用大量有毒成分的植物性食品，如食用鲜黄花菜、发芽马铃薯、未腌制好的咸菜或未烧熟的扁豆等造成中毒。一般因误食有毒植物或有毒的植物种子，或烹调加工方法不当，没有把植物中的有毒物质去掉而引起。最常见的植物性食物中毒为食用菜豆、毒蘑菇、木薯中毒；可引起死亡的有毒蘑菇、马铃薯、曼陀罗、银杏、苦杏仁、桐油等。植物性中毒多数没有特效疗法，对一些能引起死亡的严重中毒隐患，应尽早排除毒物。

（五）化学性食物中毒

（1）误食被有毒害的化学物质污染的食品。

（2）添加非食品级的、伪造的、禁止使用的食品添加剂、营养强化剂的食品及超量使用食品添加剂。

（3）因储藏等原因，造成营养素发生化学变化的食品，如油脂酸败造成中毒。食入化学性中毒食品引起的食物中毒即为化学性食物中毒。化学性食物中毒的发病特点是：发病与进食时间、食用量有关。一般进食后不久发病，常有群体性，病人有相同的临床表现。剩余食品、呕吐物、血和尿等样品中可测出有关化学毒物。在处理化学性食物中毒时应突出一个"快"字！及时处理不但对挽救病人生命十分重要，同时对控制事态发展也十分重要。

三、食物中毒的症状

从健康饮食的角度考虑，如果出现食物中毒，不仅会影响健康，严重时还会危害到生命安全。所以，了解一些食物中毒症状对于急救有帮助。

（1）当你是因为副溶血性弧菌食物中毒时，会出现突发高热，伴有呕吐、腹痛、腹泻。这是典型的食物中毒症状，一定要及时去医院检查。

（2）当出现葡萄球菌肠毒素食物中毒时，会出现腹痛、呕吐、恶心。如果呕吐情况特别严重，很可能是因为吃了被细菌污染的肉制品、剩饭、奶制品等。

（3）肉毒杆菌毒素中毒也叫肉毒中毒，这种情况是比较严重的。它的表现症状很多，比如头痛、头晕、呕吐、恶心。具体的表现有眼睑下垂、视力模糊、睁眼困难、吞咽困难、声音嘶哑。严重时，会造成病人死亡。这种情况主要是因为吃了被细菌感染的咸鱼、肉罐头、臭豆腐、豆酱、面酱等引起的。

食物中毒，不是一件小事，一定要及时去医院检查和治疗，不要耽误了病情，以免出现更严重的伤害。了解一些饮食禁忌，不要吃剩饭，要注意饮食的健康和卫生，才能从根本上解决食物中毒问题。

四、怎样预防食物中毒

案例

2020年9月16日，安徽省某医院及附近一些医院，陆续接诊了一些年轻人。他们在走进医院时，无一例外地捂住了自己的腹部。他们大多是居住在同一学生公寓的大学生，当日上午陆续出现腹泻、呕吐、头晕等症状，程度因人而异。截至当日中午，仍有此类病症的学生走进医院。

据了解，9月15日这些学生都在一家名为"××快餐"的快餐店就餐。事发后，合肥市卫生部门对此次疑似食物中毒事件展开了调查。据不完全统计，至少有近30名在"××快餐"店就餐的大学生出现不良反应，而据快餐店老板介绍，9月15日这天，快餐店卖出约500份快餐。

点评

近年来，由于种种原因，校园周边饭店、小吃店林立，个体商贩兜售饮食的现象也越来越多，少数食堂也存在一定的卫生问题。这些饮食除一般卫生指标难以达到标准要求以外，最令人担忧的是引发食物中毒，在校大学生需要掌握一定的食品安全知识，以避免食物中毒事故的发生。

（1）保持餐具清洁卫生。

（2）选择新鲜、安全的食品和食品原料。切勿购买和食用腐败变质、过期和来源不明的食品，切勿食用发芽马铃薯、野生蘑菇、河豚等含有或可能含有有毒、有害物质的原料加工制作的食品。

（3）蔬菜按一洗、二浸、三烫、四炒的顺序操作处理。

（4）肉及家禽在冷冻之前按食用量分切，烹调前充分解冻。

（5）彻底加热食品，特别是肉、奶、蛋及其制品，四季豆、豆浆等应烧熟、煮透。

（6）烹调后的食品应在 2 小时内食用。

（7）妥善储存食品。食品应储存在密封容器内，生、熟食品分开存放，新鲜食物和剩余食物不要混放。

（8）经冷藏保存的熟食和剩余食品及外购的熟肉制品食用前应彻底加热。食物中心温度须达到 70℃，并至少保持 2 分钟。

（9）不光顾无证无照的流动摊位和卫生条件差的食品店。

（10）养成良好的个人卫生习惯，勤洗手、不吃生食、不喝生水。

五、食物中毒的处理

案例

2019 年 9 月 22 日，上海市某高校的 93 名学生出现以腹痛、腹泻为主的胃肠不适症状，当地政府及相关部门非常重视，立即将这些学生送往医院进行救治。事后，这些学生已全部痊愈出院，并返回学校上课。经过市、区卫生部门现场进行病学调查，初步判定造成这些学生身体不适的原因是进食不洁食物。

点评

由上述案例可知，当食物中毒事件发生后，需要及时进行紧急救治，及时在医院或卫生站进行就诊，并掌握一定的现场急救知识，使中毒的学生尽快脱离生命危险，早日康复。

食物中毒的情况时有发生，如果不知道食物中毒怎么处理的话，就会延误最佳治疗时间。

（一）补充液体

出现食物中毒时，一定要特别注意补充液体，尤其是凉开水或其他饮用水。食物中毒时上吐下泻会导致体内水分大量流失，与此同时电解质，如钾、钠及葡萄糖等也会大量流失。此时，止泻并不是重点，适量的腹泻可以让体内毒素排出。如果不注意及时补充液体的话就会威胁生命。应该大量饮用清水，促进致病菌及其产生的毒素排出，减轻中毒症状。

（二）解毒剂

食物中毒最为常见的症状便是腹痛，可以适量服用一些解毒剂，比如颠茄合剂或颠茄片等。服用之后如果没有缓解的迹象，甚至还出现失水明显、四肢寒冷、腹痛腹泻加重、极度衰竭、面色苍白、大汗、意识模糊、说胡话或抽搐等情况，应该立即送往医院进行治疗，否则会威胁到生命安全。

(三)腹泻

出现食物中毒，呕吐与腹泻是最常见的情况，这两种情况是身体自我救治的反应。呕吐与腹泻是机体防御功能起作用的一种表现，它可排除一定数量的致病菌释放的肠毒素。因此，在出现这些情况时不要立即用止泻药。特别对有高热、毒血症及黏液脓血便的病人应避免使用，以免加重中毒症状。

(四)导泻

在食物中毒后，导泻也是一种自我救治的方法，并不是所有人在食物中毒后都会出现腹泻。如果病人进食受污染的食物时间已超过 2~3 小时，但精神仍较好的话，可以通过服用泻药来促使受污染的食物尽快排出体外。

第六节　艾滋病的预防

一、严峻的现状

1981 年在美国被发现的艾滋病被称为"20 世纪的瘟疫"。艾滋病也被称为"超级癌症"和"世纪杀手"。2023 年联合国艾滋病规划署颁布全球艾滋病防治进展报告。报告显示，2022 年全球有 3 900 万艾滋病感染者；2 980 万人正接受抗逆转录病毒治疗；新增 130 万艾滋病感染者；63 万人死于艾滋病相关疾病。报告指出艾滋病防控面临的重要挑战：2022 年，艾滋病每分钟夺走一条生命；大约 920 万人未获治疗，其中包括 66 万名艾滋病感染儿童。女性仍然受到更多的影响，特别是在撒哈拉以南的非洲，全球每周有 4 000 名年轻妇女和女孩感染艾滋病。近 1/4 的新增艾滋病感染发生在亚洲和太平洋地区，一些国家的新感染人数正在以惊人的速度上升。东欧和中亚自 2010 年以来增长了 49%，中东和北非自 2010 年以来增长了 61%。

2022 年中低收入国家艾滋病防治可用资金总额为 208 亿美元，降至 2013 年的水平，远低于 2025 年所需的 293 亿美元。

全球艾滋病防治尽管取得了一些成就，但也存在一些挑战。许多国家存在艾滋病防治资金不足、效率不高的问题，因感染而受歧视的现象仍然普遍存在。世界上仍有 920 万感染者无法及时得到医治，防治形势依然严峻。

二、艾滋病常识

(一)艾滋病(AIDS)

艾滋病(AIDS)即获得性免疫缺陷综合征，是由人类免疫缺陷病毒引起的一种严重传染病。艾滋病病毒简称 HIV，是一种能攻击人体免疫系统的病毒。它把人体免疫系统中最重要的 T4 淋巴细胞作为攻击目标，大量吞噬、破坏 T4 淋巴细胞，从而破坏免疫系统，最终使免疫系统崩溃，使人体因丧失对各种疾病的抵抗能力而发病死亡。

艾滋病最早于 20 世纪 80 年代初期在美国被识别，但没有立即受到重视。在美国疾病控制与预防中心及医生与科学家的持续工作下，累积了信服性的流行病学数据，显示艾滋病有一定的传染性致因。同时，因输血导致非同性恋者患艾滋病的病例逐渐增多，许多科学家开始调查此传染性病原。

（二）艾滋病患者的临床症状

艾滋病的临床症状多种多样，一般初期的症状是伤风、流感、全身疲劳无力、食欲减退、发热、体重减轻。随着病情的加重，症状日渐增多，如皮肤出现白色念珠菌感染、单纯疱疹、带状疱疹、紫斑、血肿、血疱、滞血斑、伤后出血不止等；以后渐渐侵犯内脏器官，不断出现原因不明的持续性发热，可长达 3~4 个月；还会出现咳嗽、气短、持续性腹泻、便血、肝脾肿大、恶性肿瘤、呼吸困难等。由于症状复杂多变，每个患者并非上述所有症状都会出现。按受损器官来说，如侵犯肺部时常出现呼吸困难、胸痛、咳嗽等；如侵犯胃肠可引起持续性腹泻、腹痛、消瘦无力等；如侵犯血管会引起血栓性心内膜炎、血小板减少性脑出血等。

（三）艾滋病的致命性

艾滋病通过性、血液和母婴三种接触方式传播，是一种严重危害健康的传染性疾病。当人体处于正常状态时，体内免疫系统可以有效抵抗各种病毒的袭击。一旦艾滋病病毒侵入体内，这种良好的防御体系便会土崩瓦解，各种病毒乘机通过血液、破损伤口长驱直入。此外，人体内一些像癌细胞之类的不正常细胞，也会迅速生长、繁殖，最终发展成各类癌瘤。通俗地讲，艾滋病病毒是通过破坏人的免疫系统和机体抵抗能力，而给人以致命的打击。

三、艾滋病的传播途径及易感染人群

（一）艾滋病的传播途径

艾滋病病毒感染者虽然外表和正常人一样，但他们的血液、精液、阴道分泌物、皮肤黏膜破损或炎症溃疡的渗出液里都含有大量艾滋病病毒，具有很强的传染性；乳汁也含病毒，有传染性。唾液、泪水、汗液和尿液中也有病毒，但很少，传染性不大。已经证实的艾滋病传染途径主要有三条，其核心是通过性传播和血液传播，一般的接触并不能传染艾滋病，所以艾滋病患者在生活中不应受到歧视，如共同进餐、握手等都不会传染艾滋病。

（1）性接触传播：包括同性及异性之间的性接触。

（2）血液传播。

①输入污染了 HIV 的血液或血液制品。

②共用受 HIV 污染、未消毒的针头及注射器。

③共用其他医疗器械或生活用具（如与感染者共用牙刷、剃刀）也可能经破损处传染。

④注射器和针头消毒不彻底，特别是儿童预防注射未做到一人一针一管，危险更大。口腔科器械、接生器械、外科手术器械、针刺治疗用针消毒不严密。

⑤与他人共用物品。例如，理发、美容（如文眉、穿耳）、文身等的刀具、针具；浴室的修脚刀；和他人共用的刮脸刀、剃须刀、牙刷。

⑥救护流血的伤员时，救护者本身破损的皮肤接触伤员的血液。

（3）母婴传播：也称围产期传播，即感染了HIV的母亲在产前、分娩过程中及产后不久将HIV传染给了胎儿或婴儿。可通过胎盘，或分娩时通过产道，也可通过哺乳传染。

（二）易感染艾滋病的人群

（1）实施高危性行为，多人性行为和无防范措施性行为的人。

（2）吸毒者。经静脉注射毒品成瘾者占全部艾滋病病例的15%~17%，主要是因为吸毒过程中反复使用了未经消毒或消毒不彻底的注射器、针头。其中被艾滋病病毒污染的注射器具造成了艾滋病在吸毒者中的流行和传播，使吸毒者成为第二大艾滋病危险人群。

（3）血友病患者。在所有艾滋病患者中，因血友病而感染病毒的占1%左右。因为血友病是一种因体内缺乏凝血因子Ⅷ（Ⅸ）而得的疾病，如果不输入外源性凝血因子Ⅵ（Ⅸ），则可能在受轻微外伤后就流血不止。

（4）接受非正规输血或血液制品者。除了抗血友病制剂外，其他血液与血液制品（浓缩红细胞、血小板、冷冻新鲜血浆）的输注也与艾滋病的传播有关。

四、艾滋病的预防措施

（1）坚持洁身自爱，不卖淫、嫖娼，避免高危性行为。

（2）严禁吸毒。

（3）不要擅自输血和使用血制品，要在医生的指导下使用。

（4）不要借用或共用牙刷、剃须刀、刮脸刀等个人用品。

（5）使用安全套是性生活中最有效的预防性病和艾滋病的措施之一。

（6）要避免直接与艾滋病患者的血液、精液、乳汁和尿液接触，切断其传播途径。

世界各国的经验表明，歧视、排斥艾滋病感染者是非常不利于预防和控制艾滋病传播的。如果身边发现艾滋病感染者，不用害怕，更不能看不起、排斥他们和他们的家人。艾滋病感染者在很长的时间内同样具有工作和生活能力，照样能够为国家和家庭作出贡献。因此，对待艾滋病感染者的正确态度是理解、关心并尽力帮助他们，使他们能够正常生活和工作。也不要随意散布他们的病情。

第五章 消防安全

　　大学校园是人员高度聚集的场所，教学仪器、科研设备、易燃品多，用电量大，学生宿舍密集，一旦发生火灾事故，影响广、损失大。懂得火灾预防和学会火场逃生，可以从根本上减少或避免校园火灾事故的发生及人员的伤亡。大学生应该学习消防安全常识，熟悉消防器材的性能和特点，掌握灭火、疏散、逃生的技能，提高自防自救能力，做到"三懂三会"，即懂火灾的危害性、懂火灾的扑救方法、懂火灾的预防措施，会报火警、会使用灭火器、会逃生自救。

　　"隐患险于明火，防范胜于救灾，责任重于泰山。"希望同学们自觉承担起校园防火工作的义务，更多地学习和掌握消防知识，遵守各项防火制度，积极参与校园消防工作，使校园形成"人人关心消防、处处注意防火"的群防群治局面，从根本上减少或避免校园火灾事故。

第一节　消防基础知识

思政小课堂

案例

　　2020年12月10日下午，湖北某学院一学生宿舍发生火灾，当时有一名男生正在宿舍睡觉，其他宿舍的学生发现后报警，三辆消防车赶到现场才将大火扑灭。

点评

　　在高校，学生宿舍和实验室是火灾发生的主要区域，电器使用不当是造成火灾的主要原因。上述案例已经充分说明，校园消防安全不可忽视，稍有不慎就有可能酿成大祸。然而，发生在校园生活中的火灾，大部分是可以预防的。学生应该学习和掌握必要的防火知识，以防不测。

一、火灾

（一）火灾及其危害

　　火灾是指在时间或空间上失去控制的燃烧所造成的灾害。凡存在违反消防法律法规的行为，可能造成火灾危害的，均为火灾隐患。凡存在严重违反消防法律法规的行为，可能造成重大人员伤亡或重大财产损失的，为重大火灾隐患。

人类与火结缘的历史已有 170 多万年，然而，人类真正对火的本质有明确认识的时间相对较短。火和其他物质同样具有双重性：火的利用，造就了今天人类社会的文明发展和幸福生活；火一旦失控，超出有效范围内的燃烧，带给人类的是破坏，是灾难，是死亡。火灾危害是除了战争、瘟疫、地震和水涝等之外危害比较严重的灾害，它造成的生命财产损失难以估计、无法挽回，它的破坏力非常大。所以说人类使用火的历史与同火灾作斗争的历史是相伴相生的，人们在用火的同时，不断总结火灾发生的规律，尽可能减少火灾及其对人类造成的危害。对于火灾，在我国古代，人们就总结出"防为上、救次之、戒为下"的经验。随着社会的不断发展，在社会财富日益增多的同时，火灾造成的损失也越来越大。据统计，我国 20 世纪 70 年代火灾年平均损失不到 2.5 亿元，20 世纪 80 年代火灾年平均损失不到 3.2 亿元；进入 20 世纪 90 年代，特别是 1993 年以来，火灾造成的直接财产损失上升到年均十几亿元，仅 2015 年，全国就发生火灾 33.8 万起，财产损失约 39.5 亿元。事实证明，随着社会和经济的发展，消防工作的重要性越来越突出。

校园火灾的特点

（二）火灾的分类

根据物质燃烧特性，火灾可划分为 A、B、C、D、E 五类。

A 类火灾：指固体物质燃烧形成的火灾，如木材、煤、棉、毛、麻、纸张等。这些物质都具有有机物质性质，一般在燃烧时会产生灼热的余烬。

B 类火灾：指液体和可熔化的固体物质燃烧形成的火灾，如汽油、煤油、柴油、原油、甲醇、乙醇、沥青、石蜡等。

C 类火灾：指气体燃烧形成的火灾，如煤气、天然气、甲烷、乙烷、丙烷、氢气等。

D 类火灾：指金属燃烧形成的火灾，如金属钾、钠、镁、铝或其他合金等。

E 类火灾：指带电物体和精密仪器等物质燃烧形成的火灾。

（三）火灾的等级

根据 2007 年 6 月 26 日公安部下发的《关于调整火灾等级标准的通知》，新的火灾等级标准由原来的特大火灾、重大火灾、一般火灾 3 个等级调整为特别重大火灾、重大火灾、较大火灾和一般火灾 4 个等级。

（1）特别重大火灾：造成 30 人以上死亡，或者 100 人以上重伤，或者 1 亿元以上直接财产损失的火灾。

（2）重大火灾：造成 10 人以上 30 人以下死亡，或者 50 人以上 100 人以下重伤，或者 5 000 万元以上 1 亿元以下直接财产损失的火灾。

（3）较大火灾：造成 3 人以上 10 人以下死亡，或者 10 人以上 50 人以下重伤，或者 1 000 万元以上 5 000 万元以下直接财产损失的火灾。

（4）一般火灾：造成 3 人以下死亡，或者 10 人以下重伤，或者 1 000 万元以下直接财产损失的火灾。

注："以上"包括本数，"以下"不包括本数。

（四）火灾的发展规律

实践证明，多数火势是从小到大、由弱到强逐步扩展的。火灾的形成过程一般分为初期、成长、猛烈、衰退四个阶段，前三个阶段是造成火灾危害的关键。

1. 火灾初期阶段

一般固体可燃物质发生燃烧，火源面积不大，火焰不高，烟和气体的流速不快，辐射热不强，火势向四周发展的速度比较缓慢。这段时间的长短，随建筑物结构及空间大小的不同而不同。在这种情况下，只需少量的人力和简单的灭火工具就可以将火扑灭。

2. 火灾成长阶段

如果初期阶段的火灾未被发现或扑救，随着燃烧时间的延长，燃烧强度增大，温度逐渐上升，燃烧区内逐步被烟气所充满，周围的可燃物迅速被加热。此时气体对流增强，燃烧速度加快，燃烧面积迅速扩大，会在一瞬间形成一团大的火焰。在这种情况下，必须有一定数量的人力和消防器材装备，才能及时有效地扑灭大火。

3. 火灾猛烈阶段

随着燃烧时间的延长，燃烧速度不断加快，燃烧面积迅速扩大，燃烧温度急剧上升，持续温度达 600~800℃，辐射热最强，气体对流达到最高速度，燃烧物质的放热量达到最高数值，此时建筑材料和结构受到破坏，发生变形或倒塌。这段时间的长短和温度的高低，取决于建筑物的耐火等级。在这种情况下，需要组织较多的灭火力量和花费较长的时间，才能控制火势。

4. 火灾衰退阶段

猛烈燃烧过后，火势衰退，室内温度下降，烟雾消散，火灾渐渐平息。

（五）燃烧必须具备的条件

1. 可燃物质

凡能够与空气中的氧或其他氧化剂引起剧烈化学反应的物质，一般都称为可燃物质，如木材、纸张、汽油、酒精、氢气、金属钠、金属镁等。

2. 助燃物质

凡能和可燃物发生反应并引起燃烧的物质，称为助燃物质，如氧气、氯气、过氧化钠等。

3. 着火源

凡能引起可燃物质燃烧的热能源，称为着火源，如明火、赤热体、聚焦的日光、机械热、雷电、静电、电火花等。

只有同时具备以上三个燃烧所必须的条件，才能发生燃烧。但是某些条件下，除了要具备燃烧的三要素外，还要有一定的条件。

第一，要有足够的可燃气体或蒸汽。例如，用火柴在常温下去点汽油，能立即燃烧，但若用火柴在常温下去点柴油，却不能燃烧。

第二，要有足够的助燃物质。如果燃烧时没有足够的助燃物质，火焰就会逐渐减弱，直至熄灭。如在密闭的小空间中点蜡烛，随着氧气的逐渐耗尽火焰最终会熄灭。

第三，要让着火源达到一定的温度，并具有足够的热量。如火星落到棉花上很容易着火，而落在木材上则不易起火，因为木材燃烧需要的热量比棉花多。白磷在夏天很容易着火，煤则不然，这是由于白磷燃烧所需要的温度很低，而煤所需的燃烧温度很高。

二、火灾的成因

火灾事故发生的原因主要有纵火、电器漏电、违章操作、用火不慎、玩火、吸烟不慎、自燃、雷击、静电及其他因素，如地震、风灾等。

校园火灾事故发生的原因主要有以下几点。

（1）不良习惯，如乱扔未熄灭的烟头，躺在床上吸烟，把燃烧的香烟放在一边去干别的事情。

（2）违规使用明火，如在宿舍内点蜡烛、烧酒精炉等。

（3）违规使用大功率电器及使用或放置电器不当，如电炉、热得快、电热壶、电饭锅、电熨斗、电吹风、充电器等长时间处于通电状态，照明灯具靠可燃物太近等。

（4）乱拉乱接电源线。

（5）学生在做实验的过程中操作不慎。

案例 1

2021 年 4 月 10 日夜，某高校学生贺某在计算机房使用电脑时抽烟，将未熄灭的烟头扔进教室门后的废纸篓里后离开，约半小时烟头引燃废纸、书柜、桌椅等物。烧毁天花板、窗帘、计算机等物，价值数万元，依据有关规定对贺某治安拘留七天。

案例 2

2022 年 10 月 29 日，某大学一宿舍因电器短路发生火灾。宿舍学生及时发现，宿舍管理和保安 5 分钟内成功将楼内 400 名学生疏散，并且在消防人员赶到前将火扑灭。经过初步调查，失火原因是电器使用不当，清晨供电时电器短路。

案例 3

2019 年 10 月 10 日下午，某大学实验楼楼顶发生火灾，过火面积 790 平方米，直接经济损失 49.97 万元。引发火灾的罪魁祸首是一个损坏的水龙头。前些日子该水龙头出了故障，时好时坏，没有得到及时维修。有人在水槽上盖了一块板子，提醒水龙头有问题，不要使用。当天上午学生进入实验室打扫卫生，午饭时间后，学生们关上实验室门出去吃饭。结果，那个损坏的水龙头突然流水，水顺着板子流到了下方的储藏柜中，储藏柜里放着遇水便燃烧的金属钠、三氯氧磷等化学药剂。

案例 4

2014 年 1 月 11 日，云南省某古城发生火灾。截至 11 日晚，经初步统计，火灾共造成古城 335 户群众受灾，其中烧毁房屋 242 栋，还造成古城部分文物、唐卡等文化艺术品被烧毁。火灾原因为某客栈经营者在卧室内使用取暖器不当，入睡前未关闭电源，取暖器引燃了可燃物。

第二节　火灾的预防

案例

2020年9月11日，贵州某学院学生宿舍起火，学生逃离现场后求救。随后，当地出动3台消防车，组织16名消防员赶到火灾现场。宿舍内已被烟雾完全笼罩，大量浓烟向外扩散，室内床上有明火，无人员被困情况，20分钟后，他们成功将火扑灭。后调查显示，此次火灾可能是由于学生使用大功率电器且无人看管造成的。

点评

这个案例突出反映了高校安全用电的重要性，也再次说明火灾的危害是巨大的。这一惨痛教训应该引起同学们的深思和警醒。

火灾虽然是一种危害性极强的多发性灾害，但它不是不可预防和控制的。大学生在学习、日常生活和实验过程中应多注意一些细节问题，有些火灾是可以避免的。

火灾预防的关键是抓住防止产生燃烧的条件，不让燃烧的三个条件相互结合并发生作用，采取限制、削弱燃烧条件的办法阻止起火。主要是控制可燃物，以非燃材料代替易燃或可燃材料。隔绝助燃物，就是使可燃性气体、液体、固体不与空气、氧气或其他氧化剂等助燃物接触，即使有着火源，也因为没有助燃物参与而不发生燃烧。消除着火源，严格控制明火源、电火源，防止摩擦撞击起火，防止静电火花等。提高防范意识，做好预防措施，才能最大限度地避免火灾。

一、校园内火灾的预防

（一）教室的火灾预防

（1）保持安全门畅通。
（2）不准在易燃物附近使用大功率照明灯或其他类似电器。
（3）不准违反操作规程使用电子教具。
（4）电源线路不得超负荷用电。
（5）按照安全规定存放易燃物品。
（6）不准在教室内吸烟、乱扔烟头。

（二）图书馆的火灾预防

（1）检查电线、电器设备以免发生短路。

（2）不准使用火柴、打火机等随意点火。

（3）不准在图书馆内吸烟、乱扔烟头。

（4）不准将大功率照明灯靠近幕布或易燃装饰物。

（5）保持疏散通道畅通。

（三）实验室的火灾预防

（1）实验室内易燃易爆物品按照规定保存。

（2）实验过程中不准违反操作规程。

（3）实验过程有专人指导。

（4）保证实验项目防火措施完善。

（5）试剂不混存。

（四）宿舍的火灾预防

（1）不准使用劣质电器。

（2）不准违章使用大功率用电设备。

（3）不准私接、乱拉电线。

（4）不准在床上吸烟或乱扔烟头。

（5）不准在蚊帐内点蜡烛。

（6）不准擅自使用酒精炉等可能引起火灾的器具。

（7）不准在宿舍内焚烧杂物。

（8）不准将大功率台灯靠近枕头、被褥。

（9）不准将手机充电器放在床上充电。

（10）不准占用、堵塞疏散通道。

（11）不准携带易燃易爆物品进入或存放宿舍。

（12）离开宿舍关电源。

（五）礼堂、报告厅的火灾预防

（1）电源线路、用电器具应经常检查。

（2）不得超负荷用电和私拉乱接电线。

（3）不准乱扔烟头。

（4）不准将大功率照明灯靠近幕布或易燃装饰物。

（5）不准违章使用明火。

（6）保持安全门、疏散通道通畅。

（7）场馆内不准超过额定人数。

二、家庭火灾的预防

（一）增强消防意识

利用广播、电视、报纸等新闻媒体，以及查阅居民防火知识手册，了解家庭消防安全常识，提高自己和家人的防火意识和自救能力。

（二）正确使用电器

（1）常用灯具应安装在距可燃物一定距离外，防止照明热量引燃可燃物。

（2）雷电时收看电视不要使用室外天线，防止被雷击起火。

（3）电冰箱在使用时应保持后部干燥通风，避免接触可燃物。

（4）防止电热毯弄湿或电热丝断裂，长时间通电容易起火；电熨斗在使用时和使用后都应放置在专用的架子上，让其自然降温，防止因余热而引起火灾。

（5）定期对电器进行维护保养，防止受热、受潮或腐蚀；严格按要求使用电器设备。

（三）规范物品摆放

不将物品，尤其是可燃物堆放在影响疏散的位置，如走廊、楼梯间休息平台及楼梯下方等位置；也不能将可燃物堆放在用火频繁或者容易产生高温的地方，如灶台、取暖灯附近，防止起火。

第三节　火灾的扑救

案例

2015年9月22日下午，某高校临时聘请的勤杂工张某请其亲属李某帮忙打扫多媒体教室。在打扫得差不多后，李某坐在教室后排抽烟，将未熄灭的烟头随手向后一扔，恰巧扔到门缝处，引燃了堆放在门后的杂物，顿时烟雾弥漫。李某不知所措，张某也不去扑救，火越烧越大。直到其他人报警后，火灾才被赶来的消防员扑灭。火灾烧毁了门窗、桌椅等设施，价值近万元。公安消防部门依据有关规定，对张某治安拘留七天，对李某治安拘留十天。

点评

这是一个当事人既缺乏消防安全意识又不懂得初起火灾时如何扑救而造成的火灾案例。张某没有向李某交代，多媒体教室里不能抽烟；李某随意在教室里抽烟，并把未熄灭的烟头随便乱扔，这都是两人消防意识薄弱、消防知识缺乏的表现。这件事也说明了后勤管理部门加强对工作人员防火安全教育的必要性。当事人张某和李某缺乏初起火灾如何扑救的常识，发现起火后，张李二人既没有用附近的灭火器具灭火，或挪走那些易燃的物品，也没有叫人来帮助灭火，或赶快打火警电话报告火情，而是惊慌失措、听之任之，从而失去了宝贵的扑灭初起火灾的机会，致使火势越来越大，加大了火灾所造成的损失。

学校的消防安全管理也存在漏洞，教室堆放的易燃杂物没有及时清理，是引起火灾发生的重要原因。所以，每学期学校都应该进行校园消防安全检查，及时、认真地清除各处堆放的闲杂物品，减少可燃源。同时，学校也应加强对各类人员的消防安全教育培训，提高他们的防火灭火技能。

一、灭火的基本方法

（一）冷却灭火法

冷却灭火法的原理是将灭火剂直接喷射到燃烧的物体上，将燃烧的温度降于燃点之下，使燃烧停止。或者将灭火剂喷洒在火源附近的物质上，使其不因火源热辐射作用而形成新的火点。冷却灭火法是灭火的一种主要方法，常用水和二氧化碳作灭火剂冷却降温灭火。灭火剂在灭火过程中不参与燃烧过程中的化学反应。这种方法也属于物理灭火方法。

（二）隔离灭火法

隔离灭火法是将正在燃烧的物质和周围未燃烧的可燃物质隔离或移开，中断可燃物质的供给，使燃烧因缺少可燃物而停止。例如，将靠近火源的可燃、易燃、助燃物品搬走；把着火的物体移到安全的地方；关闭电源及可燃气体、液体的管道阀门，中止和减少可燃物质进入燃烧区域；拆除与燃烧物邻近的易燃建筑物等。

（三）窒息灭火法

窒息灭火法是阻止空气流入燃烧区或用不燃烧区、不燃物质冲淡空气，使燃烧物得不到足够的氧气而熄灭的灭火方法。例如，用沙土、水泥、湿麻袋、湿棉被、干粉、泡沫等不燃或难燃物质覆盖燃烧物；把不燃的气体或液体（如二氧化碳、氮气、四氯化碳等）喷洒到燃烧物区域或燃烧物上。

二、火灾扑救的一般原则

（一）及时报警，恰当扑救

大学生发现火灾时，应及时报警。报警时要沉着镇定，清楚简要地讲明起火地点、具体位置、燃烧物质和火势大小等情况，同时把自己的电话号码告诉对方，以便联系，随后派人到校门口或必经的路口等候，以引导消防车迅速到达火灾现场。火灾的蔓延很快，在报警的同时要及时扑救初起火源。发现起火时不要惊慌失措，要以最快的速度、最有效的办法将火熄灭。可以就近选择简单工具，如毛毯、棉被等覆盖火苗，然后浇水扑灭；或者用灭火器材灭火。对于不能立即扑救的，要首先控制火势的蔓延和扩大，在具备扑灭火灾的条件时，展开全面扑救。在扑救可燃气体或液体火灾时，则应先切断可燃物的来源，然后争取灭火一次成功。若个别物品着火，能搬到屋外的要尽快搬出去再灭火。要把着火处附近的可燃物及液化气罐及时搬移到安全的地方，防止火势蔓延。

（二）救人第一

火场上如果有人受到火势威胁，应急人员或消防人员首要的任务是把受困的人员从火场中抢救出来。做到救人与救火同时进行，以救火保证救人，通过灭火，更好地救人脱险。

（三）防中毒、防窒息

许多化学物质在燃烧时都会产生有毒烟雾，一些有毒物品燃烧时，如果使用的灭火剂不当，也会产生有毒或剧毒气体，扑救人员如果不注意则很容易发生中毒。有大量烟雾或使用二氧化碳等窒息方法灭火时，火场附近空气中氧气含量降低也很可能引起人员窒息。为此，在扑救有毒物品时要正确使用灭火器，以避免产生有毒或剧毒气体，扑救时人应尽可能站在上风方向，必要时应佩戴面具，以免发生中毒或窒息。

三、常用消防器材及消防设施

（一）灭火器的种类

灭火器的种类很多，按其移动方式可分为手提式和推车式；按驱动灭火剂的动力来源可分为储气瓶式、储压式、化学反应式；按所充装的灭火剂可分为泡沫、干粉、卤代烷、二氧化碳、酸碱、清水等。

消防器材使用培训与演练的重要性

（二）空气泡沫灭火器适应火灾及使用方法

（1）适应火灾：适用于扑救一般B类火灾，如油质品、油脂等火灾，也可适用于A类火灾，但普通泡沫不能扑救B类火灾中的水溶性可燃、易燃液体，如醇、酯、醚、酮等物质火灾；不能扑救带电设备及C类和D类火灾。

（2）使用方法：使用时可手提或肩扛迅速奔到火场，在距燃烧物6米左右，拔出保险栓，一只手握住开启压把，另一只手紧握喷枪；用力捏紧开启压把，打开密封或刺穿储气瓶密封片，空气泡沫即可从喷枪口喷出。空气泡沫灭火器使用时，应使灭火器始终保持直立状态，切勿颠倒或横卧使用，否则会中断喷射。同时应一直紧握开启压把，不能松手，否则也会中断喷射。

（三）二氧化碳灭火器适应火灾和使用方法

（1）适应火灾：适应于扑灭乙醇、油类等可燃液体、可燃气体火灾，也可扑救600V以下的电器设备、贵重设备、图书资料等初期阶段火灾。

（2）使用方法：灭火时只要将灭火器提到或扛到火场，在距燃烧物5米左右放下灭火器拔出保险销，一只手握住喇叭筒根部的手柄，另一只手紧握启闭阀的压把。对没有喷射软管的二氧化碳灭火器，应把喇叭筒往上扳70°~90°。使用时，不能直接用手抓住喇叭筒外壁或金属连线管，防止手被冻伤。灭火时，当可燃液体在容器内燃烧时，使用者应将喇叭筒提起，从容器的一侧上部向燃烧的容器中喷射，不能将二氧化碳喷射流直接冲击可燃液面，以防将可燃液体冲出容器而扩大火势，造成灭火困难。

（四）干粉灭火器适应火灾和使用方法

（1）适应火灾：适用于易燃、可燃液体、气体及带电设备的初期火灾；多用途干粉用于某些用水不能扑救的火灾，如重要的图书、档案资料等，扑救后一般不留痕迹，也可扑灭金属火灾。

（2）使用方法：灭火时，可手提或肩扛灭火器快速奔赴火场，在距燃烧处5米左右，放下灭火器。如在室外，应选择在上风方向喷射。使用的干粉灭火器若是外储气瓶式的，则向逆时针方向旋开，并旋到最高位置，随即提起灭火器。操作者应先将开启把上的保险销拔下，然后握住喷射软管前段喷嘴部，另一只手将开启压把压下，打开灭火器进行灭火。有喷射软管的灭火器或储压式灭火器在使用时，一只手应始终压下压把，不能放开，否则会中断喷射。

> **小贴士**
>
> #### 水不能扑救哪些火灾
>
> （1）碱金属不能用水扑救。因为水与碱金属（如金属钾、金属钠）作用后能使水分解而生成氢气和放出大量热，容易引起爆炸。
>
> （2）碳化碱金属、氢化碱金属不能用水扑救。如碳化钾、碳化钠、碳化铝和碳化钙及氰化钾、氯化镁遇水能发生化学反应，放出大量热，可能引起着火和爆炸。
>
> （3）轻于水的和不溶于水的易燃液体，原则上不可用水扑救。
>
> （4）熔化的铁水、钢水不能用水扑救。因铁水、钢水温度约为1 600℃，水蒸气在1 000℃以上时能分解出氢和氧，有引起爆炸的危险。
>
> （5）三酸（硫酸、硝酸、盐酸）不能用强大水流扑救。必要时，可用喷雾水流扑救。
>
> （6）高压配电装置火灾。在没有良好接地设备或没有切断电流的情况下，一般不能用水扑救。
>
> #### 发生火灾时为什么不能随便开启门窗
>
> 房间门窗紧闭时，空气不流畅，室内供氧不足。因此，火势发展缓慢，一旦门窗被打开，新鲜空气大量涌入，火势将会迅速蔓延；同时大量烟气涌入，容易使人中毒、窒息而死亡。再有，由于空气的对流作用，火焰会向外窜出，所以在发生火灾时，不能随便开启门窗。

第四节　火场疏散逃生

案例

2011年11月14日，某商学院宿舍内起火，4名女生跳楼身亡。据目击者称，早晨该宿舍起火后，该宿舍有两名女生先跑出去呼救，等回来后，发现该宿舍门已经无法打开，由于该宿舍内的火势很大，留在宿舍的4名女生被大火逼到阳台上，有两名女生先从楼上跳下来；第三名女生抓着栏杆，但大火已经烧到了她的手上，被逼跳了下来；第四名女生被大火逼到阳台的墙角，因躲不开大火，也跳了下来。

此次火灾事故原因："热得快"使用不当。

点评

人们为4个年轻的生命就此陨落而痛惜，但比痛惜更重要的是反思：这无疑暴露出该学院安全教育的缺陷，例如学生宿舍的防火常识、火灾发生后的灭火和逃生自救常识等。

一、安全疏散

在学校人员比较集中的场所，一定要考虑火灾发生后的疏散问题。

首先，学校应有完备的疏散预案。如果火灾发生在人员集中的场所，必须帮助受火势威胁的学生有序地脱离危险区，必须有组织地进行疏散。平时学校应拟订抢救疏散计划，提出在火灾情况下稳定受灾人员情绪的措施，规定疏散路线和疏散出口，画出疏散人员示意图进行演练。

其次，一旦发生火灾，大学生应按既定方法和预案自行撤离或组织疏散。疏散应有专人指挥，分组行动，互相配合。在专业消防人员到达现场之前，火场上受火势威胁的学生必须服从管理人员的指挥。

最后，由于学生受急于逃离火场心理的影响，当起火后可能会蜂拥阻滞通道口，甚至发生挤压踩踏，造成伤亡。此时，我们应该冷静，要按预案设法分组疏散，防止逃生时产生混乱。同时，疏散出来的学生应自觉进入安全区域，不允许再次进入危险地带。

二、火场人员自救逃生方法

人们面对突如其来的火灾威胁，往往容易惊慌失措，做出一些非理智的举动，从而丧失火灾初期逃生的绝好时机，造成在火灾中受伤乃至丧命的悲剧。面对灾害，增强自我防范意识是很有必要的，同为火灾所困，有人葬身火海，也有人死里逃生幸免于难。面对浓烟毒气和熊熊烈焰，如能冷静机智地运用火场自救与逃生知识，就有可能拯救自己。

火灾逃生的心理误区

火场逃生的自救方法与火势的大小、起火时间、楼层高度和建筑物内有无报警、排烟、灭火设施等因素有关，但最主要还是与被困者的自救能力有密切关系。实施自救行动之前，强制自己一定要保持头脑冷静，根据周边环境和各种自然条件，选择自救方式。

（一）熟悉所处环境

了解和熟悉所处建筑物的消防安全环境。对学习或居住的建筑物，可事先制订较为详细的逃生计划，进行必要的逃生训练和演练。对确定的逃生出口、路线和方法都应该熟悉。必要时可把确定的逃生出口和路线绘制成图，张贴在明显的位置，一旦发生火灾，则按逃生计划顺利逃出火场。当人们外出，走进商场、宾馆、酒楼等公共场所时，要留心看一看太平门、安全出口、灭火器的位置，以便遇到火灾时能及时疏散和灭火。只有警钟长鸣、养成习惯，才能处险不惊、临危不乱、保全生命。

（二）保持镇静，迅速撤离

突遇火灾，面对浓烟和烈火，首先要强令自己保持镇静，并迅速判断危险地点和安全地点，决定逃生的办法，尽快撤离险地。千万不要盲目地跟随人流相互拥挤、乱冲乱窜。撤离时要注意，朝明亮处或外面空旷的地方跑，要尽量往楼层下面跑，若通道已被烟火封阻，则应朝背向烟火的方向离开，通过阳台、气窗、天台等往室外逃生。

（三）简易防护，掩鼻匍匐

逃生时如果经过充满烟雾的路线，要防止烟雾中毒、预防窒息。为了防止火场中的浓烟呛人，可以采用毛巾口罩掩鼻，匍匐撤离。烟气较空气轻且飘于上部，贴近地面撤离是避免烟气吸入、滤去毒气的最佳方法。如果要穿过烟火封锁区，应佩戴好防毒面具、头盔、阻燃隔热服等护具。如果没有这些护具，可以向头部、身上浇冷水或用湿毛巾、湿棉被、湿毯子等将头部、身体裹好，再冲出去。

（四）善用通道，不乘坐电梯

按规范标准设计建造的建筑物，都设有两条以上的逃生楼梯、通道或安全出口。当发生火灾时，要根据情况选择进入相对较为安全的楼梯通道。在高层建筑物中，电梯的供电系统在火灾发生时会断电或因热的作用使电梯变形，使人被困在电梯内，同时由于电梯井犹如贯通的烟囱直通各楼层，有毒的烟雾直接威胁被困人员的生命。因此，千万不要乘坐电梯逃生。

（五）不入险地，不贪财物

在火灾中，人的生命最重要，不要因贵重物品，把宝贵的逃生时间浪费在寻找、搬运贵重物品上。已逃离火场的人，千万不要重返险地。

（六）固守避险，等待救援

无法逃生时，假如用手摸房门已感到烫手，不要开门。一旦开门，火焰与浓烟势必迎面扑来。此时，首先应关紧迎火的门窗，打开背火的门窗，用湿毛巾、湿布等塞住门缝，或用水浸湿棉被，蒙上门窗，然后不停用水淋透房间，防止烟火渗入，固守房间，等待救援人员到达。

（七）传送信号，寻求援助

被烟火围困时，尽量待在阳台、窗口等易于被人发现和能避免烟火近身的地方。在白天，可向窗外晃动鲜艳的衣物等；在晚上，可用手电筒不停地在窗口晃动或敲击东西，发出有效求救信号。在被烟气窒息失去自救能力时，应努力爬向门边或墙边，这既便于消防人员寻找、营救，也可防止房屋塌落时砸伤自己。

（八）火已及身，切勿惊跑

火场上的人如果发现身上衣服着火了，千万不要惊跑或用手拍打，因为奔跑或拍打时会形成风势，加速氧气的补充，促旺火势。当身上的衣服着火时，应赶紧设法脱掉衣服或就地打滚，压灭火苗，能及时跳进水中或让人向自己身上浇水就更有效了。

（九）缓降逃生，滑绳自救

火场上逃生的首要选择就是灵活有效地利用当时现场的各种有利条件。下层楼房着火时，楼上的人不要惊慌失措，要迅速侦查楼梯间情况，若楼梯间只有烟而没有火，可采取低姿穿越逃生；若楼梯间被烟火封住但未塌陷，还有可能冲出去时，可向头部、上身淋些水，用浸湿的棉被、毛毯等物披围在身上，从火中冲过去。

高层、多层建筑发生火灾后，可自制简易救生绳，滑到下面的楼层或地面逃生。即使逃生也要跳在消防员准备好的救生气垫上。楼层高度在三层以下时，可以迅速利用身边的绳索或床单、窗帘、衣服等自制简易救生绳并用水打湿，紧拴在窗框、暖气管、铁栏杆等固定物上，用毛巾、布条等保护手心，顺绳滑下，或下到未着火的楼层脱离险境。

第六章 交通安全

第一节 交通安全常识

案例

2020年12月25日，一辆由东向西逆向行驶且载有10人的商务车与一辆运沙的无号牌自卸大货车相撞，造成5人当场死亡，5人重伤被送往医院救治，随后1人不治身亡，死者中2人为某职业技术学院学生。

点评

逆向行驶或驾驶无牌无证车辆均属违章驾驶行为，惨案的发生系由驾驶员主观违章导致。大学生在乘坐汽车的过程中，如发现驾驶员出现逆向行驶等错误驾驶行为，应主动制止或要求下车，以避免悲剧的发生。

一、交通安全的基本常识

（一）交通信号灯识别

交通信号灯分为：机动车信号灯、非机动车信号灯、车道信号灯、人行横道信号灯。

1. 机动车信号灯和非机动车信号灯

绿灯亮时，准许车辆通行，但转弯车辆不准妨碍直行的车辆和被放行的行人通行。

黄灯亮时，已越过停止线的车辆可以继续通行。

红灯亮时，禁止车辆通行。在未设置非机动车信号灯和人行横道信号灯的路口，非机动车和行人应当按照机动车信号灯的表示通行。右转弯的车辆，在不妨碍被放行的车辆行人通行的情况下，可以通行。

2. 车道信号灯

绿色箭头灯亮时，允许本车道车辆按指示方向通行。

红色叉形灯或者箭头灯亮时，禁止本车道车辆通行。

3. 人行横道信号灯

绿灯亮时，准许行人通过人行横道。

绿灯闪烁时，禁止行人进入人行横道，但已进入人行横道的行人可以继续通过，或者在道路中心线处停留等候。

（二）交通标线

马路上，用漆画的各种各样的颜色线条是"交通标线"。

"车道中心线"是指道路中间长长的黄色或白色直线，它用来分隔来往车辆，使车辆互不干扰。

"车道分界线"是指中心线两侧的白色虚线，它规定机动车在机动车道上行驶，非机动车在非机动车道上行驶。

"停止线"是指在路口四周的一根白线。红灯亮时，各种车辆应该停在这条线内。

"人行横道线"是指马路上像斑马纹那样的白色平行线，行人在这里过马路比较安全。

（三）隔离设施

交通隔离设施主要有行人护栏、隔离墩或绿化隔离带。

行人护栏是用来保护行人安全，防止行人横穿马路走机动车道和防止车辆驶入人行道的。

隔离墩或绿化隔离带是设在车行道上用来隔离机动车与非机动车或来往车辆的。

（四）汽车的大光灯与刹车灯

"大光灯"位于汽车前面。汽车尾部是"刹车灯"。当驾驶员刹车时，刹车灯立刻发亮，它告诉行驶在后面的车辆，注意保持距离。此外，汽车尾部还有"倒车灯"，汽车倒车时会发出白色光线，有的还会发出"倒车，请注意"的声音，提醒我们要及时避让。

（五）让特种车辆先行

特种车辆担负着特殊紧急任务。交通法规规定，一切车辆和行人都必须让执行任务的警车、消防车、救护车和抢险车先行。

二、行路的安全常识

行路是人类最基本的交通方式，但绝不能麻痹大意。行路时要集中精力，避免发生意外事故。交通法规做出了不少保护性的规定，但同时也要求行人履行一定的交通义务。

横过车行道时，如果没有人行横道、过街天桥或地道，须在保证安全的前提下，直行通过，不准在车辆临近时突然横穿。

（1）行人不得进入高速公路。高速公路是专供机动车高速行驶的公路，行人进入高速公路极易被高速行驶的车辆撞伤或撞死。为此，高速公路外围都会设置严密的隔离设施，防止行人进入。《中华人民共和国道路交通安全法》第六十七条明确规定，"行人不得进入高速公路"。

（2）行人在道路上行走时，有人行道的要走人行道；没有人行道的要走非机动车道；人行道和非机动车道都没有的，要紧靠道路的右侧行走。没有人行道的路段，行人以能安全通行的空间为准，一般指从道路边缘（含路肩）算起往路中不超过1米的范围内，行人在此空间内通行。车辆遇行人时不得侵犯行人的安全通行空间。列队通行道路时，每横列不得超过二人，须紧靠车行道右边行进。

通过没有交通信号控制的人行横道，须注意车辆，在保证安全的前提下，直行通过，不准追逐、猛跑。

（3）行人横穿道路时，要在划定的人行横道内通行。在通过有交通信号的人行横道时，要按信号行进，不能闯红灯。在没有人行横道的道路上横穿时，要注意观察左右来往车辆，在确认安全的情况下快步直行，不要斜行慢走或猛跑猛停，不要在车辆临近时突然横穿马路。有人行过街天桥或地下人行通道的，行人须走人行过街天桥或地下人行通道。在马路上行走不要边走路边看书，要注意观察行车情况。

（4）在有隔离护栏、花圃的路段，行人要在缺口处横穿，不要钻跨、倚坐隔离护栏或踩踏花园。

（5）行人通过铁道路口时，要遵守道口信号指示，听从看守人指挥。铁道护栏关闭、红灯亮、音响器发出报警时，行人必须停在停车线以外，无停车线的停在距离铁轨5米以外的地方。通过无人看守的道口，须停步张望，在确认安全后方可通行。

（6）行人要遵守交通标志、标线的规定，行经设有禁止行人进入的交通标志的路段时，应严格遵守，不得进入。

（7）行人不要在公路上扒车、追车、强行拦车或扔东西砸车，也不能在马路上打球、溜冰、嬉戏等。

（8）雾天、阴雨天行路时要格外小心，最好穿颜色鲜艳的衣服或雨衣。夜间行走时最好准备一个手电筒用于照明。

（9）滑板、旱冰鞋等滑行工具由于难以掌握方向和紧急制动。因此，不得在道路上使用滑板、旱冰鞋等滑行工具。

三、乘车、飞机和船的安全常识

（一）乘坐汽车时的安全常识

在日常生活中，人人离不开交通工具，便利的交通工具在给人们提供快捷、舒适的同时，对人的生命财产也造成威胁。特别是城市人多拥挤，各种车辆来往频繁、停停开开，且速度变换快，所以在乘坐交通工具时应注意以下问题。

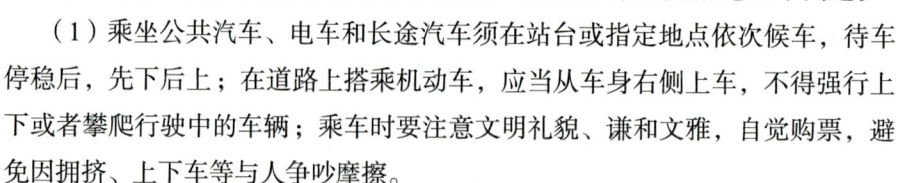

（1）乘坐公共汽车、电车和长途汽车须在站台或指定地点依次候车，待车停稳后，先下后上；在道路上搭乘机动车，应当从车身右侧上车，不得强行上下或者攀爬行驶中的车辆；乘车时要注意文明礼貌、谦和文雅，自觉购票，避免因拥挤、上下车等与人争吵摩擦。

乘坐网约车防范指南

（2）不在车行道上或交叉路口处招呼出租车，应当在非交叉路口处的人行道上招呼出租车。

（3）不携带易燃、易爆等危险物品乘车。

（4）车辆行驶中，乘车人不能将身体的任何部位伸出车外，更不能跳车。

（5）乘坐货车时，不站立，不坐在车厢、栏板上。

（6）车辆行驶中，不与驾驶员闲谈或者实施妨碍驾驶员安全操作的其他行为。

（7）车辆在高速公路行驶时，乘车人不站立，不随便向车外抛物品，前排乘车人应系安全带。

（8）高速公路上，车辆因故障不能离开车道或者发生交通事故时，乘车人必须迅速转移到右侧路边上。除执行任务的交通警察外，禁止任何人在高速公路上拦截车辆。

（二）乘飞机时的安全常识

飞机开始迫降或紧急着陆时，乘客应采取以下措施。

（1）迅速取下身上的尖锐物品（如假牙、眼镜、高跟鞋等），并将其放在前排背后的口袋中，以免身体受撞击时造成意外伤害。

（2）保持正确坐姿。臀部紧贴椅面，两脚紧贴地板，背前弓，双手在膝下握住，头贴住膝盖。

（3）如有软垫物，应充分利用。可将枕头垫在下腹部，将充气救生衣围在头四周，用毛毯包头，以避免或减轻夹撞引起的伤害。

（4）在工作人员的组织下，从紧急出口处跳到充气逃生滑梯上，迅速离开。

（5）如果机舱内氧气不足或气压调节装置发生故障，应立即戴上氧气罩。

（6）如舱内出现烟雾，应立即用湿毛巾或湿手帕捂住鼻子和嘴巴，并听从乘务员的统一指挥。

（三）乘船时的安全常识

（1）首先要了解备用救生衣（具）的存放位置，熟悉安全通道及通往甲板的最近逃生口。

（2）遇到危险时要做好自我保护，稳定情绪，寻找救生工具。

（3）一旦落水要保持体力，可双腿并拢屈到胸部，两肘紧贴身旁，两臂交叉放在救生圈前，使头部和颈部露出水面，并及时呼救。

四、骑自行车的安全常识

骑自行车"十不准"。
（1）不准双手离把，撑伞骑车。
（2）不准互相追逐，扶肩并行。
（3）不准转头猛拐，曲线竞驶。
（4）不准与机动车抢道。
（5）不准在马路上、人行道上学骑自行车。
（6）不准在马路上表现车技。
（7）不准攀扶机动车辆。
（8）不准抢红灯。

（9）不准逆向行驶。

（10）不准乱停自行车。

五、驾车的安全知识

（1）系好安全带。在车祸事故中，因没有系安全带而造成的死亡率要比系安全带的死亡率高出数倍。

（2）驾驶车辆注意力要集中。不要被身旁的乘客干扰，或被路边的景物分散注意力，同时要避免疲劳驾驶。

（3）不要盲目地跟随路面标志及标线。在弯道或上下坡路段更要小心谨慎，来车往往是在视线看不见的另一边。

（4）保持安全跟车距离，尤其不要紧跟在大型车辆后面。距前车越近，越看不到前方的路况，遇到突发状况时就难以躲闪。

（5）不要只将视线盯着前车的尾巴。随时观察前面的道路状况，遇到危险时才能有时间与空间采取更好的躲避措施。

（6）定期检查轮胎老旧磨损情况。因为在湿滑路面，磨损轮胎的防滑力大打折扣。

（7）经常查看后视镜。在改变行进路线或超车时，这是一定要有的动作。

（8）不要占用非机动车道。即使保持在安全限速范围内，在拥挤的非机动车道，也容易发生意想不到的状况。

（9）夜间行驶要特别小心。在没有路灯的路段，往往会有猫狗之类的动物突然跑出来，引发司机下意识的躲避反应。

（10）十次车祸九次快，一定要缓慢行车。

（11）切忌酒后驾车，特别是不醉酒驾车。

（12）在高速路上行驶的车辆需要停车排除故障时，驾驶人应立即开启危险报警闪光灯，将车辆移至不妨碍交通的地方停放。车辆难以移动时，应当继续开启闪光灯，并将警告标志设置在事故车来车方向150米以外，车上人员应当迅速转移到右侧路面上或者应急车道内，并迅速报警。

> **小贴士**
>
> 有下列情况不应乘车，以免发生危险
>
> （1）发现车辆破损、声音异常时。
>
> （2）发现驾驶员精神状态不佳、酒后驾车时。
>
> （3）发现车辆不正常运行、客货混载、违章超载时。
>
> （4）发现客车有其他违反操作规程时。
>
> （5）遇恶劣天气如大风、大雨、大雾、大雪时，不乘坐汽车长途跋涉。
>
> （6）病中无人陪伴时不要乘车。

(7)黑车和非客运车不要乘坐。

交通安全"八要诀"

(1)不准携带易燃、易爆等危险物品乘车。

(2)维护乘车(船)秩序,不争先恐后。

(3)汽车行驶途中,不要将头、手伸出窗外。

(4)未停稳不要急于上、下车(船)。

(5)乘坐小客车、小轿车时,要系好安全带。

(6)乘坐飞机、轮船时,应了解紧急疏散通道(门),熟悉救生衣的使用方法。

(7)乘坐飞机时,要系好安全带;飞机起降时,不要使用无线电话。

(8)不要站在火车的车辆连接处或坐在船舷栏杆上。

第二节　常见交通事故及其特点

案例

2010年7月17日,粤赣高速河源市内一路段发生一起严重交通事故。一辆载着某职业技术学院35名赴河源支教学子及两名教师的大客车,在雨天中不慎与高速公路的护栏发生碰撞,造成大客车侧翻,18名大学生在事故中不同程度受伤,其中9人重伤。

点评

车祸猛于虎。每一次车祸的发生,总是伴随着财产的损失和人员的伤亡。正在求学的大学生,因自身、交通设备环境及肇事者等原因在交通事故中造成伤害或死亡,实在令人惋惜。大学生需要时时注意交通安全,加强安全意识,遵守安全交通规则,不搭乘无牌无证的面包车、摩托车等,不酒后驾车。

当前我国的交通事故频发,交通安全已经成为我国一个非常突出的安全问题,应引起每一位大学生的高度重视。

一、交通事故概述

据公安部交通管理局通报,2022年,全国共发生道路交通事故280万起,造成61 703人死亡,其中酒后驾车是导致交通事故的罪魁祸首之一。

高校大学生作为社会的组成部分,同样不可避免地受到了交通事故的困扰。近年来,在大学生周围发生的交通事故数量一直呈现出上升趋势,其中由于学生不遵守交通法规而发生的交通事故占了相当的比例,这不仅给学生个人及家庭带来灾难,对国家来说也是巨大的损失。

（一）交通事故的定义

《中华人民共和国道路交通安全法》第一百一十九条规定，"交通事故"是指车辆在道路上因过错或者意外造成的人身伤亡或者财产损失的事件。

"车辆"是指机动车和非机动车。所谓"机动车"是指以动力装置驱动或者牵引，上道路行驶的供人员乘用或者用于运送物品及进行工程专项作业的轮式车辆。所谓"非机动车"是指以人力或者畜力驱动，上道路行驶的交通工具及虽有动力装置驱动但设计最高时速、空车质量、外形尺寸符合有关国家标准的残疾人机动轮椅车、电动自行车等交通工具。"道路"是指公路、城市道路和虽在单位管辖范围但允许社会机动车通行的地方，包括广场、公共停车场等用于公众通行的场所。

在交通事故中，责任人主观上必须表现为非故意，即过错或过失。如果行为人出于故意伤害他人或者造成他人财产损失的目的，则该行为已超出了交通事故法律、法规所调整的范畴，属于其他违法行为。

过失是指行为人应当预见到其行为可能会发生危害结果，因粗心大意没有预见，或者虽预见但轻信能够避免，以致发生交通事故。如果行为人没有过失，但其行为造成了一定损害，在某些情形下也要承担一定责任。因为车辆驾驶人，尤其是机动车驾驶人驾驶车辆具有高度危险性，根据相关法律、法规的规定，对于具有高度危险性的行为实行无过错责任原则，所以车辆驾驶人或所有人，即使没有过错也要承担一定的责任。

（二）交通事故的分类

交通事故通常划分为轻微事故、一般事故、重大事故和特大事故四类。

（1）轻微事故，是指一次造成轻伤1~2人，或者财产损失机动车事故不足1000元，非机动车事故不足200元的事故。

（2）一般事故，是指一次造成重伤1~2人，或者轻伤3人以上，或者财产损失不足3万元的事故。

（3）重大事故，是指一次造成死亡1~2人，或者重伤3人以上10人以下，或者财产损失3万元以上不足6万元的事故。

（4）特大事故，是指一次造成死亡3人以上；或者重伤11人以上；或者死亡1人，同时重伤8人以上；或者死亡2人，同时重伤5人以上；或者财产损失6万元以上的事故。

二、大学生发生交通事故的主要类型

近年来，随着经济发展，有车族越来越多，而道路建设跟不上车辆的增长，造成交通事故及交通堵塞问题日趋严重，而大学生交通事故的发生率也呈不断上升趋势。大学生在校园内外发生的交通事故类型主要有以下几种。

（一）行走时被撞

（1）在正常行走时被撞。学生在绿灯放行的情况下步行通过人行横道，被闯红灯的汽车撞伤、撞死；学生在车站站台候车，被酒后驾车者撞伤、撞死；学生在校园人行道上行走，被违章汽车撞伤、撞死等。

（2）违反交通规则时被撞。很多学生交通安全意识淡薄，不看红绿灯横穿马路；过马路不走斑马线；在交通拥挤的道路中间逗留、戏耍等。

（3）被非机动车撞伤。这种情况大多数发生在校园内，大学生被骑自行车的人撞伤，而肇事者大多数也是大学生。现在很多高校地广人多，宿舍离教室较远，在校园内自行车很受大学生欢迎。时常有自行车事故发生，受伤者和肇事者都是学生。有的大学生认为校园内没有红绿灯，可以不分上、下行道，可以骑快车。有的明知自己的自行车刹车不好，却自认为控制得住，结果发生交通事故。

学生在校内行走时要眼观六路，尽量靠马路边行走，在上坡或拐弯处多驻足观看。不管是在校内还是在校外，学生在步行或骑自行车穿过马路时，一定要驻足观望马路两头车辆的过往情况，走行人专用通道，严格按指示灯或现场交警的指挥通行。

（二）自驾车时与其他交通工具相碰撞

被撞伤、撞死的大学生，有的是本身违反交通规则，要承担一定的责任；有的是机动车驾驶员违章驾驶造成的，如学生在非机动车道路上正常骑自行车，被后面违章驶入非机动车道的汽车撞上就属于此类。

大学生违章驾驶机动车发生交通事故致伤、致死是近年来出现的新情况。有的学生醉酒后驾车，致使车辆翻到沟里或路边，造成驾驶人和乘车人伤亡。还有的学生无证驾驶无牌照摩托车，或后座上带人飙车，或因驾驶技术不佳、违章，致使发生事故，造成乘车人伤亡。

大学生在学习车辆驾驶时，首先要认真学习交通法规、认识相关交通标志；其次要熟练掌握驾驶技术，学会应急处理。最重要的是，任何时候都不要违章驾驶。

（三）乘坐交通工具时发生事故致伤、致死

大学生因乘坐公交车、面包车、轿车等交通工具发生的交通事故屡见不鲜，有时甚至造成群死、群伤事件，十分惨痛。

三、交通事故的特点

道路交通事故具有突发性强、发生率高、连锁性强、伤亡人员多、救援难度大等特点。

（一）突发性强

由于交通事故发生过程中，驾驶员从信息感知器官感知到危险情况到交通事故的发生经历的时间极为短暂，往往短于驾驶员的反应时间与采取相应措施所需的时间之和，这使得交通事故的发生表现出突发性强的鲜明特点，给人的感觉就是一瞬间。

（二）发生率高

从世界范围来看，几乎每时每刻都在发生道路交通事故。

(三)连锁性强

车祸危害具有很强的连锁性,不仅可能车毁人亡,还可能殃及四邻,祸及无辜。随着我国公路质量的逐步改善,特别是高速公路建设的飞速发展,行车速度越来越快。因此,多车相撞的恶性交通事故越来越多。

(四)伤亡人员多

世界每年平均1万人中就有1人死于车祸,每1 000辆汽车中就有1辆发生车祸。公路交通事故的死亡率为2.7%~22.1%。据估算,进入21世纪以来,世界每年因车祸死亡的人数达100万人,伤残数达3 000万人。因此,增强对交通安全的防范意识显得非常重要。

(五)救援难度大

(1)救援车辆受阻。车祸发生后,往往会引起人员围观和交通阻塞,造成交通秩序混乱,甚至可能因此而引发新的车祸。这些情况都直接影响到抢救力量的快速行动和投入。

(2)险情隐患突出。车祸发生后,往往会潜藏多种险情隐患,如车体内的油箱、机具及车载危险品都有可能发生爆炸而再生灾祸,稍有不慎就可能危及伤员和抢救人员的生命安全。例如,汽车相撞所造成的交通事故,常伴随火灾事故的发生。装载危险化学品的车辆一旦发生交通事故,可能导致大量有毒有害物质外泄,造成更大的人员伤亡,并严重污染生态环境。

鉴于以上特点,一旦发生交通事故,后果极其严重。大学生需要提高警惕,遵守交通规则,安全驾驶,不要拿自己和他人的生命开玩笑。

第三节　发生交通事故的原因分析

案例

2020年12月13日晚7点,某职业学院大三学生康某和兼职公司的同事田某骑车返回住处途中,经过一座大桥时,被后方驶来的轿车撞倒。田某被撞倒在地,但在后座的康某已经没了踪影。地面上只散落着康某背包里的物品和一只鞋。田某忍着疼痛向前奔跑寻找康某。

他在每辆车的前前后后甚至连车底都找了一遍,都没有发现康某。田某再次跑回事发地,经过几番找寻后,终于在水泥护栏的南侧找到康某。但此时的康某已经完全失去了意识。

2020年12月14日,康某因抢救无效,就这样离开了这个世界。

点评

近年来,随着高校办学规模的不断扩大和师生生活水平的提高,高校内机动车数量明显增加。校园周边机动车和非机动车车辆密集,行人、自行车、机动车争道问题严重。而交通安全意识淡薄、交通标志常识欠缺、交通管理空白、外来车辆漠视校园规章制度等问题依然突出,造成师生交通安全事故增多,轻者受伤,重者死亡。

大量的事实表明，目前我国正处在交通事故多发的高峰期。发生交通事故的原因十分复杂，是人、车、路、环境、管理、法制等多种因素共同作用的结果。进一步分析大学生发生交通事故的原因，可以归纳为人为因素、车辆因素、道路因素、环境因素四个方面。

一、人为因素

（一）思想麻痹，安全意识淡薄

许多大学生刚刚离开父母和家庭，缺乏社会生活经验，头脑里交通安全意识比较淡薄，主要表现有以下三种。

（1）注意力不集中。表现为边走路边看书，或边听音乐，又或左顾右盼，心不在焉。

（2）在路上进行球类活动。大学生精力旺盛、活泼好动，即使在路上行走也蹦蹦跳跳、嬉戏打闹，甚至有时还在路上进行球类活动，更容易引发交通事故。

（3）骑快车。一般高校校园面积比较大，宿舍与教学楼、图书馆之间的距离比较远，许多大学生购买了自行车，夜间或下课时骑着自行车在人海中穿行。部分学生自认为骑车技术高超，甚至骑着自行车与汽车比速度，殊不知就此埋下了安全隐患。

（二）交通安全知识缺乏

许多大学生只注重学习学校规定需要考试的几门课程，很少主动学习交通安全知识，甚至有的学生连基本的交通安全常识都不了解。学校方面也没有专门将交通安全方面的课程列入正常的教学计划中，大学生只能被动地从学校保卫部门的提醒中获得这方面的知识。

大学生应从自身主观因素上下功夫，主动学习交通安全知识，自觉遵守交通法规，尽可能地预防和避免交通事故的发生。

（三）遵守交通规则的自觉性差

有些大学生在日常的学习和生活中没有养成良好的自觉遵守法律、法规的习惯，自制能力和自觉性较差，无视交通信号和交通警察指挥而经常做出横穿马路，不走人行横道线、人行道，在校园内道路上踢球、拍球、嬉笑打闹，在马路上边走边聊天等违反交通法规的事情。

（四）驾驶人员操作不当

驾驶员因操作不当引发的道路交通事故所占比例最高。这些因素包括调度（信号）失灵，违章操作（下坡发动机熄火、刹车长时间处于制动状态），酒后驾车，无证驾驶，违章超车，强行并线，载货超宽、超重、超高等。

而不少初考驾照者在没有完全掌握交通安全知识的情况下就上路，成为诱发交通事故的又一大因素，被称为"马路杀手"。由于大学生往往是新手，驾驶经验明显不足，遇到紧急情况时往往惊慌失措，导致操作不当，容易引发交通事故。

二、车辆因素

车辆是现代道路交通中的主要元素，车辆状况的好坏直接影响着道路交通的安全。机动车在行驶过程中制动系统、转向系统、行驶系统和电气系统中的某一个构件失效或性能不良均可造成交通事故，因车辆原因导致的交通事故又称为机械事故。

车辆造成事故的原因主要是车辆性能差、机件失灵。每年全国因机动车机件故障发生交通死亡事故次数约占全部死亡事故的 2% 以上。

三、道路因素

道路因素主要表现在：道路设施不完善或年久失修，道路两侧的山体滑坡、塌方、落石、泥石流等掩埋道路，冲毁桥梁堵塞隧道。混合交通、平面交叉、标志不全、路面障碍、道路不符合标准、洪水直接冲毁路基和桥梁墩台等，也是导致交通事故的重要因素。

四、环境因素

环境因素主要指气象条件和道路环境，如气温极高或极低、狂风、暴雨、大雪、浓雾，此外还有昼夜差别、地理环境、社会环境、交通秩序等。

第四节　对交通事故的预防及现场处置

案例

2016 年 2 月 5 日，某车站发生一起交通事故，两名女大学生被撞，其中一名伤势严重，送往医院后经抢救无效死亡，肇事车辆逃逸。

事故发生后，经过近一周的调查取证，综合了大量警力调查得到了线索。最终锁定并控制了肇事司机房某，在大量的证据面前，房某不得不向民警供认了自己酒后驾车、肇事逃逸的事实。

点评

酒精是个隐形杀手，醉酒驾驶就成为悲剧的开始。醉酒的人在行驶过程中一般交通意识较为淡薄，视线模糊，稍有不慎就会造成车祸，带来严重的后果。

为保证自身和他人的生命财产安全，大学生应该在平时的学习、生活中，注意学习和掌握交通事故的预防知识，掌握一定的现场处理常识。

一、大学生常见交通事故的预防

（一）增强交通安全意识

大学生必须增强自我保护意识，警惕和防止由于他人的过失对自己造成的伤害。

出行时要集中精力，不仅要"瞻前"，而且要"顾后"，眼观六路，耳听八方；发现违章车辆向自己驶来时要主动避让，防止伤害到自己；开车不超速与前车保持安全距离；遇到路况复杂、天气不好时，要处处加以小心并及时避让，以免受到意外伤害。

（二）掌握基本的交通安全知识

要了解道路通行条件中的交通信号灯、交通标志、交警指挥手势的含义。要了解道路通行中的一般规定，机动车、非机动车、行人和乘车人的通行规定及高速公路的特别规定。要了解交通事故处理中保护现场、抢救受伤人员、报警、交通事故的调解和诉讼，以及向保险公司理赔等方面的知识。

（三）认真遵守交通法规

增强交通安全意识，掌握基本的交通安全常识，落实到具体行为中就是要自觉遵守交通法规。只有自觉遵守交通法规，才会少发生或不发生交通事故。相反，如果不遵守交通法规，存有侥幸心理，甚至明知故犯，如违章驾驶、骑车带人、逆行、闯红灯、过马路不走人行横道和过街天桥等，就非常容易引发交通事故。

（1）在道路上行走时，应走人行道，无人行道时靠右边行走。不与机动车抢道，不突然横穿马路、翻越护栏，过街走人行横道；不闯红灯，不进入标有"禁止行人通行""危险"等标志的地方。

（2）骑车出行前要先检查车况是否良好，保证没有问题后方可上路。应在非机动车道内行驶，遇到没有划分车道的地方要靠右边行驶。通过路口时要严守信号，停车不要越过停车线；不要绕过信号行驶，不要骑车逆行，不要双手离把骑车。不攀附其他车辆，不在人行便道上骑车。在横穿四条以上机动车道或中途车闸失效时，须下车推行。骑车转弯时要伸手示意，不要强行猛拐。

（3）乘坐市内公共交通时要等车停稳后才依次上下车，不挤不抢，车辆行驶中不得把身体伸出窗外。乘坐长途客车、中巴车时不能贪图便宜乘坐车况不好的车，不得乘坐"摩的"，因为这些车辆缺乏安全保障。乘坐火车、轮船、飞机时必须遵守车站、码头和机场的各项安全管理规定，不准携带易燃、易爆等危险品。

（4）在走路时不看书，不戴耳机；经过路口、弯道时注意力要集中，尤其要多留意过往车辆；不要在校道上进行体育活动，更不要在道路上追逐打闹，避免机动车辆给我们带来不必要的伤害。

二、发生交通事故的现场处置

在道路交通事故发生后，如果受到伤害，不论轻重都应在力所能及的情况下，尽量采取一些必要的应急措施，以减轻损失。事故发生后的主要应急措施有以下几点。

（一）及时报案

无论是在校外还是在校内，一旦发生交通事故，首先应想到的是及时报案。若在校外发生交通事故，除及时报案外，还应该及时与学校取得联系，由学校出面处理有关事宜。

（二）现场自救和互救

如果有人员受伤，应立即采取必要的自救措施。如果出血量达到人体血液量的 1/3 时即有生命危险，应尽快采取止血措施。此外，如头部或腰部被撞伤，在救护车辆到达之前应尽量避免身体活动。

身体不同部位
受伤的急救常识

（三）认清肇事者和肇事车辆

一定要确认并记住肇事者及肇事车辆，有条件的可以进一步根据驾驶证确认驾驶人的姓名、住址，搞清工作单位、居住地点及电话号码。如果驾驶车辆的肇事者拒绝出示驾驶证或工作证，且不肯告知其姓名时，你一定要记住车辆的车牌号码、车身颜色、厂牌型号及车辆特征等信息，拒绝车辆离开现场，立即报告道路交通事故处理机关，请求民警帮助。

（四）保护现场、收集证据

事故现场的勘查结论是划分事故责任的依据之一，若现场没有保护好，会给交通事故的处理带来困难，造成"有理说不清"的情况。因此，在事故处理人员到达之前应保护交通事故发生时的原始现场，及时拍照取证。应保护好与事故有关的现场物品和对自己有利的各种证据材料，当事人故意破坏、伪造现场、毁灭证据的，承担全部责任。

（五）接受诊断，并向事故处理机关申报

如果在道路交通事故中受伤，首先要诊断清楚伤情，并积极接受和配合治疗，过错方有经济承受能力的应主动垫付医疗费。在伤情好转后，要准备好有关资料向事故处理机关申报，要求结案。

第七章 校园安全

安全工作无小事，校园治安秩序的稳定，不仅关系到师生的切身利益，也关系到高校自身的建设与发展，更关系着整个社会的和谐与稳定。当前，维护校园安全稳定已成为高校的一项常态化工作。那么，如何在推进高校改革发展的过程中巩固高校的稳定局面，是新形势下高校校园稳定安全工作面临的一个新课题。大学生身处校园，对校园安全也应有所关注。

第一节 维护校园的和谐稳定

思政小课堂

一、做一名遵纪守法的大学生

遵纪守法，是每个公民神圣的职责，我们每一个在校大学生都应争做遵纪守法的模范。作为当代大学生，应该懂得一个健康、文明、法制的社会提倡什么、反对什么，哪些事情应该做、哪些事情不应该做，如何正确去做，更需要自觉遵守道德规范，提高遵纪守法意识，勤奋学习，自觉维护校园和社会的稳定，创建平安和谐校园。

（一）遵纪守法是构建和谐社会的必然要求

从国家法律法规角度来讲，遵纪守法是指全体社会公民一切活动都必须以国家法律为依据，在法律允许的范围内进行。现代社会是法治社会，只有人人遵守法纪，凡事依法进行，社会才能安定和谐。倘若没有纪律的规范、法律的控制，各项秩序就无从保证，人们生存、发展的环境就无法保护，社会文明进步也就无从实现。因此，遵纪守法是构建和谐社会的本质要求。国无法不治，作为我们这样一个社会主义的发展中国家，遵纪守法成为社会主义和谐社会思想道德建设和法治建设的基本要求，是构建社会主义和谐社会的基本前提，体现社会主义和谐社会的本质要求和价值追求。因此，遵纪守法是每个公民的基本行为准则，是每个公民的基本道德底线。公民只有懂得遵纪守法的重要性、必要性，自觉做到明纪、知法、守法、用法，构建社会主义和谐社会的目标才能顺利实现。遵纪守法作为大学生思想道德修养的重要内容，是大学生个人对国家道德责任的"底线"。

(二)遵纪守法是创建平安校园的迫切需要

"平安校园"建设,是新形势下高校加强校园治安综合治理的新举措,是学校管理与建设的重要内容。平安校园也是构建和谐社会不可分割的一部分。校园是探索者的求知天堂,是整个社会大环境中的一部分,始终与外部环境相互影响。校园的平安稳定是反映社会和谐的缩影。但校园安全问题却常常被学生忽视,尤其是大学生在张扬个性的追求中忘记了"人身安全"的基本需求。违章用电、校园飙车、打架斗殴、逞强酗酒甚至是违法盗窃等大量违法违纪现象,成为校园内部不安全因素。这无论是从国家层面的价值目标,还是从社会层面的价值取向,甚至是从公民个人层面的价值准则上都与大学生践行社会主义核心价值观相违背。"平安校园"建设需要我们从"要我安全"向"我要安全"的目标转变。

(三)遵纪守法是营建自我情操的本性归宿

一个国家、一个民族的希望在于青年。大学生是国家、社会的高素质人才,将担当社会重任,他们以身作则,遵纪守法,维护法律的尊严,必将产生一个良好的社会效应,是建设中国特色社会主义和谐社会的基石。但遵纪守法不单单是一个法律范畴,更是一个道德范畴。作为大学生,只有从法律规范问题提升到道德修养问题,才能产生自觉遵纪守法意识,才能转化、营建出高尚情操,才能摆脱法律制度层面的束缚,转变为发自内心的行动。每一个大学生都是为心中的梦想而来,就应该时刻做遵守纪律的模范,养成遵守纪律的习惯:一是时刻注意培养自己遵守纪律的自觉性;二是将遵守纪律的道德观念落在行动上;三是要从日常生活中的小事做起。

二、自觉维护校园和谐稳定

大学生是高校的主体,也是维护校园稳定、安全、和谐的主体。如果没有大学生主体作用的充分发挥,就不可能实现校园的和谐稳定。在维护校园的和谐稳定上,更需要大学生发挥主体作用的自觉性。

(一)躬身践行,努力维护校园稳定

稳定是构建和谐校园的前提条件。没有稳定的校园,就谈不上校园和谐。在当前及今后一段时期,高校尤其是高职院校在改革发展中将面临诸多的问题和矛盾;同时,大学生面临着外来思想文化的涌入、正在转型的社会环境变化、飞速发展的信息技术等(如金钱万能导致人们对金钱的追逐,坑蒙拐骗导致人们诚信的缺失,利欲熏心导致人情的冷漠等都会给大学生带来心理的冲击;网络化、信息化、全球化带来的多元化影响),这些对大学生的健康成长带来严峻挑战,致使有些青年学生是非难辨、善恶难定、美丑难分。作为大学生,要明辨是非、顾全大局,坚定理智地践行社会主义核心价值观,自觉维护国家的安定团结和社会、校园的稳定。

(二)严于律己,维护校园良好秩序

规范、纪律和管理制度是校园安全、和谐、稳定的基本保障,也是构建和谐校园的必要条件。一个无视规范、漠视纪律、缺少制度而管理混乱的校园不能保持稳定,更谈不上和谐。在一定意

义上，和谐校园就是依法治校。只有依法治校，才能维护良好的校园秩序；只有保证校园的安定有序，师生的切身利益才能得到最大的保障。因此，构建和谐校园，需要每一位大学生严于律己、遵纪守法，自觉维护校园良好秩序，去影响周围的每一个人，传递正能量。坚决和一切违法乱纪的行为作斗争，积极维护法纪的尊严，维护法纪的权威。

（三）注重公德，树立社会主义道德

公德，即公共道德。加强公德意识的养成是当代大学生的基本修养，也是当代中国文明社会的基本要求。道德，是人们共同生活的行为准则和行为规范，是人们精神境界的外部反映。道德有文化差异性，不同的文化有不同的道德标准。道德通过社会舆论对社会生活进行引导，影响个人言行。一个和谐文明的社会必然是追逐道德高尚、明理诚信、团结友爱、文明向上的社会。大学生要坚持把个人行为与社会进步相结合，与时俱进，积极践行社会公德，使其融入社会主义道德要求中，牢固树立社会主义核心价值观。

（四）爱国爱校，弘扬集体主义

集体主义精神是社会主义社会所倡导的精神，要求人们一切从集体出发，把集体利益放在个人利益之上。集体主义和极端个人主义是相对立的。极端个人主义是一切从个人出发，把个人利益放在集体利益之上，只顾自己，不管别人。个人主义思想极端者很难融入集体、融入社会，很难与别人相处和合作，也就形成不了和谐状态。大学生要大力提倡集体主义精神，做事情、想问题，首先要从整体、集体角度考虑，多想想别人，不要只为自己打算，使自己和别人、集体融洽相处，达到人际关系的和谐。

（五）互助友善，乐于助人

互助友善，乐于助人，是中华民族的优良传统和美德。而和谐校园的建设更需要大学生互助互爱，团结协作，融洽相处；在别人遇到困难、挫折或者需要帮助时，能够支持别人、鼓励别人、帮助别人。大学生这种为他人排忧解难的行为，就是帮助别人、乐于助人的实践，也是在为构建和谐稳定的校园贡献力量。

三、大学生如何应对不利于学校稳定的事件

社会稳定是国家发展的前提条件之一，也是办好学校的前提条件之一。珍惜来之不易的学习机会，自觉维护学校稳定，是当代大学生义不容辞的责任。当有人让你做妨害学校稳定的事时，应当自觉进行抵制。

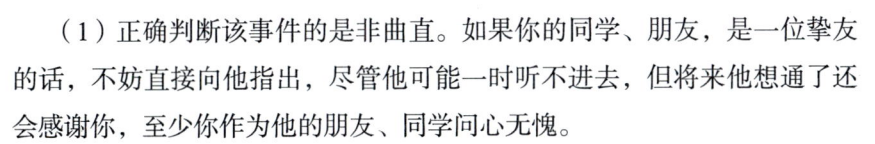

守护阳光校园，向校园欺凌说"不"

（1）正确判断该事件的是非曲直。如果你的同学、朋友，是一位挚友的话，不妨直接向他指出，尽管他可能一时听不进去，但将来他想通了还会感谢你，至少你作为他的朋友、同学问心无愧。

（2）遇事要头脑冷静、理智地思考，帮助邀约你的同学或朋友权衡利弊，提出忠告。一方面要劝阻其不要有不当举动，另一方面帮助他们出主意、想办法，通过正常渠道和途径解决问题。

（3）为了避免矛盾激化，应主动向学校各级组织反映情况。在想要采取过火举动的同学情绪激动、劝阻无效、有可能发生对学校稳定和同学个人前途不利的情况时，你绝对不可犹豫，要当机立断，及早向组织反映情况，由组织出面做工作。

（4）如果发现有极少数别有用心的人进行恶意煽动、闹事，破坏学校稳定，要在保证自身安全的情况下与之斗争。别有用心的人溜进校园，张贴标语传单，进行反动宣传、散布谣言、煽动闹事等破坏活动，广大同学，尤其是党员、团员和学生干部，遇到这类情况不仅要及时向学校报告，反映情况，提供线索，而且要敢于同实施违法犯罪活动的人作正面斗争。

第二节　实验室安全

案例

2019年12月18日，某大学的一间实验室发生爆炸火灾事故，一名正在做实验的博士后当场死亡。事故发生后，楼内及周边师生被疏散，明火被迅速扑灭，当地环保局在爆炸后两小时内对现场进行检测，未发现有害气体。根据安监部门通报，爆炸是死者在使用氢气做化学实验时发生的。

点评

化学实验具有较高的危险性，进行实验时应严格按照实验室安全操作规程来进行。保护自己，珍惜生命！

高校实验室是实现科研创新的重要场所，是培养高素质、高技能人才，服务社会经济发展和学术发展的重要场所。为更好地履行高校实验室所承载的使命，实验室安全应放在首位。因此，学生进入实验室的第一堂课应该是"安全教育课"。实验教学过程中有可能存在或发生火灾、触电、爆炸、灼伤等安全隐患或事故，给师生人身安全和学校财产带来损失，所以要做好各种防护工作，营造安全的实验教学环境。

一、防火灾

火灾对实验室构成的威胁最为严重，最为直接。学校应建立健全实验室安全制度，学生也应做好安全防火措施。

（1）严格遵循本校实验室的安全管理规章制度。每个高校都应建立如《实验室安全防火工作条例》《实验室易燃易爆危险品使用、存储管理办法》《实验室安全用电管理制度》《大型精密贵重仪器设备操作、维护安全管理办法》等的管理制度。大学生应遵守并配合规章制度的实施，加强对实验室安全工作的检查和自我监督。

（2）严格管控好实验室内引起火灾的因素，即管控好可燃物、助燃物、点火源。对于可燃物

实验室的爆炸隐患与防范要点

建立隔离带，使之避免与火源接触；减少可燃物存放量，以减少火灾荷载和火灾时的损失。对于助燃物也要采取封闭、隔离的措施，避免与可燃物接触；对于着火源，即明火、电火及静电等进行严格的控制和管理，积极采取人防、联防和技防措施，严防火源失控而发生火灾。

（3）增强自我的安全防火意识。人人注意安全防范，坚持以防为主的原则，从思想上改变忽视安全的倾向。"祸患常积于忽微"，只有从思想、组织、措施上下功夫才能防患于未然。积极参加多种形式和途径的教育和培训，如消防演习、消防专项竞赛等，不断提高自己的安全防火技术水平。

（4）督促校方及时更新和配备适合不同特点实验室使用的消防设备和器材。由于实验室性质不同，容易引起的火灾种类不一，因而扑救的方法和使用的消防器材也是不同的。例如，对于一般的电气设备可以使用二氧化碳和干粉作灭火材料；对于要求超净环境的大型精密仪器设备，则严禁使用干粉一类的灭火器材，否则将会造成仪器设备的更大损失。因此，要及时、有效地制止实验室的火灾，必须配备适用不同性质实验室的专用灭火器材。同时，消防器材要摆放在明显、易于取用的地方，并定期检查，确保有效。

二、防中毒

实验室中接触最多的是化学试剂及化学反应产生的有毒气体，而大部分化学试剂和化学反应产生的气体对人体是有害的。如不注意，有毒试剂、有毒气体、蒸汽和烟尘可经皮肤、消化道、呼吸道侵入体内。为了防止化学药品危害事故的发生，必须有一些预防的措施。

（1）严格按照实验操作规程，尽量避免各种有毒物品侵入皮肤、消化道和呼吸道。严格管理使用剧毒和危险实验品，剧毒实验品必须当天使用，不得以任何理由在实验室存放过夜。

（2）绝不允许口尝鉴定试剂和未知物；不容许直接用鼻子嗅气味，应以手扇出少量气体。如果到一个房间，嗅有煤气味，立即开窗通风，关闭煤气阀门，千万不要打开任何电源，以免电火花引起煤气爆炸。

（3）实验室要做好通风排气工作。一切有可能产生毒性蒸汽的工作必须在通风橱中进行，并有良好的排风设备。即使在冬季，也应加强通风。必要时戴上防毒口罩或防毒面具，如佩戴活性炭滤毒口罩和乳胶手套，有毒药品应严格按操作规定限量使用。

（4）有毒的废物、废液要倒在专设的废液缸里，由实验员经过消毒处理后才可弃去。禁止在实验室内饮食或利用实验器具储存食品，餐具不能带进实验室。手上如沾到药品，应用肥皂和冷水洗除，切忌用热水。

（5）处理液溴、氯化氢、氯气、甲醇、四氯化碳、苯、苯胺等具有毒性、腐蚀性和致癌性的药剂时，要严格遵守操作规程。必要时，可戴护目镜、橡皮手套。处理有毒物品时的工作服和用具等，切勿与其他衣物和用具混放在一起。

（6）有毒实验不能连续长期做。如果发现有中毒现象，应立即停止工作，送医院急救。

三、防触电

实验室用电安全问题是极为重要的，它不但危及实验设备安全，而且危及人身安全。我们必须对实验室防触电保护措施加以重视，并采取相应的保护措施。

（一）在安全电压下用电

安全电压是指保证不会对人体产生致命危险的电压值，实验指导教师要严格控制学生实验用电，尽量使用 36V 以下的安全电压。在强电实验时，实验人员必须在两人以上。万用表使用完后，应将切换旋钮放空档或最高电阻档。对于高压电容器，实验结束后或闲置时应该使双电极短接，串接合适电阻进行放电。

（二）检查绝缘材料

手持电动工具在使用前必须测量绝缘电阻。移动式电动工具及其开关板（箱）的电源线在使用前应检查是否采用铜芯橡皮绝缘护套或铜芯聚氯乙烯绝缘护套软线，同时也要检查绝缘材料是否有退化现象。绝缘材料的性能受环境条件影响较大，温度、湿度都会改变其电阻值，机械损伤和化学腐蚀等也会降低绝缘材料的绝缘电阻值，对于一些高分子材料，还存在由于"老化"导致的绝缘性能逐步下降的问题。

（三）注意屏护装置

某些开启式开关电器的活动部分不便绝缘，或高压设备的绝缘不能保证人在接近时的安全，应采取屏护措施，以免触电或电弧伤人。屏护装置的形式有围墙、栅栏、护网、护罩等。所用材料应有足够的机械强度和耐火性能，若采用金属材料，则必须接地或接零。屏护装置应有足够的尺寸，并与带电体保持足够的距离，在带电体及屏护装置上应有明显的警告标志，以最大限度保证屏护的有效性。

（四）注意与带电体的间距

在带电体与地面之间、带电体与其他设备之间、带电体之间，均需保持一定的安全距离，以防止过电压放电和各种短路事故，以及由这些事故导致的火灾。动力或照明配电箱（柜、板）周围不得堆放杂物；其前方 1.2 米范围内应无障碍物并保持畅通。电线接地时，人体距离接地点越近，跨步电压越高；距离越远，跨步电压越低。

一般情况下，距离接地体 20 米以外，跨步电压可看成是零。

（五）检查接地与接零是否良好

接地是指把电气设备的某一部分通过接地装置同大地连接起来；接零是指把电气设备正常时不带电的导电部分（如金属机壳）同电网的零线连接起来。接地与接零是防止电气设备一旦漏电而可能发生触电事故的重要安全措施。

（六）漏电保护装置是否功能正常

漏电保护装置是在电气设备线路漏电时用以保证人身及设备安全的保护装置，又称触电保安器。设备漏电时会出现两种异常现象：正常情况下不带电的金属部分出现对地电压；三相电流平衡被破坏，出现零序电流（或电压）。漏电保护装置，就是在故障时测得零序电流（或电压）或对地电压，经相应转换，使接触器跳闸，切断电源，实施保护。

四、防割伤

玻璃仪器破裂时，容易割伤人的皮肤，在实验室里，应特别注意避免割伤，因为试剂渗入伤口，不易痊愈。为防止割伤，应注意下列事项。

（1）折断玻璃管或安装洗瓶时，要用布包住或戴上线手套。

（2）使用玻璃仪器前，应对仪器进行检查，不要使用有裂纹的仪器。

（3）细口瓶和容量瓶都不是由耐热玻璃制成，受热容易炸裂，不能直接在电炉上加热，装入的溶液不可过热。配制溶液时，应先在烧杯内将试剂溶解，尤其是溶解放热性物质时，必须将试剂一份份加入水中，稍冷后再倒入瓶内，以免因溶解发热，使瓶炸裂。

（4）用酒精灯或喷灯加热烧杯或烧瓶时，下部应垫石棉网，以免受热不均匀发生炸裂。

五、防烧伤

在实验室里，皮肤的烧伤，常常是由于接触具有腐蚀性或刺激性的试剂、火焰、高温物体、电流等而引起的。各种烧伤的主要危险性是身体损失大量水分，并且由于身体组织损伤、细菌感染而发生严重的并发症。预防烧伤应遵守下列规则。

（1）取用硫酸、硝酸、浓盐酸、氢氟酸、氢氧化钠（钾）、氨水和液体溴时应戴上胶皮手套，不要让药品沾在手上。氢氟酸烧伤较其他酸碱烧伤更危险，如不及时处理，将使组织坏死。故使用氢氟酸时要特别小心，操作后必须立即洗手，以免意外烧伤。

（2）稀释浓硫酸时，必须将浓硫酸缓缓加入水中，同时不断搅拌。因浓硫酸与水作用生成水化物产生大量热，如将水倒入浓硫酸中，或将浓硫酸急速倒入水中，骤然发热会使浓硫酸溅出，伤害皮肤、眼睛和衣服。

（3）开启氨水、盐酸、硝酸等试剂瓶口时，应先盖上湿布，用凉水冷却后，再开瓶塞，以防溅出，尤其在夏天更应该注意。

（4）使用酒精灯和喷灯时，酒精不应装得太满，并应先将洒在喷灯外面的酒精擦干净，然后再点燃，以免灯外的酒精燃烧，将手烧伤。点燃酒精灯时，要用火柴，不要将灯斜置到别的灯上去引火，以免酒精洒出，引起火灾。

（5）在使用加热设备如电炉、烘箱、水浴等时应严格遵守安全操作规则，以防烫伤。同时，在实验室也要注意溢水事故，使用完水龙头一定要关闭。离开实验室，一定要关好门窗。每位学生都要养成习惯，离开实验室，逐项检查，遇有陌生人一定要上前询问。在做危险实验时，必须要有两人以上。在具体实验过程中一定要牢牢树立"安全第一，预防为主""安全为了实验，实验为了安全"的思想。

第三节　体育运动安全

虽然"生命在于运动",但运动是有一定规律性的。我们只有遵循运动规律,科学锻炼,体育运动才能达到增强体质的作用。

一、遵守规则,科学运动

(一)运动前要做好准备活动

在进行体育锻炼前做好充分地准备活动,对体育锻炼者来说是非常重要的。

(1)提高肌肉温度,克服肌组织的黏滞性,预防运动损伤。体育锻炼前进行一定强度的准备活动,可使肌肉的代谢过程加强,肌肉温度升高,这样既可以使肌肉的黏滞性下降(不发僵),还可以增加肌肉、韧带的伸展性和弹性,减少由于肌肉剧烈收缩造成的运动损伤。

(2)提高内脏器官的机能水平,适应身体运动的需要。内脏器官的机能特点是生理惰性较强,适当的准备活动可在一定程度上预先调动内脏器官的机能,使正式锻炼一开始时内脏器官的动能就达到较高水平,从而减轻开始运动时由于内脏器官不适应所造成的不舒服。

(3)调试心理状态,提高神经系统兴奋性。体育锻炼前的准备活动可将锻炼者的心理状态调整到体育锻炼的情境中来,同时接通各运动中枢间的神经联系,使大脑皮层处于最佳的兴奋状态,投身于体育锻炼之中,达到事半功倍的效果。

(二)循序渐进,持之以恒

体育锻炼对增强体质、促进健康的作用是循序渐进、逐步提高的,不可能一蹴而就。

(1)体育锻炼要力戒急于求成,必须根据自身的实际情况确定运动负荷的大小,做到量力而行。当锻炼者达到所希望的体能时,就无须再增加运动强度和持续时间。以某种固定的负荷进行有规律的锻炼,就能保持这种体能水平。

(2)体育运动要坚持循序渐进的原则,运动负荷应由小到大,逐步提高。可采用"百分之十规则",即每周的运动强度或持续运动时间的增加不得超过前一周的10%。例如,每天跑步持续30分钟,下周可将跑步时间增加到33分钟,逐渐提高。

(3)坚持不懈,持之以恒,才能使体能不断增强。一般应在逐步提高"量"的基础上,增大运动强度。同时,随时加强自我监督,密切注意身体机能的不良反应。

(三)讲究运动卫生

(1)饭前饭后不要立即进行剧烈运动。饭前的剧烈运动,会使胃肠蠕动减弱,消化液分泌减少,胃肠的消化和吸收功能降低,从而妨碍食物的消化吸收,如果经常这样,就容易发生胃肠疾病。饭后立即进行剧烈运动,会使血液从内脏各器官流向四肢,造成内脏器官,特别是消化器官的相对"缺血"。这样,不仅妨碍消化器官的正常工作,容易抑制消化吸收功能,而且容易出现心脏血管系统的不良症状。另外，临睡前做剧烈运动也不好，会因精神过度兴奋而导致失眠。

（2）剧烈运动后不要马上休息。如果在剧烈运动后忽然停下来休息，肌肉的节律性收缩就减弱或停止，原来流进肌肉的大量血液就不能通过肌肉的节律收缩流回心脏，致使大部分血液在肌肉中积存。这时，心脏里的血液就会出现暂时性减少，造成血压降低。同时，供给脑部的血液也相应减少，出现暂时性脑贫血，人就会感到心慌气短、头晕眼花、面色苍白，甚至晕倒。所以，剧烈运动后，应该继续做一些慢跑、轻跳或帮助呼吸的肢体动作，使运动量逐渐由大到小，内脏器官的活动由快到慢，待身体的神经、血管、肌肉等都恢复到正常状态之后，再停下来休息。

（四）大小运动量相结合

采用大小运动量交叉进行身体锻炼，不仅能够提高锻炼效果，而且能防止伤害事故的发生。因此，应做到不要连续多天进行高强度运动；高强度运动每周最多进行3次；每周可以安排1次超大强度运动；掌握自己身体状况，如果疲劳没有很好恢复或出现过度疲劳症状，应停止运动。

（1）运动频率，即每周进行体育锻炼的次数应保持在3~5次。

（2）运动强度。锻炼强度常用心率间接表示，目前推荐的锻炼强度范围为自己最大心率的60%~80%。最大心率可采用下列公式来估算，即最大心率＝220－年龄。体育锻炼必须达到一定强度，在适应一定运动强度后，还应逐渐加大锻炼的强度，才能使身体健康水平逐步得到提高。

（3）运动时间，即每次运动的持续时间。一次有效的锻炼时间是20~60分钟，对于运动水平较低的大学生，至少应持续20~30分钟的锻炼，而运动水平较高的大学生可能要持续锻炼40~60分钟。另外，时间和强度是决定运动负荷的主要因素，运动时间短，运动强度要大；运动时间延长，运动强度可适当降低。每次锻炼尽可能安排在同一时间，这样可以养成良好的锻炼习惯，有助于身体内脏器官形成条件反射。饭后1小时和睡前1小时不能锻炼，否则会影响消化和睡眠。体力最佳时间一般在15：00~20：00，这可以考虑作为主要的锻炼时间。

（4）运动形式，即不同的运动类型，包括有氧运动和无氧运动。有氧运动的项目包括步行、慢跑、跳绳、游泳等。进行有氧运动需持续3分钟或以上，可使大组肌肉及有氧能量系统进行韵律性运动。无氧运动的项目包括短跑、投掷等，主要功能是训练肌力与肌耐力。进行无氧运动是使无氧能量系统进行短暂的（3分钟以下）爆发性运动。

（五）做到安全第一

（1）不要盲目参加超过能力的活动。

（2）生病初愈不宜进行较高强度的锻炼。

（3）每次锻炼后，要注意做好整理、放松活动。

（4）在制订或实施自己的锻炼计划前，如果患有某种疾病或有家族遗传病史，需要找大夫咨询。一定要经过体检和医生的认可，在有医务监督的情况下按照体育教师和医生的建议进行锻炼。

二、预防运动伤害

（一）体育运动前的预防

1. 把握身体状况

在运动前，若出现身体不适，应终止激烈运动或高强度的运动，改换为轻度运动或停止运动。

2. 注意环境条件

由于在过热或过冷的环境条件下进行运动，存在一定的危险。因此，运动时应注意时间段的选择。夏季应选择凉爽的时间段运动，冬季则应在暖和的时间段运动。

3. 运动服装及鞋的选择

应选择质地柔软、透气性能和吸水性好、有利于身体自由活动的服装；应选择具有弹性、透气性能良好、穿着舒适的鞋子，鞋跟不宜过高，并符合季节要求。

4. 充分进行准备活动

准备活动一般有快走、慢跑及原地连续性徒手体操等形式。这些活动能使四肢关节活动度加强，有助于一般性运动能力的提高。准备活动持续的时间与正式运动之间有 1~3 分钟的间隔较为适宜。

（二）体育运动中的预防

体育运动的目的是维持和促进身体健康。因此，应尽量避免运动量过大。同时要注意在锻炼中及时发现各种不正常的症状并及时进行调整。以下是在体育锻炼中常见的几种需要引起警觉的症状。

1. 呼吸困难症状

呼吸困难时可终止运动，休息数分钟使身体恢复正常状态之后，再接着从轻运动开始练习。若连续在 3 分钟以内有呼吸困难症状，就可认为该运动的强度过大，不适宜再继续运动。

2. 腹痛症状

当腹痛发生时，终止运动或减慢运动速度，即可自然消除疼痛症状。容易发生腹痛者，要认真对待准备活动，使机体逐渐进入运动状态。在跑步中要掌握正确的呼吸方法，尽量用鼻呼吸而不用口呼吸，根据运动量来调整呼吸的节奏及深度。总之，应避免腹痛的发生，保证运动的顺利进行。

3. 胸闷症状

研究表明，除心前区疼痛特别严重者以外，只要不引起其他临床症状，是可以进行适当运动的，而且适量的运动还具有一定的治疗效果。对于支气管疼痛症状，可通过间隔运动使其自然消失。若在运动中发生干咳症状，要调整呼吸方法使其缓解。寒冷季节运动要戴口罩，防止冷空气对呼吸道的刺激。

4. 下肢疼痛症状

运动所引起的下肢疼痛有各种各样的症状，症状不同，处置方法也不相同。

（1）长期不运动者，初次运动时，会引起小腿和大腿部位肌肉疼痛。这是由于剧烈运动导致乳酸积累引起的，不需做任何特别的处理，休息 1~2 天即可自然消失。

（2）从开始锻炼到坚持 2 周以上时，逐渐会出现足、膝的关节疼痛。此种疼痛比较顽固，应中止锻炼，待疼痛消失后再开始运动。再度开始运动时，运动强度应该比之前减小。

（3）运动中突发的下肢疼痛，可能是由于扭挫、肌肉撕伤、肌腱断裂甚至是骨折等引起的。此时原则上要保持冷静，应马上接受医生的诊断治疗，不及时治疗可能造成后遗症。

（三）体育运动后的预防

1. 整理活动

为了预防不良症状，在剧烈运动后不可立即进入安静状态，应继续进行一段时间的轻量运动，使亢进的功能逐渐恢复到常态的基础水准。这种在高强度运动之后的轻量运动，称为整理活动。由于体育锻炼后的整理活动是加速代谢产物的清除、加快体力恢复及防止运动锻炼后昏厥，甚至是预防死亡事故发生的重要措施。因此，要认真对待整理活动，不但要做，还要做好。整理活动的主要内容有 1~2 分钟的慢跑或步行；下肢的柔软体操和全身的伸展体操；上肢肌肉群的按摩（特别要针对运动后容易痉挛的肌肉群）或自我抖动肌肉的放松动作。

2. 淋浴和洗澡

在运动后进行淋浴，可使心情舒畅，促进疲劳消除，特别是在大量出汗后，淋浴更是不可缺少的。洗澡不仅可以清洁皮肤，还可促进皮肤和肌肉的血液循环；加快新陈代谢，加速体内废物的排出和消除精神紧张，解除疲劳，使肌肉放松，肌肉张力下降。

（四）体育运动中的补水

（1）饮水量应按照运动量和排汗量的多少来调整，不可暴饮。大量饮水会给心脏增加负担。

（2）轻度运动中口渴时，尽量不要饮水，这是由于口腔、咽喉黏膜干燥引起的，可以用温开水漱漱口，以缓解口干舌燥症状。

（3）运动中或运动后，每次饮水量要适度，绝不可开怀畅饮。一次水的摄取量在 100 mL 左右为宜，超长距离跑的途中，可根据发汗量的多少，以间隔 20~60 分钟为一次进行补水调节。

（4）由于出汗失水也丢失盐分。因此，有必要在补水的同时加入一定量的盐。切不可饮用生水和过量的冰水，在饮料中适当添加一些糖分能有效补充能量。

三、常见运动伤害的处理

（一）扭伤的处理方法

扭伤时可以做冷敷。冷敷的具体操作方法是：用毛巾蘸冷水、拧干后盖在扭伤处，也可以用冷水淋洗伤部。冷敷可以每隔 3~4 小时做 1 次，每次敷 5~8 分钟。

（二）挫伤的处理方法

挫伤的急救方法与扭伤相同。

（三）擦伤的处理方法

处理方法是先止血，由于血液有自行凝结的功能，所以轻度擦伤时的渗出性出血，在数分钟内即可自行停止。重度的、范围大的擦伤，血量大，要立即送医院包扎处理，在送医院途中，要设法止血或减少出血量。在止血过程中，切不能用脏毛巾、手绢等物品擦洗伤处，以免细菌感染。

（四）骨折的处理方法

首先，除去压在伤者身上或阻碍搬移伤者的障碍物。其次，把伤者放平，固定伤处，保暖，在移动伤者时动作要缓慢轻柔。最后，迅速送医院处理。切忌盲目翻动伤者的身体，以避免伤及肌肉、神经、血管等。

（五）鼻出血的处理方法

鼻出血的病人可暂时用口呼吸，在鼻部放置蘸凉水的毛巾。如果出血不止，可将凡士林纱布卷塞入鼻腔内。

第八章 自然安全

第一节 地震的安全防范

思政小课堂

一、地震概述

案例

根据四川人民出版社2017年出版的《汶川特大地震四川抗震救灾志·总述大事记》记载，截至2008年9月25日，5·12汶川地震共计造成69 227人遇难、17 923人失踪、374 643人不同程度受伤、1 993.03万人失去住所，受灾总人口达4 625.6万人。

点评

众所周知，地震带给人们的伤害是非常巨大的。震撼全国的汶川大地震造成的人员伤亡数量非常庞大，让人痛心。城市顷刻之间几乎成为废墟。地震带来的不仅是物质上的伤害，精神上的伤害更是让人们痛不欲生，失去家人的痛、伤残的痛等，都是人们不愿意看到的。而地震的发生很大程度上是不可预测的。为此，大学生需要以此为警醒，掌握地震的安全知识，及时做好地震的防范措施，熟知自救及互救知识和技能，争取把伤害减到最小。

在所有自然灾害中，地震因其对人的生命和财产造成大规模、突发性、毁灭性的打击而被视为自然灾难之首。地震还造成建筑物、工程设施的破坏倒塌。继而发生一系列灾害，如火灾、毒气和放射性物质的污染，危及人身安全。

地震的发生很突然，一次大的地震持续时间往往只有十几秒，在如此短的时间内就能摧毁整座城市，就能剥夺成千上万人的生命，造成巨大的经济损失。20世纪，全球因地震造成死亡的人数约在百万人以上，经济损失更是无法统计。

（一）地震的概念

地震是指地下岩层受地应力作用颤动，从而产生破裂造成的地面震动。它的表现形式是大地（地壳）的快速而剧烈的颤动。

地球上每天都在发生地震，一年约有500万次，其中约5万次人们可以感觉到；可能造成破坏的约有 1 000 次；7 级以上的大地震平均每年有十几次。

（二）地震的分类

地震主要分为两类：一类是构造地震，它主要是地下深处的岩层错动、破裂而引发的；另一类是火山地震，它主要由火山喷发引起。此外，还有因地下溶洞或矿井塌陷、水库蓄水或油田抽注水而诱发的地震等。

在这两类主要的地震中，构造地震是全球规模最大、发生频率最高的一类地震，占全球地震的 90% 以上。构造地震也是危害性最大的地震，它主要以直接破坏和间接破坏的方式，造成建筑物倒塌、人员伤亡、工程受损、地基砂土液化、山崩、滑坡、良田毁坏等，给人类带来极大的威胁。

（三）地震灾害的特点

与旱灾、水灾、风灾、泥石流、山崩、农作物病虫害等灾害相比，地震具有突发性强、破坏性大、社会影响深远、防御难度大等特点。

二、地震灾害的预防

掌握一定的地震知识，可在地震发生时采取有效的措施，避免不必要的伤亡。平时，同学们应该了解家庭、学校和办公室所处的地质构造情况，掌握基本的地震防御办法，注意身边自然界的异常现象。另外，不要听信和传播地震谣言。

地震预警的背后科学

（一）室内防震措施

（1）把屋子里悬挂的东西和放在柜子顶上的东西全部拿下来，放到地面比较稳固的地方，防止大地震动时掉下来砸伤人。

（2）把床摆到离窗子远一点的地方，窗上的玻璃可以用胶条贴起来，以免玻璃被震碎掉下来扎伤人。

（3）易倒地的家具要固定在墙壁上，尤其是较高、重叠两三层等重心很高的家具要特别加以固定。较高的家具上面不应堆放笨重物品，以免地震时倒地伤人或成为逃生的障碍物。

（4）固定桌面上的贵重物品（如计算机等），系紧或加固悬挂物（如灯具、挂钟镜框和厨房用品等）。

（5）卧室，尤其是老人或儿童的卧室，尽量少放家具和杂物，尤其不要放高大物品。

（6）有条件的家庭可以设计一个室内避震空间。如重点加固一间居室或在床上增设结实的抗震框架等。

（7）熟悉电、水、气阀门的位置，掌握正确的关闭方法。不要把易燃、易爆物或有毒物品放在屋内。

（8）居所如果有存放的酒精、汽油、煤油等易燃物品，一定要放到安全的地方，防止大地震袭来时发生火灾。

（9）对居所能导致明火的设备和厨具做一个全面的检查，要注意有无故障，管道有无老化和泄漏。若有故障等现象应及时修理。火源的上方及四周不能存放可燃物，浓酒或食用油应搁置在离火源较远的地方。

（10）要准备灭火器。有条件的可预备消防用水，如可在浴室中存水，或用水桶存水，既可在火灾发生时急救，又可当作震后因输水中断的饮水贮存。

（二）室外防震措施

（1）正门、楼道、走廊不堆放杂物，以备人员疏散。

（2）提前选择疏散避震的安全场地。场地应就近、宽敞，应避开高大建筑物、电线杆、砖墙、路灯和变压器。

（3）在外期间注意卫生、防火、储备饮用水等，遵守和维护社会秩序。

（三）准备措施

强烈地震可能使供电、供水、供热、交通、生活必需品供应、信息传播、医疗卫生等系统中断。为了在短时间内生存上有保障，应准备一到两个"防震包"。

"防震包"应足够结实，应当包括饮用水、小刀、内衣、毛巾、紧急食品（饼干、面包、罐头）、火柴、绳子等，还有雨具、手电筒、简单的防寒衣物、维生素、纱布、绷带、眼药及急救药品等基本生活用品。因为是备用应急，所以应按保质期及时更换食品和水。

另外，还应准备小铁铲、钳子等工具，可以在你自救或救人时发挥作用，最好准备一个哨子，可以帮助救援人员发现你被埋的地点。

（四）居住安全的房屋

地震发生时，如果房屋不牢固，很有可能随时坍塌。因此，要选择居住安全系数高的住房。尤其是选择租房的大学生更要判断自己的房屋是否有足够的安全性。如果自己没有经验，也可向有关部门咨询，或向组织反映，要求对住房进行修补、加固等。

三、地震发生后的自救与互救

自救与互救在抗震救灾中有着极为重要的意义，无论有无救援力量到达，自救与互救都是不可缺少的救生措施。被倒塌建筑物压埋的人，只要神志清醒，身体没有重大创伤，都应该坚定获救的信心，妥善保护好自己，积极实施自救与互救。

（一）自救原则

（1）克服恐惧心理，坚定生存信念，自谋策略，尽快脱离险地。如不能自行脱险，应保持镇静，捂住口鼻，防止被倒塌建筑物的灰尘窒息。

（2）清除压在身上的物体，支撑可能坠落的重物，创造生存空间。

（3）减少体力消耗。在周围十分安静或听到上面（外面）有人活动时，用砖、铁管等物敲打墙壁，向外界传递消息。

（4）搜寻可食用的饮水、食品，节约使用，延续生命，静待救援。

（5）几个人同时被埋压时，要互相鼓励，共同计划，团结配合，必要时采取脱险行动。

（二）互救原则

幸免于难的人员在救助其他被埋人员时应做到以下几点。

（1）注意探听被埋人的呼喊、呻吟、敲击器物的声音。

（2）根据房屋结构，先确定被埋人员位置，再行抢救，防止再次受伤。

（3）先抢救建筑物边沿瓦砾中和其他容易获救的被埋人员，扩大互救队伍。

（4）先抢救医院、学校、旅馆等人口密集人群。

（5）实施抢救时首先应使被埋者暴露头部，清除口内尘土后再进行抢救。

（6）对被埋较长时间的幸存者，有条件的应先输送食品、饮料，再边挖边支撑，注意保护其眼睛。

（7）对颈、腰椎受伤者，切忌猛拉硬拽，应待其暴露全身后，慢慢将其移至硬木板支架上。

（8）对危重伤员，应进行现场急救，再送医疗点或医院。

（三）地震发生时的个人避险方法

地震发生时，每个人可能处于不同的场合，而在每种场合下应对的措施是不一样的，现分成在室内、室外和车内逃生三种情况加以介绍。

（1）室内逃生。在室内有很多种场合，有些措施是基本相同的，但也要根据不同的情况采用不同的措施。然而，无论在什么情况下，有些基本原则都应该掌握。如熄掉室内的明火、保证安全出口的畅通、在室内找安全的地方躲避、千万不可从高处跳下等。

①在宿舍、教学楼、图书馆等校内场所遇到地震。一定要保持镇定，听从老师或有关工作人员安排，有序撤出，切莫拥挤外逃。来不及撤离时，最好用枕头、书包保护好头部，闭上眼睛，躲在床铺或书桌下面。要蹲下或坐下，尽量蜷曲身体，降低身体重心。抓住桌腿等身边牢固的物体，以免地震时摔倒或者因为身体失去控制而位移，暴露于坚硬物体下而受伤。

②在单门独院的房屋内遇到地震。这一类房屋通常是木造或砖木结构，屋顶离地也不是很高。因此，如果房屋倒塌，其倒塌向下的力量不是很大。如果发生地震，可视情况紧急躲在坚固的桌子或床下，即使天花板掉落，也不至于将桌子或床都压破。而衣柜或书架等易倒下的地方是禁区，有可能被压在底下，或受到上面坠下物的直接打击或挤压的危险。发生地震时，不能慌张地向屋外逃，因为如果瓦片、玻璃落下来，会使人意外受伤。相比之下，在这类房屋的里面比在外面安全，而且这类房屋通常不会顷刻间整体倒塌。若在二楼，不要沿楼梯往一楼跑，或由窗户跳下去。因为倒塌的二楼极可能是覆盖在一楼上的。因此，此时的二楼比一楼更加安全。一定要关闭火源。因为在这类房屋中发生火灾的危险比地震还可怕。另外，确保安全出口很重要，在躲过第一次地震后，应迅速逃到室外，以躲避可能发生的余震和房屋事后倒塌。

③在洗浴中遇到地震。一般情况下，浴室空间狭小，有柱子和墙壁支撑，其安全性要高于客厅及卧室。由于洗浴时是赤裸的，在奔跑时极有可能被玻璃或瓦片砸伤。因此，要就近在浴盆或墙角蹲下，用硬物保护头部。若无硬物，也可用浴巾保护头部。但一定要露出眼睛，警惕地观察

四周的情况，并机智地采取躲避措施。在厕所中的情况与在浴室相同。但应将门打开，防止震后门打不开而失去逃生的机会。

④在睡梦中遇到地震并惊醒。应迅速躲进床下，并用床上的被、褥、枕头等物品保护头部。

⑤在高层公寓内遇到地震。首先，千万不能往外跳。一般现代的高层公寓耐震性都很强，若不是震级很高的地震，一般不会整体倒塌。在高层公寓内逃生的基本原则与在单门独院的房屋内大致相同。但有所不同的是，高层公寓的卫生间相对比较安全。因此，在卫生间内躲过地震的高峰是个不错的办法。躲过后，再伺机逃到室外离建筑物较远的空旷处。若万一打不开门，则等待救援。高层公寓逃生时，禁止使用电梯。因为一旦停电，便会被困在里面，失去逃生的机会。

⑥在办公楼内遇到地震。这种情况与在高层公寓内相似，可就近躲在办公桌下。如果离走廊近，人流不多，也可跑到走廊上躲避。但是，如果办公室人很多，出口又很小，人群极易发生踩踏事故。另外，在办公室内要避免待在容易倒下的橱窗、产品陈列柜、资料架或玻璃窗旁边，以防被物品砸伤或被玻璃划伤。与从高层公寓内逃生一样，不可往外跳，也不可乘电梯。

⑦在百货公司和超市内遇到地震。迅速找到安全的地方是逃生的关键，楼梯平台、厕所、柱子附近是比较安全的地方。眼睛要时刻注意天花板上的坠物，并躲避。当地震高峰过后，应在人流高峰后再沿着步行楼梯外逃，切不可在人流拥挤的狭窄通道内硬挤，以免发生踩踏事故。

⑧在电影院和剧场内遇到地震。一定要记住安全门的位置。可就近躲在椅子下面，或前后两排椅子之间，并用手护住头部。这种场所由于人多，很容易陷入混乱状态。因此，切不可盲目跟着人群流动，以免被踩踏致伤致死。待人群情绪稳定后，再视情况逃生。

（2）室外逃生。当城市发生地震时，室外最主要的危险是招牌和玻璃等物的坠落及建筑物倒塌引起的砸伤。现代城市越来越拥挤，建筑物与建筑物之间的间距也越来越小，这种危险与室内相比也毫不逊色。

①在商业街或繁华路段遇到地震。在这种路段，建筑物一般很集中，广告牌、招牌很多，一旦发生地震，招牌、广告牌及玻璃会如下雨般掉落，所以一定要往路中央的地方跑。切不可跑回商场等建筑的大厅内，因为这种大厅柱子很少，天花板上的建材与吊灯很容易坠落，大厅内的商品陈列及大型展示窗等极易倒下。如果附近是银行等钢筋混凝土建筑，也可在入口附近稍微等待一下，等门口的坠物基本停止后，再向路中央跑。如果你正处于拱廊、造型或雕塑的旁边或下面，绝不要蹲在那里，应赶快跑开。

②大楼和大楼之间遇到地震。如果大楼和大楼之间距离较远，待在大楼的中间是很安全的。但如果大楼与大楼之间距离很近，就会很危险。可视情况暂时进入大楼，在入口处躲避落下来的玻璃等，但不能进入太深。如果就近没有入口，就只能待在道路中间。如果有树，可在树下躲避。

③在体育场或露天广场等处遇到地震。如果发生地震时，你正在体育场或露天广场等人员聚集的地方，最重要的逃生原则是不能挤到入口或出口，或跟随人流拥挤。由于现场混乱，这类场所最容易发生踩踏致伤事故。最好逃到场地中央。如果你在看台高处，也不妨原地不动，一般体育场的看台是极其牢固的。

除此之外，如果你在公园、寺院、山林等城市空旷地带，那当然是非常幸运的。但如果在上游有水库的河边，也要防止水库堤坝崩裂后造成的洪水。如果有这种情况，应尽快逃离河岸。

另外，在海边也不安全，因为地震可能引起海啸，这时应朝远离海滩的地方逃跑，并找一处开阔的高地躲避。

（3）车内逃生。

①在列车或电车上遇到地震。铁轨的耐震性极好。因此，地震时的列车或电车是相对安全的地方。但如果你遇到这种情况，不可惊慌失措，更不能冒险跳出车外。注意外面的铁路输电线是否已落在地上，以防触电。

②在地铁上遇到地震。地震时地铁是非常安全的地方。逃生的关键是不能跟着人流拥挤。有些铁轨上可能有输送的电流，要防止触电。如果你正在月台上，逃生的方法与地下商场或地下通道相同。要注意头部上方是否有沙土落下。

③在公共汽车上遇到地震。注意不能跟其他乘客拥挤，拥挤反而可能造成事故。待车停稳后，再有序地下车，找一处安全的地方躲避。

④正在驾驶汽车时遇到地震。若感觉汽车在莫名其妙地摇晃，应想到可能发生了地震。这时不要急于刹车，应逐渐减慢速度，并停在路边，以防后车追尾。车门不要上锁，可打开一条小缝，防止车顶被砸后车门无法打开。不能存在"开车去避难"的想法，因为在地震中开车是非常危险的事情。

⑤在高速公路上遇到地震。高速公路上的处理方式与一般城区处理方式相同。但由于在高速公路上汽车速度很快，容易形成追尾的连环事故。因此，采取刹车方式时要格外小心稳妥。若在高架桥上，则应慢速驶离高架桥。

> **小贴士**
>
> 大地震前有何前兆
>
> 由于地下岩层受到挤压或拉伸，使地下水位上升或下降；或者使地壳内部气体和某些物质随水溢出，而使地下水冒泡、发浑、变味等。
>
> 有这样一首歌谣描述井水对地震的征兆："井水是个宝，前兆来得早。无雨泉水浑，天干井水冒。水位升降大，翻花冒气泡。有的变颜色，有的变味道。"
>
> 震前一两天，牛马赶不进圈，乱蹦乱跳，嘶叫不止，烦躁不安，饮食减少；一些猪羊不吃食，烦躁不安，乱跑乱窜；狗狂叫不止；鸡不进窝，惊啼不止；鸭不下水；家兔乱蹦乱跳，惊恐不安；鸽子在震前数天惊飞，不回巢；蜜蜂一群一群地飞走；老鼠反应最灵敏，在震前一天至数天，突然跑光了，有的大老鼠叼着小老鼠搬家；有些冬眠的蛇游出洞外上树；鱼惊慌乱跳游向岸边，翻白肚等。
>
> 地光和地声是地震前夕或地震时，从地下或地面发出的光亮及声音，也是重要的临震迹象。
>
> 地震谣言如何甄别
>
> 人类目前做出的较大时间尺度的中长期预报已有一定的可信度，但短时预报和临时预报的成功率还相对较低。要明确，在我国发布地震预报的权限在政府，任何其他单位或个人都无权发布地震预报消息。对待地震谣传，要做到不相信、不传播、及时报告。学习地震常识，消除恐震心理。

第二节　洪灾的安全防范

一、洪灾概述

案例

自2010年10月1日起，海南省连降暴雨，平均降雨量达800多毫米，局部地区降雨量高达1200多毫米，创海南省49年来历史新高。暴雨造成海南一些县、市山体滑坡，交通堵塞，许多民房倒塌，一些乡镇或县城被水淹没，经济损失严重。

据不完全统计，在被淹村庄中，万宁317个，海口40多个，文昌122个，澄迈近100个，其余市县均有不同数量的村庄被淹。据海南省三防办主任介绍，除去上述灾情外，还有农作物94.34千公顷受灾，受灾人口164.83万人，房屋倒塌580间。民政部介绍，截至10月7日，初步统计直接经济损失达7亿元。

点评

俗话说，洪灾似猛兽。洪灾的发生往往会毁坏农田，破坏建筑物，造成人员伤亡和巨大的经济损失。然而，人类无法阻止暴雨、洪水、泥石流、滑坡等自然灾害的发生，但是可以根据自然规律做好防灾减灾工作。在雨季、汛期外出时需要特别注意暴雨、山洪、泥石流、滑坡等自然灾害的发生。灾害发生时，同学们应听从学校和地方政府的指挥与安排，积极投身到抢险抗灾中。

洪灾是由于江、河、湖、水库水位猛涨，堤坝漫溢或溃决，使洪水入境而造成的灾害。洪灾除对农业造成重大灾害外，还会造成工业甚至生命财产的损失，是威胁人类生存的十大自然灾害之一。

洪水有几种，如山区河流出现河水量猛增，水位急剧上涨等现象称为"山洪"；暴雨引起山体或岸壁的崩坍，大量泥石连同水流下泄，则称为"泥石流"；水库溃坝，存蓄的大量水体突然泄放，使下游河段的水位流量急剧增长称为"溃坝洪水"。洪水常常威胁沿河、滨湖、近海地区的安全，造成巨大的灾难。

洪灾的危害不仅导致人类的伤亡和生态环境的改变，还可能引起疾病的暴发和流行，给人们的生命财产带来巨大的伤害。

二、洪灾的预防

洪灾来临前的征兆

（一）学习防洪知识

学习防洪的相关知识，加强并完善自身环境内的防灾措施，如果发现异常征兆，如堤坝渗水、管涌、水位异常猛涨等，应及时向有关部门报告。

（二）做好防洪准备

准备必要的医疗用品，妥善安置贵重物品，准备必要的衣物、食品、矿泉水，做好自救和救援的准备，将人、畜等尽早转移到安全的地方。

（三）远离可能发生洪灾的地点

在汛期紧张时期，当气象台预报有连续暴雨或有台风袭击时，在易受洪水淹没的低洼、滞洪地带或湖泊、海边、河边的人群，要提高警惕，随时注意水位的变化，及时了解洪水的情况，采取适当的措施。必要时，要及时离开可能发生洪灾的地区，避免或减轻洪水的危害。

三、遇到洪灾的自救

（一）洪灾发展初期的自救

（1）如果水面上涨时，躲在学校或比较坚固的室内比较安全，不要轻易往外跑，如果你位于洪水无法进入、真正密闭的建筑物内，门窗等都无缝隙，是相对安全的，同时我们可以在沿门槛和窗底放好装满泥土的沙袋或塑料袋，尽可能将洪水拒之门外。

（2）关闭电源和煤气。

（3）准备好饮用水、应急食物和保暖衣服。保存好各种尚能使用的通信设施，以便与外界保持良好的通信联系。

（4）饮用水要储存在拧紧瓶盖的塑料瓶和其他密闭性好的容器中，防止漏水或被污染。

（5）如果有手电、口哨、镜子、色彩艳丽的衣服或旗子，可以作为信号，把它们放在一个木箱中。酒精炉等简易炉具也很有用，可以用来加热食物、饮水和取暖，但别忘了燃料、火柴和打火机。

（6）不要认为洪灾发生时都有充分的时间进行逃避，切不可因贪恋财物而贻误逃生时机。携带好"防水包""贵重物品背包""水灾药箱"等物品，预先躲至可靠的高处，如钢筋混凝土建筑的高层、山坡上等。

（二）洪灾发展中期的自救

（1）如果洪水还在上涨，应转移到上层房间，如果是平房就上屋顶。

（2）如果你被迫上了屋顶，可以架起一个防护棚。如果屋顶是倾斜的，可将自己系在烟囱或别的坚固的物体上。如果水位看起来还会持续上升，可准备小木筏。如果没有绳子捆扎物体，就用床单。除非大水可能冲垮建筑物或水面没过屋顶迫使你撤离，否则就待着别动，等待洪水停止上涨。

（3）如果房屋不够坚固，出现裂隙，并且不断增大，这是房屋倒塌的信号，要做好撤离的准备。要抢在房屋倒塌之前撤离，以免被倒塌后形成的漩涡卷入水中，危及生命。

（4）如洪水来势很猛，就近无高地及楼房可避，应就近抓住有浮力的物品，如木盆、木椅、木板等，有船则更好。

（5）必要时爬上高树也可暂避。不要爬到泥土墙的屋顶，因为这些房屋浸水后很快会塌。

（6）若水继续上涨，估计所待之处已不安全，则要迅速找一些木板、桌椅等有浮力的物品扎成筏，准备逃生。没有绳子可用布条，但要扎紧。

（7）洪水来临时，千万不可触摸或接近倾倒的高压线铁塔、低垂或断折的电线，防止触电。

（三）落水后的自救

（1）若不幸落入水中，不要惊慌失措，应该设法调整自己的呼吸，避免呛水。

（2）如果会游泳，可以迅速游到房屋或者岸边；如果不会游泳，随时准备抓（抱）住被冲倒的树木或其他较大的漂浮物。

（3）呛水后尽快把头露出水面，用力呼吸，疏通气管，避免再次呛水。

（4）尽可能躲避漩涡及水中夹带的可能危及身体的重物。

（5）应将身上的厚衣服脱掉，只穿内衣，防止衣服浸湿后成为累赘。

（6）注意观察水势，一定要避免跟着洪水顺势而下。要使自己尽力游至水面开阔的平缓地带，再伺机找树攀援歇息或高层的楼房进行躲避。

（7）水灾中的漩涡是最易吞噬人的。一旦发现自己顺着水势朝漩涡方向漂去，要忍痛舍弃承载物，奋力向可以抓住东西的方向游。如可抓住树枝、建筑物的栏杆等，然后等待救援。

（8）如果在水中浸泡时间过长，会有体冷现象发生，可以适当做些游泳姿势，以增加体热。但动作不可过猛，防止体力竭尽或产生抽筋、眩晕等病症。

第三节　滑坡、泥石流的安全防范

一、滑坡、泥石流概述

案例

2015年8月12日，陕西省某公司生活区附近突发山体滑坡，造成厂区15间职工宿舍、3间民房被埋，约60人失踪。

2015年8月，由于连日的强降雨导致黔东南苗族侗族自治州发生洪涝、泥石流等灾害，造成5人失踪，其中，黎平县泥石流灾害中失踪的2人已死亡，锦屏县失踪的3人仍下落不明。贵阳市、六盘水市、黔东南苗族侗族自治州等地19个县（区、市）18.4万人受灾，近1 500人紧急转移安置，500余人需紧急生活救助。灾害还造成300余间房屋倒塌，2 100余间房屋损坏。

点评

泥石流、山体滑坡是一种突然暴发的、破坏性极大的特殊灾害。而我国又是一个多山的国家，泥石流与山体滑坡的发生比较普遍，分布之广，危害之大。四川、云南、甘肃、陕西等地是全国泥石流和山体滑坡灾害最严重的省份。因此，只有掌握应对知识，才能在这种突发性灾难面前有效逃生，将灾难造成的危害降到最小。

(一) 滑坡

滑坡是指斜坡上某一部分岩体或土体在重力（包括岩土本身重力及地下水的动静压力）作用下，沿着一定的软弱结构面（带）产生剪切位移而整体地向斜坡下方移动的现象。

滑坡常发生在雨季或春季冰雪融化时。滑坡主要发生在山谷坡地、河流的岸坡及露天采矿场所。滑坡的活动时间主要与诱发滑坡的各种外界因素有关，如地震、降雨、冻融、海啸、风暴潮及人类活动等。多数滑坡，特别是大规模的滑坡会掩埋村镇，摧毁厂矿，破坏铁路和公路交通，堵塞江河，损坏农田和森林，从而给人类生命和经济建设带来危害。

(二) 泥石流

泥石流是在山区沟谷中，因暴雨、冰雪融化等水源激发的、含有大量泥沙石块的特殊洪流。泥石流是一种灾害性的地质现象，大多伴随山区洪水而出现。它与一般洪水的区别是泥石流中含有足够数量的泥、沙、石等固体碎屑物，其体积含水量最少为15%，最高可达80%左右。因此，泥石流比洪水更具有破坏力。

泥石流的形成必须同时具备以下三个条件：陡峻的、便于集水集物的地形地貌；丰富的松散物质；短时间内有大量的水源。

泥石流按其物质成分可分为三类：由大量黏性土和粒径不等的砂粒、石块组成的叫"泥石流"；以黏性土为主，含少量黏粒、石块，黏度大、成稠泥状的叫"泥流"；由水和大小不等的砂粒、石块组成的叫"水石流"。

泥石流对人类的危害包括毁坏房屋，危害人的生命，造成人员伤亡；危害公路、铁路和河道，中断交通；危害农作物，淤埋农田，造成农业减产减收。

二、滑坡、泥石流的防范

雨季往往是泥石流、山体滑坡的多发季节。因此，处于泥石流、山体滑坡多发地带的人们，更要多加警惕。

（1）养成每天收听天气预报的习惯。当地气象部门的天气预报，可以为防范泥石流灾害提供重要信息。如果白天降雨较多，晚上或夜间就应该密切注意雨情，最好提前转移、撤离。

（2）路经山谷地带时，留心观察周围环境，若道路两旁植被严重破坏，又突遇暴雨，切勿停留，要迅速转移至安全的地方。

（3）山区降雨普遍具有局部性特点，"一山分四季，十里不同天"，沟谷下游是晴天，沟谷上游可能是倾盆大雨。因此，即使在雨季的晴天，同样也要提防泥石流灾害。

（4）地质灾害大多发生在雨季，特别是深夜入睡时造成的损失更大。暴雨期间，夜晚不要在高危险区内留宿。

（5）如果在野外露营，要选择高处平坦、安全的地方，尽可能避开有滚石和易发生山体滑坡的坡地下边，不要在山谷及河沟底驻扎。切忌在危岩附近停留，不能在凹形陡坡、危岩突出的地方避雨、休息和穿行，不能攀登危岩。

（6）可能的情况下，应在避灾场所预先做好必要的物资准备：

①事先将部分生活用品转移到避灾场所。

②根据实际情况，适当地准备交通工具、通信工具、常用药品及雨具等。

③准备充足的食品和饮用水。

（7）地质专家告诉我们，泥石流、滑坡、崩塌的发生也有迹可循：

①坡度较陡或坡体成孤立山嘴或为凹形陡坡、坡体上有明显的裂缝、坡体前部有崩塌物，这说明曾经发生过滑坡或崩塌，今后还可能再次发生。

②河流突然断流或水势突然加大，并夹有较多柴草、树木，深谷或沟内传来类似火车的轰鸣或闷雷般的声音，沟谷深处突然变得昏暗，还有轻微震动感，这些迹象都表明沟谷上游已发生泥石流。

三、遇到滑坡、泥石流的自救

（1）根据各种现象判断泥石流发生之后，应立即逃跑，选择最短、最安全的路径向沟谷两侧山坡或高地跑，要向其垂直的方向逃生。爬得越高越好，跑得越快越好，绝不能向泥石流的流动方向或山体滑坡的方向跑。离山谷越远越好，不要在谷底过多停留。

（2）注意观察周围环境，特别留意是否听到远处山谷传来打雷般的声响，如听到要高度警惕，这很可能是泥石流将至的征兆，获取泥石流和山体滑坡的信息或发现地质灾害隐患之后，应立即搬迁、避让。

（3）一定要设法从房屋里跑出来到开阔地带，尽可能防止被埋压。

（4）不要停留在有滚石和大量堆积物的山坡及坡度大、土层厚的凹处。

（5）不要上树躲避，因为泥石流可扫除沿途一切障碍。

（6）避开河（沟）道弯曲的凹岸或地方狭小、高度又低的凸岸。

（7）不要躲在陡峻山体下，防止坡面泥石流或山体崩塌的发生。

（8）长时间降雨、暴雨渐小之后或雨刚停不能马上返回危险区，因为泥石流常滞后于暴雨。

（9）如果不幸被困，应注意不能饮用被污染了的水，以免中毒。

（10）食品不足时，少量进食维持生命；若食物短缺，应一边寻找山果等充饥，一边等待救援。

（11）如果不幸受伤，又找不到脱离险境的好办法时，应该尽量保存体力，不要乱动，以免使骨头错位，影响下一步治疗。

（12）用石块敲击能发出声响的物体，向外发出呼救信号，不要哭喊，保持体力，等待救援人员的到来。

小贴士

滑坡到来前周围事物有哪些变化

（1）当斜坡局部沉陷，而且该沉陷与地下存在的洞室及地面较厚的人工填土无关时，将有可能发生滑坡。

（2）山坡上建筑物变形，而且变形建筑物在空间展布上具有一定的规律，将有可能发生滑坡。

（3）泉水、井水的水质浑浊，原本干燥的地方突然渗水或出现泉水、蓄水池大量漏水时，将有可能发生滑坡。

（4）地下发生异常响声，同时家禽、家畜有异常反应，将有可能发生滑坡。

第四节　雷电灾害的安全防范

一、雷电灾害概述

案例

2008年6月，在浙江省淳安县文昌镇附近，一艘正在靠岸的船只被雷电击中，造成船上3人死亡，4人受伤。

点评

造成该雷击事故主要有以下三个原因。

（1）当时船在湖面上，相对宽广的湖面，船就是制高点，一旦有雷电出现时，很容易成为雷电落地的目标。

（2）湖面水汽充足，大量微小的水珠随对流运动容易产生大量电荷，给雷暴的产生创造了前提条件。

（3）船顶包着白铁皮，金属是导体，且船体没有完全屏蔽，就更容易被雷击中。

总之，雷电直接击中人时肯定会对人造成伤害，但有时即便没有被雷电直接击中，因为离雷击点很近也能造成事故。因此，要加强防备。

雷电是常见的自然现象，它实质上是天空中雷暴云中的火花放电，放电时产生的光就是闪电，闪电使空气受热迅速膨胀而发出巨大的雷声。在雷雨交加的天气里，很容易遭受雷击，严重时还可能致人死亡。

雷电对人体的伤害，有电流的直接作用、超压或动力作用，以及高温作用。当人遭受电击的一瞬间，电流迅速通过人体，重者可导致心跳、呼吸停止，脑组织缺氧而死亡。另外，雷击时产生的火花，也会造成不同程度的皮肤烧灼伤。

如被雷电击伤，也可使人体出现树枝状雷击纹，表皮剥脱，皮内出血；也能造成耳鼓膜或内脏破裂等。

二、雷电灾害的防范

雷电灾害是我们无法控制的一种自然灾害，但如果掌握一定的避雷知识，在不同情况下选择合适的方式保护自己，就可以将伤害降到最小。

（一）室内预防雷击

（1）雷雨天应紧闭门窗，尽量离窗户远一点，不靠近屋舍的外围墙，防止雷电窜入室内造成危害。

（2）雷雨时，尽量不用电器、不打电话、不看电视、不听广播、不使用电脑，关闭使用中的电器，拔掉电源插座，不用手接触或靠近电源线，以防止这些线路和设备对人体的二次放电。

（3）雷雨时远离门窗、炉灶和烟囱等，不要靠近室内的金属设备，如暖气片、自来水管、煤气管、下水管等。

（4）不要穿潮湿的衣服，不要靠近潮湿的墙壁。不宜在雷电交加时用喷头冲凉，因为巨大的雷电会沿着水流袭击淋浴者。

（二）室外预防雷击

雷电通常会击中户外最高的物体尖顶，所以孤立的高大树木或建筑物往往最易遭雷击。雷电大作时，人们在户外应遵守以下规则。

（1）雷雨天气时不要停留在高楼平台上，在户外空旷处不宜进入孤立的棚屋、亭台等。最好躲入一栋装有金属门窗或设有避雷针的建筑物内。一辆金属车身的汽车也是最好的"避雷所"，一旦这些建筑物或汽车被雷击中，它们的金属构架或避雷装置及金属本身会将闪电电流导入地下，即利用避雷装置将雷电流引入大地。

（2）远离建筑物外露的水管、煤气管、高压电线及孤立的高楼、烟囱、电杆、大树、旗杆等。

（3）在郊区或露天作业时，如果手中有导电的物体（如铁锹、金属杆雨伞），要迅速抛到远处，千万不能拿着这些物品在旷野中奔跑，否则会成为雷击的目标。不要穿潮湿的衣服靠近或站在露天金属商品的货垛上。

（4）不宜在大树下躲避雷雨，如万不得已，至少要与树干保持3米距离，下蹲，双脚并拢，双臂抱膝下蹲，头部下俯，身向前屈，尽量降低身体的高度。

（5）雷雨天气时在高山顶上不要开手机，更不要用手机打电话。

（6）雷雨天不要触摸和接近避雷装置的接地导线。

（7）在雷雨天气，不要去江、河、湖里游泳、划船、垂钓等。

（8）在户外躲避雷雨时，应注意不要用手撑地，可同时双手抱膝，胸口紧贴膝盖，尽量低头。

（9）如果在户外遭遇雷雨，来不及离开高大物体时。应马上找些干燥的绝缘物放在地上，并将双脚合拢站在上面，切勿将脚放在绝缘物以外的地面上。

（10）如果在雷电交加时，头、颈、手处有蚂蚁爬的感觉，头发竖起，说明将发生雷击，应赶紧趴在地上，这样可以减少遭雷击的危险，并迅速取掉身上佩戴的金属饰品，如发卡、项链等。

（11）在雷雨天气中，不宜在旷野中打伞，或高举羽毛球拍、高尔夫球杆、锄头等；不宜进行户外球类运动，雷暴天气进行高尔夫球、足球等运动是非常危险的；不宜在水面和水边停留；不宜在河边洗衣服、钓鱼、游泳、玩耍。

（12）在雷雨天气中，不宜快速开摩托、快骑自行车和在雨中狂奔，因为身体的跨步越大，电压就越大，也越容易伤人。

（13）如果在户外看到高压线遭雷击断裂，应提高警惕，因为高压线断点附近存在跨步电压，身处附近的人此时千万不要跑动，而应双脚并拢，跳离现场。

三、遭受雷击时的急救常识

强大的雷电电流通过人体时，对人体的主要危险不是灼伤而是神经和心脏停搏。人体受雷电电流冲击后，心脏跳动速率极不规则，出现停跳或者颤动，血液循环中止，造成脑神经损伤，人在几分钟内就可能死亡。如果抢救及时，如做人工呼吸、心肺复苏来恢复心跳和呼吸，则有复活的可能。

（1）人体在遭受雷击后，往往会出现"假死"状态，此时应采取紧急措施进行抢救。首先是就地进行人工呼吸和胸外心脏按压，积极进行现场抢救。雷击后进行人工呼吸的时间越早，对伤者的身体恢复越好，因为人脑缺氧时间超过十几分钟就会有致命危险。

（2）应对伤者进行心脏按压，并迅速通知医院进行抢救处理。

（3）如果遭受雷击后引起衣服着火，一定不要惊慌和奔跑，否则火会越烧越旺。要立即躺下，以免烧及面部，并往伤者身上泼水；或者用厚外衣、毯子等把伤者裹住，以扑灭火焰。

（4）要注意给病人保温。若有狂躁不安、痉挛抽搐等症状时，还要为头部冷敷。对电灼伤的部位，在急救条件下，只需保持干燥或包扎即可。

> **小贴士**
>
> 雷击易发生在哪些地点
>
> （1）缺少避雷设备或避雷设备不合格的高大建筑物、储罐等。
> （2）没有良好接地的金属屋顶。
> （3）潮湿或空旷地区的建筑物、树木等。
> （4）由于烟气的导电性，烟囱特别易遭雷击。
> （5）建筑物上有无线电而又没有避雷器和没有良好接地措施的地方。

第五节　雪灾的安全防范

一、雪灾概述

案例

2020年10月31日，某大学的8名学生相约从西安附近的石砭峪进山完成一次简单的徒步穿越，天气好的话一天就能完成，但当日山中下大雪，路况非常差。周日晚自习点名时，几人都未返校，学校联系家属并向辖区派出所报警。派出所接到报警后，与当地向导研究救援路线的同时，联系了省紧急救援协会应急通信指挥中心、应急搜救指挥中心等几家民间救援组织，11月1日晚连夜进山救援。这几名学生被困山中，路被挡住了，再加上手机没信号，好在他们带了两个对讲机，通过应急救援频率与救援人员取得联系，救援人员跟学生们会合后，将他们护送下山。

点评

该案例给我们以下三个方面的警示。

（1）进入下雪情况较多的地区时，应提前注意天气预报，并在登山过程中随时留意实时的天气预报及周围的天气环境，若发现天气有变，应尽可能及时退出，返回安全地带。

（2）出发前最好能告知亲友或老师自己的去处，并约定大致的归来时间。若在约定时间未归来，则可能是遇到危险，此时可由亲友或老师及时报警并救援。

（3）山中没有手机信号的情况很常见，另外在遇到暴风雪等极端天气的情况时，一些通信设施也可能遭到损毁而无法正常工作。因此，应携带对讲机等通信工具，便于救援人员进行联系和搜救。

雪灾也称白灾，是因长时间大量降雪造成大范围积雪成灾的自然现象。

根据我国雪灾的形成条件、分布范围和表现形式，将雪灾分为三种类型：雪崩、风吹雪灾害（风雪流）和牧区雪灾。

冬雪一般始于10月，春雪一般终于4月。危害较重的，一般是秋末冬初大雪形成的所谓"坐冬雪"。随后又不断有降雪过程，使积雪越来越厚。

暴雪会阻塞道路，影响交通，还易压断通信、输电线路，导致通信中断，停电停水，能源短缺；同时，暴雪过后往往伴随大风降温天气，如不及时采取防范措施，灾害程度将会加剧。

二、雪灾的预防

（1）及时关注气象部门发布的关于暴雪的预报信息。

（2）暴雪来临之前，尽量待在室内，减少外出活动并及时调整出行计划，因为机场、码头、高速公路都可能停航或封闭。

（3）做好防寒保暖准备，储存足够的食物、水、衣物、燃料、雪地用品及药物等。

（4）不要待在不结实或不安全的建筑物内。

三、遭遇暴雪的自救

（1）暴雪发生时，最好待在屋子里。暴雪中不要去铲雪或在雪中长时间行走，在极度寒冷的环境下，过多的流汗会使体温降低。

（2）如需外出，最好戴防雪盲眼镜，外层穿上防水衣，戴上帽子，注意保暖；行走过程中，留心掉下来的电线和雪地里的凸出物体，小心滑倒。

（3）暴雪来临时，注意节省能源，因为可能会出现能源供应系统瘫痪的情况。

（4）雪天骑自行车或开车，应给轮胎少量放气，以增加轮胎与路面的摩擦力。

四、遭遇雪崩的自救

在积雪很厚的山间，有可能发生雪崩。为了尽可能减少和避免雪崩所造成的损失，应掌握一些安全保护方法。

（1）大雪过后，最好不要进入山间。如果一定要进入山间，也不要单独行动。外出时必须在规定的时间并按预定的路线行动，以便发生雪崩后其他人员进行救护。

（2）雪崩的速度可达每小时200千米。遇到雪崩时，切勿向山下跑，而应该向山坡两边或地势较高的地方跑。

（3）来不及躲避雪崩时，闭口屏气是唯一的选择，因为气浪的冲击比雪团本身更可怕。雪崩时大量的积雪会往下泻，如果雪崩不是很大，你可以抓住树木、岩石等坚固物体，待冰雪泻完后，便可脱险。如果被冲下山坡，一定要设法爬到冰雪表面，同时以仰泳或狗刨式泳姿逆流而上，逃向雪流边缘。

（4）在雪崩板块破裂使你跌倒之前，赶快以45°角向下侧方逃离。

（5）如果雪崩已经发生了，用爬行姿势在雪崩面的底部活动，丢掉包裹、雪橇、手杖或者其他累赘，覆盖住口、鼻部分，以免把雪吞下。

（6）如果跌倒、翻滚，要抓住树干或者其他安全的物体，采用游泳姿势，尽力保持浮在流雪上面。

（7）当雪流开始减速时，清理自己眼前的呼吸通道，努力把一只手伸出雪面，保持镇定。

（8）若被雪掩埋，则应冷静下来，让口水流出以判断上下方向，然后奋力向上挖掘。因为雪崩停止数分钟后，碎雪就会凝成硬块，手脚活动困难，逃生难度更大。

（9）如果雪堆很大，一时无法破雪而出，就双手抱头，尽量给自己创造最大的呼吸空间。

小贴士

如何避免雪盲

所谓雪盲，是指当晴日阳光普照到茫茫白雪上时，其折射或反射出的光亮度导致眼部损伤，诱发奇痒、刺痛、畏光（怕光）、流泪、眼睛充血、水肿，以致短暂视物模糊不清，这一系列症状及体征表现称为"雪盲症"。

（1）在观赏雪景或在雪地里行走时，最好戴上黑色的太阳镜或防护眼镜，这样就可避免雪地反射的紫外线伤害眼睛。

（2）雪后外出前后应服用维生素A胶丸、鱼肝油、维生素E或复合B族维生素药片；在食品的选择上可多食些动物肝脏、胡萝卜、番茄、洋葱、莲子心、木耳等。

（3）一旦得了雪盲症，可用鲜牛奶滴眼，每次5~6滴。每隔3~5分钟滴一次，使用的牛奶要煮沸、冷透了才可用。也可以用药水清洗眼睛，还可以到黑暗处或以眼罩蒙住眼睛，用冷毛巾冰敷。

第六节　冻雨灾害的安全防范

一、冻雨灾害概述

> **案例**
>
> 2008年1月，我国南方的湖南、广东、广西、贵州等部分地区遭遇冻雨，导致路面结冰，我国南北大动脉——京珠高速湖南段出现交通堵塞。湖南郴州市电缆、电塔等大部分压断、倒塌，导致郴州市停水停电8天。
>
> 此次灾害导致贵州黔东南大部分农村停电长达20天以上，直至农历2009年正月初一才恢复用电。居民生产生活严重受损，当地人都说这种天气50年难得一遇。
>
> **点评**
>
> 近年来气象灾害频发，给人民的生命财产带来极大的伤害。冻雨造成的人员伤亡较少，但是给人们的日常生活带来极大不便。为此，我们应了解冻雨的防范知识，加强对冻雨的防备。

冻雨是初冬或初春时节可能出现的一种天气现象，在南方俗称"下冰凌"，在北方称为"地油子"。低于0℃的雨滴在温度略低于0℃的空气中能够保持过冷状态，其外观同一般雨滴相同，当它落到温度为0℃以下的物体上时，立刻冻结成外表光滑而透明的冰层，称为"雨凇"。严重的雨凇会压断树木、电线杆，使通信、供电中止，妨碍公路和铁路交通，威胁飞机的飞行安全。

冻雨的危害主要包括输电、通信中断；交通受阻；在农业上，大田结冰，会冻坏返青的冬麦，或冻死早春播种的作物幼苗；冻雨还能大面积地破坏幼林、冻伤果树等。冻雨扰乱了人们的日常生活，严重的冻雨还会把房子压塌。

二、应对冻雨灾害的注意事项

（1）注意收听天气预报和交通信息，避免因机场、铁路、高速公路、轮渡码头等停航、延迟或封闭而耽误出行。

（2）在冻雨天气里，人们应尽量减少外出，如果外出，要采取防寒保暖和防滑措施。行人要注意远离或避让机动车和非机动车辆。

（3）出门当心路滑跌倒，特别是要尽量少骑自行车。

（4）乘车时要注意路况，乘坐采取防滑措施（如装防滑链）的车辆。

（5）在室外，要远离广告牌、临时搭建物和老树，避免被砸伤。

（6）路过桥下、屋檐等处时，要小心观察或绕道通过，以免因冰凌融化脱落伤人。

（7）不要在结冰的操场或空地上过久逗留，也要避免在结冰的地方锻炼身体。

（8）司机在冻雨天气里要减速慢行，不要超车、加速、急转弯或者紧急制动，应及时安装轮胎防滑链。

三、遭遇冻雨灾害的自救

（1）如果有出血现象，应立即用比较清洁的布类包扎伤口止血。

（2）造成骨折，若无专业救护知识，不要随意移动伤者，应立即与医院联系请求救护，同时注意伤者的保暖。

（3）将伤者迅速搬离低温现场和冰冻物体，移至室内。

（4）如果衣服与人体冻结在一起，应用温水融化后再轻轻脱去衣服。

（5）保持冻伤部位清洁，外涂冻伤膏；冻伤部位不要用热水泡或用火烤。

（6）加盖衣物、毛毯以保温。

（7）尽快去医院治疗。

> **小贴士**
>
> ### 冻雨天气滞留车站怎么办
>
> 冻雨天气如果被迫在火车站或长途汽车站滞留，最常出现的情况是因长时间寒冷、疲劳、饥饿而引起的体温过低。体温过低的预防措施首先是防止体热的大量散失，其次是提高机体对寒冷的适应能力。具体方法有以下几种。
>
> **1. 注意着装保暖**
>
> 冻雨天气下，大学生回家或返校途中尽量穿防寒服。防寒服隔热值高、携带方便，既能防风，又能防水，是一种理想的防寒用具。衣服要扎紧袖口、裤口，扣上领口，放下帽耳，戴好手套。同时，保持服装的通气性相当重要。衣服不可穿得过紧，这样不仅不会使人感到暖和，反而会感到寒冷、难受。穿一件厚衣服不如多穿几层薄衣服，这样有更多的空气层，保温效果会更好。要保持服装的干燥，淋湿或汗湿的衣服要及时烘干，衣服上的冰雪要及时抖掉。
>
> **2. 寒从脚下起**
>
> 鞋的材料要选通气性好的，如帆布、皮革等。穿橡胶与塑料鞋，脚在出汗以后，易发生冻伤。硬而紧的鞋妨碍脚部的血液循环，也易发生冻伤。脚趾有麻木感，是冻伤的预兆，可做踏步运动，以促进血液循环。
>
> **3. 经常活动、按摩**
>
> 要尽量减少皮肤暴露。对易于发生冻疮的部位，要经常活动或按摩，避免接触导热快的物品。如赤手与金属接触或臀部与雪接触，可使热量加速散失，引起局部冻伤。体温过低时，身体就难以再次自我加热。因此，需从体外加热。但如果进行体外快速加热，会促使身体某些部位冰冷的血液在更大范围内流动，进一步加重病情。这种情况下，可将导热物体放在以

下部位：腰背部、胃部、腋窝、后颈、腕部、裆部，因这些部位血流接近体表，可携带热量进入体内。

4. 及时补充能量

人体在寒冷的环境中要保持体温，就必然会增加代谢，只有增加营养物质的摄取量才能满足人体需要。因而高热量的蛋白质、脂肪类的食物摄取应该比平常多些。酒精和水不能产生热量，寒冷时绝对不要饮酒。

第七节　风灾的安全防范

一、风灾概述

案例

2022年9月，强台风"梅花"在中国东南沿海的福建省和浙江省造成严重破坏。据福建、浙江两省民政厅报告，受"梅花"台风及其残留云系影响，两省大部分地区出现大暴雨和特大暴雨。截至10月，已造成福建福州、厦门、莆田等8市53个县121万人受灾，7人受伤，32万人紧急转移安置，700余间房屋倒塌，2.8万余间房屋不同程度损坏。由官方发布的统计数据显示，此次强风，确认造成的死亡人数为14人，受灾人数200多万。

点评

台风和热风暴主要是借助大风对人和物造成伤害。因此，在大风来临之前，最好待在室内，避免外出遭受台风袭击。外出旅游时，也要注意观察天气情况，确保没有台风、龙卷风等天气再外出。尤其是前往台湾、海南等有过台风袭击事件发生的省份或城市时，需要特别注意。

风对人类的生活具有很大影响，它可以用来发电，帮助降温和传授植物花粉。当风速和风力超过一定限度时，它也可以给人类带来巨大灾害。学习和了解风的基本知识，掌握防御风灾的方法是提高防护技能的一条重要途径。

平均风力达6级或以上（即风速达10.8m/s以上），瞬时风力达8级或以上（风速大于17.8m/s）或对生活生产造成严重影响的风被称为"大风"。在我国，东南沿海是受风灾最为严重的区域。

大风除有时会造成少量人员伤亡、失踪外，主要破坏房屋、车辆、船舶、树木、农作物及通信、电力设施等，由此造成的灾害被称为"风灾"。

风灾的常见类型有台风、龙卷风、飓风三种。

（一）台风

台风是指中心附近最大风力12级或以上（风速32.7m/s或以上）的风。台风作为一种强烈旋转的空气旋涡，在北半球逆时针旋转，在南半球顺时针旋转，常常带来狂风暴雨和强烈的风暴潮，是一种极其严重的自然灾害。

台风预警信号

我国是受台风危害最严重的国家之一。台风的致灾特点表现为突发性强、强度大、群发性显著，往往1~2个小时或1~2天内造成山洪暴发、江河陡涨、桥梁被冲毁、农田被淹等财产损失，对人造成伤亡事故。

（二）龙卷风

龙卷风是指风力极强而范围不大的旋风，自积雨云中下伸的漏斗状云体。形状像一个大漏斗，轴线一般垂直于地面。在发展的后期，因上下层风速相差较大，可成倾斜状或弯曲状。龙卷风登陆时，能把大树连根拔起，毁坏各种建筑物和农作物，甚至把人、畜一并卷起。在海洋上，可以把海水吸到空中，形成水柱。这种风范围小，但造成的灾情却很严重。

（三）飓风

飓风是指发生在大西洋和东太平洋地区的热带空气旋涡，是一种极强的风暴，相当于西太平洋上的台风。可高出地面10米，平均风速大于32.7m/s。

二、风灾的防范

风灾是一种极端天气现象，要采取措施积极应对，加以防护，尽量减少灾害造成的人员伤亡和财产损失。

（一）风灾的基本防范

（1）加固堤防和各种危险建筑设施，特别是在台风季节到来之前，应全面检查安全设施，消除各种隐患。

（2）积极开展植树造林，兴修水利，改善生态环境及气象条件，增强综合抗风灾的能力。大面积种植防风林，以减轻台风等的破坏力。

（二）城市里防范风灾的措施

（1）气象台根据台风可能产生的影响，在预报时采用"消息""警报"和"紧急警报"三种形式向社会发布；同时，按台风可能造成的影响程度，从轻到重向社会发布蓝、黄、橙、红四色台风预警信号。公众应密切关注媒体有关台风的报道，及时采取预防措施。

（2）台风来临前，应准备好手电筒、收音机、食物、饮用水及常用药品等，以备急需。

（3）关好门窗，检查门窗是否坚固；取下悬挂的东西；检查电路、炉火、煤气等设施是否安全。

（4）将养在室外的动植物及其他物品移至室内，特别应将楼顶的杂物搬进来；室外易被吹动的东西要加固。

（5）不要去台风经过的地区旅游，更不要在台风影响期间到海滩游泳或驾船出海。

（6）住在低洼地区的人员要及时转移到安全住所。

（7）及时清理排水管道，保持排水畅通。

（8）遇到危险时，应拨打当地政府的防灾电话求救。

（三）沿海地区防范台风的措施

（1）台风引发的风暴潮容易冲毁海塘、码头、护岸等设施，甚至可能直接冲走附近的人。台风来临前，所有危险地段的人员都应及时转移。

（2）台风来临时，千万不要在河、湖、海的堤岸或桥上行走，不要在强风影响区域开车。

（3）台风带来的暴雨容易引发洪水、山体滑坡、泥石流等灾害，发现危险征兆应及早转移。

三、遭遇风灾的自救

（一）大风到来时

（1）当气象部门发布白色、绿色台风预警信号时。

①要经常收听或收看广播、电视节目，以了解最新的热带气旋动态。

②保养好家用交通工具，加足燃料，以备紧急转移。

③检查并加固房屋的固定物及其他危险部位；检查并且准备关好门窗，迎风面的门窗应加装防风板，以防玻璃破碎；检查电力设施、设备和家用电器，注意炉火、煤气、液化气的安全，以防火灾。

④检查电池、直流电收音机及储备罐装食品、饮用水和药品，准备一定的现金。

⑤清扫屋外排水沟及屋顶排水孔，以防阻塞积水。

⑥如居住河边或低洼地带，应预防河水泛滥，及早撤到较高地区；如果居住在移动房、海岸线上、山坡上等容易被洪水或泥石流冲击的房屋里，要时刻准备撤离该地。

⑦屋外各种悬挂物体应立即取下或钉牢，并修剪树枝，以防暴风吹毁伤人。

⑧风势突然停止时可能正处于大风眼时刻，不可贸然外出。确需行走时，应避开危险建筑、高层建筑与高层建筑之间的道路等。徒步者可选择雨衣作雨具，应少使用雨伞；骑车者应下车步行，以免失去控制；开车者应减速慢行，注意加强观察，并避免将车辆停放在低地、桥梁、路肩及树下，以防淹水、塌方或压损。

⑨遇到紧急情况，可拨打"110""119""120"等特服电话。

（2）当发布黄、红、黑色信号时。

①听从当地政府部门的安排。

②如需离开住所，要尽快离开，并且尽量和朋友、家人在一起，到地势比较高的坚固房子，或到事先指定的洪水区域以外的地区。

③无论如何都要离开移动房屋、危房、简易棚、铁皮屋；不能靠在围墙旁避风，以免围墙被

台风刮倒导致人员伤亡。

④把自己的撤离计划通知邻居和在警报区以外的家人或亲戚。

⑤千万不要为了赶时间而冒险蹚过水流湍急的河沟。

⑥如果被通知撤离，就应立即执行。

（二）当大风信号解除后

（1）要坚持收听电台广播、收看电视，当撤离的地区被宣布安全时，才可以返回该地区。

（2）如果遇到路障或者是被洪水淹没的道路，要绕道而行。

（3）要避免走不坚固的桥。

（4）不要开车进入洪水暴发区域。那些静止的水域很有可能因为地下电缆或者是垂下来的电线而具有导电性。

（5）要仔细检查煤气、水及电线线路的安全性，断落电线不可触摸，应通知电力部门检修。

（6）检查房屋结构是否损坏。

（7）在不能确定自来水是否被污染之前，不要喝自来水或者用来做饭。

（8）避免在房间内使用蜡烛或者有火焰的燃具，而要使用手电筒。

（9）在生命遇到危险时，要用电话求救。

（10）要及时排除积水，实施消毒，防止病害。

小贴士

如何识别龙卷风？如驾车时遭遇龙卷风，躲在车内安全吗

龙卷风除了有雷雨云（积雨云）的一般特征外，主要表现为云底再现乌黑的滚轴状云。当见到云底有漏斗云伸下来时，龙卷风就出现了。它的旋转速度很快，但它的移动速度开始并不快，慢的只有8千米/小时，快的也只有十几千米到几十千米/小时，人们开始还来得及躲避。当龙卷风正面袭来时，都有一种巨大的呼啸声，亲自经历的人说"像千万条蛇发出的嘶嘶声"，有的说"像几十架喷气式飞机或坦克在刺耳地吼叫"，有的说类似火车头和汽船的叫声。这种声音由远及近，沉闷逼人。如果听到这种声音，表示龙卷风就要来了，要马上采取各种安全措施。

驾驶或乘坐汽车外出遇到龙卷风时，千万不能开车躲避，也不要在汽车中躲避，因为汽车对龙卷风几乎没有防御能力，应立即离开汽车，到低洼地躲避。

第九章 就业安全

第一节 大学生就业面临的安全问题

案例

江西于都县大学生刘某从湖南某大学毕业后，在回家的火车上，与一名陌生中年男子聊了起来，而且越聊越投机，于是便把自己找工作的烦恼跟他倾诉了一番。中年男子听后便掏出一张名片给刘某说："我是某公司的总经理，我发现你谈吐不凡、充满智慧，有意聘你到我公司上班，你把你的家庭情况和联系方式告诉我，我回公司后让人力部门与你联系。"当天中午，刘某家人接到一个电话，一个男子说，他是刘某的同学，一起准备搭火车回家，在火车站刘某被一辆汽车撞飞，肇事车辆逃逸，刘某正在医院抢救，医生让家属赶紧交2万元的住院费。刘某的家人听后有些怀疑，为验证这名同学的身份，提了好几个问题，对方都回答得清清楚楚，而且对方把刘某的家庭情况简要说了一遍。刘某的家人相信了，急忙凑了2万元，按照对方提供的账号汇了过去。钱刚汇出去，刘某就到家了，家人才反应过来是上了骗子的当。

点评

这个案例属于典型的利用大学生求职难的问题，以招聘为诱饵，骗取大学生的个人和家庭信息，并以此骗取刘某家人的信任，骗取了大量钱财。而刘某在这个过程中，轻易地相信了陌生人的话，而没有进行实际的求证，甚至还提供了家庭信息和联系方式，这才给了不法分子可乘之机。

随着我国高等教育大众化时代的到来，高等院校毕业生就业问题已成为社会关注的热点。大学生作为国家建设的后备人才，其顺利安全就业不仅关系到人才强国战略的落实，同时也关系到人民群众的根本利益，更是社会长治久安的一项重要工作。但在经济社会转型期，一些不法分子利用大学毕业生数量增加和就业压力增大的机会，巧设名目，设置求职陷阱，让求职大学生受到欺骗和损失。面对这些问题，大学生应在就业过程中提高警惕，增强自我防范意识，实现平安就业。

一、人身安全

(一) 踩踏事件

前几年，某些大型招聘会的主办方为了扩大影响，获取更多的经济利益，在媒体上大肆使用"万人招聘会"的字眼，以吸引更多的毕业生和用人单位入场。在这些大型招聘会上，出现过几千名大学生应聘一个岗位的情况，不仅双选效果差，而且可能会发生安全问题，如毕业生与检票人员、保安人员发生冲突，砸毁招聘摊位，发生学生被踩伤、撞伤的情况。所以，现在各地都吸取经验教训，一般不再举办大型综合性的招聘会，改为举办一些分科类、分行业的中小型招聘会，以有效地解决参会人员过多带来的安全隐患。

(二) 心理安全

就业压力的增大，使一部分毕业生存在就业心理障碍，表现为焦虑、恐惧、忧郁、冷漠、固执、暴躁、消沉等，情绪色彩强烈，如不积极加以疏导，极易导致各类安全问题。

二、财产安全

案例

即将从某学校毕业的学生韩某，为了找到一个合适的工作，连日奔波。这时候，她看到一家企业的招聘启事，经过初步了解，这家公司提供的岗位是商场里的导购员，前两个月为实习期，月工资6 000元加提成，转正后月工资8 000元加提成，营业情况好时，每个月的收入可以达到20 000元左右。这样的待遇，韩某很是心动。但进这家公司之前每人要收取500元的保证金，用于制作工作服，离开公司时，500元可以如数退还。韩某犹豫不决，害怕是骗局，但转念一想，这家公司是在比较正规的人才市场发布的消息，应该不会有问题。为了慎重起见，韩某决定等一等。一连几个星期，韩某发现，这家公司仍然一如既往地在人才市场上招聘工作人员，不仅如此，当地一家较有影响的地方报纸也发布了这家公司的招聘启事。于是，韩某来到了公司的办公地点参加面试，同时还来了许多重点大学的毕业生。韩某没有怀疑便交了500元服装保证金。当韩某来到公司约定的办公地点参加培训时却发现，公司和主管人员早已没了踪影。

点评

随着就业市场化的推进，招聘、求职活动日益复杂化，社会上的不法分子利用大学生求职心切和社会阅历较浅的特点，变相向大学毕业生收取各种费用，甚至针对大学毕业生进行诈骗。

(一) 收费陷阱

一些培训机构承诺大学生参加培训就能"保证就业"甚至"高薪就业"，实际上是陷阱重重。

其一，收了培训费仍然无工作。有些培训机构以"保证就业""高薪就业"的名义引诱大学生交了培训费，但培训结束后，要么以种种理由不给安排就业，要么被推荐到一些工资待遇不高、层次较低的企业。其二，培训机构与用人单位联手坑害大学生。有些用人单位要求新进大学生必须经过某机构培训，考核合格才能录用。花费不少的大学生经过培训，考核过关者却寥寥无几。即便考核过关被录用者也难逃厄运，仍会被以各种理由辞退。

一些中介公司利用毕业生急于找工作，又苦于没有机会，从而寻求中介帮助的机会，打着给求职者介绍工作的旗号，收取求职者各种费用，如信息登记费、报名费、中介费、推荐费等，当它们填饱钱袋后就人去楼空。或者虚构一些职位引诱毕业生上钩，收取费用后，随意从网络报纸杂志上摘抄一些招聘信息提供给求职者，要么同一些小公司串谋让毕业生去面试，最终都以毕业生自身能力不足为由，推脱自己的责任。这样的中介公司一般都是几个人、几张桌子、一间小屋，从业人员自身都没有很高的素质，根本不具备为大学毕业生找工作的能力。

虽然国家规定严禁招聘单位在大学生就业过程中收取费用，但是大学毕业生还是经常碰到用人单位的诱导收费情况。这些押金、考试费、手续费、工本费实际上是不需要支付的。因此，大学毕业生不要因为就业形势严峻就去盲目支付用人单位的变相费用。

（二）合同协议陷阱

（1）就业协议陷阱。大学毕业生按要求要与用人单位签订三方就业协议，任何一方违约都要承担违约责任。但三方协议只是一个初步的就业意向，并没有详细的工作岗位、待遇、报酬等细节。有的用人单位就利用这一点，在签协议前许诺各种好的工作条件，等到毕业生去单位签订劳动合同时，用人单位擅自降低毕业生待遇，达不到以前承诺的条件，毕业生要离开的话又要承担违反就业协议的责任。

劳动合同的变更、解除、终止

（2）合同陷阱。每个大学毕业生对于劳动合同都不陌生，然而对什么样的劳动合同才能够保障自身的合法权益却不清楚。就业中最常见的合同陷阱大致有四种：一是口头合同，即一些用人单位就责任、权利、利益与求职者达成口头协议，不签订书面合同，一旦有任何问题，口头约定即化为泡影；二是格式合同，即一些用人单位按照国家有关法律规定或劳动部门制定的劳动合同范本与求职者签订合同，这种合同从表面上看无可挑剔，可具体条款往往含糊不清，甚至可以有多种解释，一旦发生劳务纠纷，签订的劳动合同丝毫也帮助不到应聘者，反而常常成为用人单位为自己推脱责任的武器；三是单方合同，即某些用人单位在与毕业生签订劳动合同时，只约定求职者有哪些义务，违约需要承担哪些责任，而对应聘者的权利却只字不提；四是"两张皮"合同，即一些用人单位为躲避监管部门的检查，往往与应聘者签订两份合同，一份是用来应付劳动部门的检查，另一份才是双方需要履行的合同，而其中经常出现一些侵害就业者合法权益的条款。

（三）试用期陷阱

招聘单位利用试用期骗取廉价劳动力，在试用期即将结束时便以各种理由辞退求职者，而不用承担任何法律责任，并再一次以很少的薪水继续招聘同样也不会熬过试用期的新人。周而复始，以此来降低企业运营成本。

（四）薪酬陷阱

一些招聘单位打着"高薪诚聘"的诱人广告，或任意延长工作时间、增加工作量，或在月底兑现时借口业绩不合格、工作失误来扣除实习大学生部分薪酬。很多应聘销售岗位的毕业生就被公司的责任底薪忽悠了，干完一个月有时连工资都领不到，因为无法完成故意拔高的、指定的工作业绩，反而被说成是求职者能力不够，这也是无良心的公司故意混淆工作报酬的惯用伎俩。还有的单位以考察毕业生专业能力为借口，让应聘者完成某项工作，如编一个小程序、设计一个广告、改造一个工艺流程等，一旦工作完成后，便以条件不符为由，拒绝录用。

> **案例**
>
> 白某是内蒙古某职业院校的一名计算机专业应届毕业生，编程能力很强。在学校举办的一次大型双选会上，以优异的专业成绩和实习单位较高的评价，被一家小有名气的内资IT企业相中，并很快签订用人合同，双方商定试用期为3个月，试用期间月薪为5 000元。当其他同学还在为找工作东奔西走时，满心欢喜的她已经开始上班了。可是天有不测风云，谁承想，刚结束春节休假上班的白某一到公司，便接到人事部门一纸解约通知，称"通过试用，发现白某不适合在本公司工作，决定解除双方的试用合同……"公司的决定，让她感到非常突然，"就在春节前，她通宵达旦，加班加点设计出来的一个财会软件还受到部门经理的夸奖，怎么突然就变卦了呢？"她感到十分不解。后来，一位共过事的公司员工向她道明了事情的真相："公司根本没想要你这个人，只是需要你设计的软件，公司只是想无偿占有你开发的软件而已。"白某才幡然醒悟，原来自己天真地掉进了用人单位设下的就业陷阱中。

三、信息安全

在网络信息飞速发展的背景下，大到国家机密，小到个人信息，信息安全问题已经成为人们关心的重要问题。

（一）信息的有效性

真实的就业需求信息和大学生个人信息得到有效保护是确保大学生顺利就业的首要前提，在很大程度上，就业信息的可靠性决定着大学生的就业安全。没有安全的就业信息，大学生的安全就业就很难实现。

（二）虚假招聘信息

有些公司将实际上所需的"业务员"说成是招聘"业务经理""市场总监"。在招聘时给毕业生许以高薪等优厚待遇，但实际情况与之相差甚远。部分不良用人单位打着招聘的幌子，收集毕业生的个人信息，将其出卖以牟取非法所得。甚至一些企事业单位为应付政府的号召和要求，到就业"双选会"或者毕业生人才市场凑数、走过场，即使与毕业生签订了就业协议或意向书，待毕业生到单位报到时却以各种借口拒绝。

（三）信息泄露

在一些招聘会场上，人们常看到大学生的简历被随意丢弃在地上，许多网站提供的求职者登记简历，不需要任何身份认证便可随意浏览个人资料、联系方式等信息。大学生个人信息的随意泄露可能会给求职者带来意想不到的麻烦。若大学生的个人信息过多地被泄露，有可能沦为欠费、欠款、担保等各种形式的债务人，甚至成为被诈骗、敲诈勒索的对象。鉴于此，大学生对告知用人单位自己的信息持审慎的态度是值得提倡的。

四、就业公平

大学毕业生都享有平等的就业权利和资格，用人单位不能以任何理由侵害大学生的平等就业权。然而，社会上存在着许多大学生就业不公平的现象。

大学毕业生就业时，部分用人单位会对毕业生的性别、容貌、身高、年龄等做出要求或限制，不符合条件者没有资格获得工作，这在一定程度上是对平等就业权的侵害。

另外，在一些行业内，存在着主要招聘员工子女的情况；一些地区为了解决本地区的就业问题，都以各自生源地的大学毕业生为主要招聘对象，对非本地户籍的毕业生则往往不予考虑；还有一些用人单位在他们的招聘信息中往往都带有"大学本科学历及以上""毕业于211院校"等条件要求。这些情况都损害了大学毕业生的平等就业权。

第二节　大学生就业权益的安全保障

一、就业权益

大学毕业生就业制度改革正逐步走向市场化、法制化，大学毕业生在整个求职择业过程中应提高法律意识，自觉遵守市场规则，学会运用法律武器保护自己的合法权益。根据目前大学生就业政策和有关法律、法规的规定，毕业生在求职就业过程中主要享有以下几方面的权益。

（1）接受就业指导权。《中华人民共和国高等教育法》规定，"高等学校应当为毕业生、结业生提供就业指导和服务"。由此可以看出，接受就业指导和服务是毕业生的一项重要权益。各高校应成立专门的大学生就业指导服务机构，配备专门人员对毕业生进行就业指导和服务。

（2）平等就业权。毕业生在参加就业求职过程中，应当享有平等就业权。平等就业，应当包括及时、全面、有效地获取就业信息，能被公平、公正、择优推荐，参加"双选"时与用人单位自主洽谈协商等。在国家就业方针、政策指导下"双向选择，自主择业"。

（3）公平待遇权。用人单位在录用毕业生的过程中，应当公平、公正，一视同仁。公平受录用权是毕业生最迫切需要得到维护的权益。

（4）违约求偿权。毕业生的就业协议一经签订，毕业生、用人单位、学校三方都应严格履行，任何一方提出变更或解除协议，均需得到另外两方的同意，并应承担违约责任。对于用人单位无故要求解除就业协议的，毕业生有权要求对方严格履行就业协议。

二、就业过程中个人权益的自我保护

（一）了解有关政策和法律规定

毕业生应了解目前国家关于毕业生就业的有关方针、政策和规定及它们之间的关系，毕业生在就业过程中的权利和义务。

如果在就业过程中用人单位的规定与国家的政策、法律、法规相抵触，侵犯了自己的权益，毕业生应善于维护自己的合法权益。

（二）签好就业协议及合同，充分发挥其应有的作用

（1）就业协议，全称为"全国普通高等院校毕业生就业协议书"，一般是由教育部统一制定。是由学校作为推荐人，毕业生与用人单位签订的一份意向性协议，是明确毕业生、用人单位和学校在毕业生就业工作中权利和义务的书面表现形式，这个协议带有强制性，用人单位在接收应届毕业生时都要签订此协议。

签订就业协议是一种法律行为，协议书一经签订，便视为生效合同，具有法律效力。签订就业协议，是确认签约双方权利和义务的必要程序，又是处理就业纠纷的主要依据，毕业生应该正确认识和严肃对待就业协议书，慎重签订就业协议。在实践中，经常出现一些用人单位与毕业生、学校签订"三方协议"后，依据"就业协议书"中"如有其他约定，应在协议书的备注栏中明确，并视为本协议的一部分"的条款，与毕业生另行签订一份比较详尽的劳动合同。这种劳动合同由于不是国家统一制定的格式合同，用人单位有可能会要求毕业生承担额外的不合理的义务，如过长的服务期限、不合法的离职赔偿等，有的甚至扣押毕业文凭。如果遇到这些情形，毕业生应坚持原则，依据国家有关法律和规定，据理力争，避免陷入劳动合同陷阱。

（2）就业协议书的主要作用是作为毕业生落实用人单位，用人单位同意接收毕业生的主要依据，也是毕业生学校制定毕业生就业方案、毕业生就业主管部门编制毕业生就业计划的重要依据之一。毕业生落实用人单位后，与用人单位订立毕业生就业协议可以杜绝用人单位和毕业生在双向选择过程中的随意性，以保护双方的权益，避免给制订毕业生就业计划和方案带来混乱。就业协议书是办理毕业生就业手续的依据，是确认就业意向和劳动需求的凭证。

（3）签约时应注意的问题。大学毕业生的就业协议明确了毕业生、用人单位、学校三方的权利和义务，具有法律约束力，也涉及毕业生的切身利益。因而毕业生在就业签约时应切实维护自身在就业过程中的合法利益。

为避免就业协议和劳动合同的矛盾，就业协议拟定的权利和义务要更加明确。目前，我国上海市已开始试行就业协议和劳动合同合二为一的做法，即在就业协议中增加劳动合同的内容：劳动合同期限、工作内容、劳动保护和劳动条件、劳动报酬、劳动纪律、劳动合同生效条件、违反劳动合同的责任等条款，切实履行和维护毕业生和用人单位双方的义务与权利。

案例

某公司在学生毕业后去报到时宣布：企业由于种种原因缓建，新去的学生一个也不接收。这时，学生找到学校，因为错过了找工作的最好时间和机会，同时，也是该企业违约。通过学校与该企业商量和调解，最后该企业支付给学生一定数额的违约金，由学生另找单位。当然，权利与义务是一致的，如果毕业生无故违约或者解除劳动合同，也应当赔偿由此对用人单位造成的损失。

点评

大学毕业生签订"就业协议书"后要诚实守信，没有特殊情况不要轻易违约。如果确有特殊原因需要违约，可按照下列程序办理。首先，向已签约的用人单位提出申请，写明违约理由；其次，经用人单位同意后，向用人单位承担违约责任；最后，持用人单位同意违约的函信和已签订的"就业协议书"交到学校毕业生就业工作部门，经审查并向学校承担违约责任后，再领取新的"就业协议书"。

违约，给诸多毕业生带来的是"一种说不出的痛"；同样，也给作为"签约三方"的另外两方——学校和用人单位造成许多难言的"伤痛"。违约所带来的最大压力是学校，学校既要对自己的学生负责，又要对用人单位负责，无论任何一方毁约，另一方都会找到学校，每年处理这类事情给学校带来很大的工作量。处理不好，单位和学生都有意见。学校要对用人单位负责，对学生负责，也要对学校在社会上的信誉负责。所以，对毕业生的违约问题应该给予高度重视。

（4）就业协议的时间有效性与劳动合同的衔接。就业协议作为我国现行毕业生就业制度下毕业生从学校走上工作岗位的一种过渡凭证，一般情况下，在毕业生和用人单位签订劳动合同后，就业协议自动终止。由于毕业生就业协议签订在先，为避免在今后订立劳动合同时产生纠纷，应尽可能将劳动合同的主要内容体现在就业协议的约定条款中，并明确表示在今后订立劳动合同时应予以确认。否则，双方日后就劳动合同有关内容达不成一致意见，且事先无约定时，若毕业生表示不愿在该单位工作，用人单位反过来要求毕业生承担违反就业协议的责任。因而毕业生在就业过程中应就劳动报酬、试用期、住房、服务期限等劳动合同的主要条款与用人单位事先协商，体现在就业协议中，并将协议结果书面化，而不应只作口头约定，避免今后发生纠纷，无证可查。

劳动争议的解决方式

因此，毕业生与用人单位签订了就业协议不能等同于签订了劳动合同，毕业生与用人单位在签订就业协议之后，还必须签订劳动合同，以保护自己的合法权益。目前的实际情况是毕业生到单位工作后，双方才签订劳动合同。

（三）用法律手段维护自身的合法权益

由于大学毕业生就业市场尚不完全成熟，加之受社会风气和人们旧观念、旧思想的影响，因此在就业过程中不可避免会出现一些不公平现象，侵害了毕业生的正当权益。在自身权益受到侵害时，毕业生有权向用人单位上级主管部门提出申诉，也可提交给当地的劳动仲裁机构进行调解和仲裁，或直接向人民法院提起诉讼。

第三节　非法传销与就业安全

当前，高校毕业生就业环境复杂，就业竞争日趋激烈，不少大学生毕业后一时无法找到满意的工作，这给传销组织提供了可乘之机。一些先前遭到打击的传销组织，目前也出现了回流的迹象。非法传销为何能逐渐向大学校园渗透，值得我们深思。

一、传销及其特点

传销是指传销的组织者或经营者发展人员，通过对被发展人员以其直接或间接发展的人员数量或者销售业绩为依据计算和给付报酬，或者要求被发展人员以缴纳一定费用为条件取得加入资格等方式牟取非法利益，扰乱经济秩序，影响社会稳定的行为。传销组织都有一定的相似之处，具有以下特征。

（1）组织严密，行动诡异。传销组织通常以各种借口将人员骗到外地参加活动，组织过程异常严密，普遍实行上下线人员直接一对一联系，传销组织者实行异地遥控指挥。

（2）惯用套路。传销组织多以"介绍工作""创业培训""团队训练""口才培训"等为借口，诱骗同学、朋友、亲戚等参与传销活动。

（3）鼓吹高额回报。传销组织大多制订有貌似公平且吸引力强的"高额回报计划"，利用貌似科学合理的奖金分配制度的歪理邪说理论，大肆鼓吹传销活动的高额回报，使传销参与者很容易产生创业投资的欲望，进而落入传销陷阱。

（4）对参与者进行洗脑。传销组织对参与人员经常进行团体授课，并以各种交流谈心等方式，不断地灌输暴富思想，使参与者深信不疑、义无反顾地加入传销行列中。

（5）商品道具价格与现实严重背离。对传销而言，所谓的中介商品只是一种工具或者是"道具"，这种"道具"本身就是为骗取钱财发展人员而选择使用的，更有甚者，有些传销商品本身就是虚拟的。因此，被用来传销的商品价格与价值严重背离，绝大多数为难以衡量价格的化妆品、营养品、网络虚拟物品等。

二、大学生易陷入传销组织的原因

案例

张某、吴某、李某是同一高校大四美术专业的同班同学。2022年的一天，张某的朋友周某从杭州打来电话，说他现在是杭州一家广告公司的业务副经理，近来公司因业务发展，急需招聘美术、广告设计方面的专业人才，希望张某和他的同学能利用假期时间，来杭州实习，月薪4 000多元。如果觉得合适，毕业后可去该公司工作。张某便与同学吴某、李某三人一起到了杭州。第二天，周某拿来合同书让他们每人签了一份，并说："你们现在已与公司签订了合同，明天就正式上班，但每人要交押金5 000元。如果辞职离开公司，押金随时如数退回。"三人一想，既有熟人，又有合同和承诺，便从准备交学费和生活费的钱里拿出5 000

元交了押金。当天下午，周某就带三人开始岗前"培训"。但"培训"并不是讲广告设计等工作方面的事情，而是讲怎样赚钱，怎样要不择手段及"发展下线、金字塔"理论等。在这样几次的"培训洗脑"中，主讲的这些人开始毫无遮掩，"传销"的面目暴露无遗。经过几天"培训洗脑"后，公司让他们"上班"，工作内容就是打电话、动员蒙骗亲戚朋友、熟人，让想找工作的人来"工作"。他们三人就这样被迫上了"贼船"。转眼到了开学，他们也没有回校上课。学校向家里打电话询问时，家里才知道孩子还未去学校报到，于是三人的家长连夜从杭州把他们追回送到学校。此时，他们一分钱也没挣下，反而连押金也没有要回来。

从以上案例可以看出，当前高校毕业生陷入非法传销，原因主要有以下两个方面。

（一）外部环境因素

首先，从社会大环境来看，诚信缺失给了犯罪分子可乘之机。特别是现今就业形势严峻，这不仅加剧了大学生就业问题，更导致大学生陷入传销的现象日益增多。其次，在经济环境中，贫富差距不断拉大，出现两极分化，导致人们产生急切的求富心理。

（二）大学生自身原因

从大学生自身角度看，生活在象牙塔里的"天之骄子"们由于社会阅历浅、明辨是非能力差，容易盲目从众。当看到周围一些同学、老乡参加非法传销活动，开始可能会有一些怀疑，但在群体的影响下，逐渐就打消了自己的疑虑。不合理、不可能的事听多了，就相信了。就业期望值过高、就业价值取向的趋利性都会导致大学生在抵制传销的过程中免疫力降低，从而受到传销的侵害。有些大学生渴望励志磨炼、寻找自信、全面提升个人竞争能力。而传销组织恰恰就利用大学生的这些特点，采用集体生活方式，参与者通常吃菜叶、啃馒头，美其名曰"磨炼意志"，并大肆宣扬这种所谓的"吃苦耐劳""勤俭节约"是传统美德。传销组织还经常开展"团体小游戏""一分钟自我介绍"等活动进行演讲口才、组织管理能力锻炼，让被骗大学生感觉到这些活动对自己的成长成才有所帮助，进而一步步融入非法传销行列中。

在一些被骗参与传销的大学生中，有一部分是来自贫困家庭。原因很简单，在当前就业竞争如此激烈的环境下，这些学子更想早日创业、快速致富，帮助家庭摆脱贫困状况。传销组织抓住并迎合他们的这种心理，通过宣传"成功人士的成长经历""如何在一年之内拥有百万资产"等快速致富的方法，扭曲传销参与者的人生观、价值观，让这些大学生慢慢将金钱作为人生唯一的追求目标，因而为达到目的，不择手段。

防范传销策略

被传销组织诱骗的大学生，往往是在大学里不善与人沟通，平时表现平平，得到老师的关注和同学的关心相对较少，容易被人忽视的学生。他们渴望关爱、追求平等，所以就极容易被传销组织诱骗利用。传销组织惯用"二八原则"，即用80%的精力谈感情，20%的精力谈事业来拉拢欺骗这类大学生，在被骗大学生眼中，传销组织者像"家人"一般无微不至地"关心"大家；团伙成员间互相"爱护"、互相"尊重"、互相"平等"。在这种温情气氛里，参与者必然对非法传销组织产生心理上的依赖。

三、树立正确的价值观和就业观，增强就业适应性

在当前大学生就业竞争日益激烈的社会环境下，为应对日趋复杂的就业安全问题，帮助大学生提防传销陷阱，远离非法传销，高校要切实加强就业教育与指导工作。

大学生要树立正确的价值观和就业观，通过参加学校开展的"防止传销进校园"等专题宣传教育活动，真正体会到人生价值的体现形式不仅只有金钱，还包括情感、荣誉、义务、责任等。树立艰苦创业、勤劳致富的就业理念，明白财富和幸福生活要依靠诚实劳动才能得来的道理，切不可轻信网络上所谓"创业奇才"的"创富神话"。

大学生要积极参加学校主办的就业技能培训，如走进校友、职业生涯规划大赛、创业大赛、模拟面试等各种就业指导活动，立足自身的专业特长和综合素质，选择适合个人发展的就业岗位。

同时，毕业生也要提高对招聘信息的甄别能力，学会做必要的安全分析，在就业过程中提高就业安全意识，加强求职信息资料安全，防止个人信息被不法分子获取，正确运用法律维护自己的正当权益。

小贴士

当陷入传销陷阱时，如何自救

首先，要克服恐惧心理。传销只是谋财，即使误入其中，一般不会存在生命危险，只要克服恐惧心理，沉着冷静，坚持与传销组织斗智斗勇、巧妙周旋，就有可能逃脱传销组织的掌控，切不可有跳楼、伤人等过激行为。

其次，要见机行事，伺机逃离。一旦误入传销组织，如果不尽早脱离，则可能会被传销组织洗脑。

（1）伺机报警。首先要尽可能掌握自己所处的具体位置，如街道名、楼栋号、门牌号或附近的标志性建筑。如果能发短信或打电话，可偷偷报警，或告知亲人、朋友，寻求帮助。

（2）在活动中逃离。传销组织在某一时段会有一些户外活动，在这个过程中与外界接触的机会较多，便于逃离，而且在大庭广众之下，也便于寻求别人的帮助。

（3）找借口逃离。假装肚子痛、上厕所等，寻求外出就医的机会，然后伺机逃离。

（4）扔纸条求救。如果实在找不到逃跑的机会，可以偷偷写好求救纸条，为引起他人注意，也可写在钞票上，然后趁传销组织不备，扔出窗外。

（5）骗取其信任。如果被传销组织看得很紧，实在走不掉，在"敌强我弱"的情况下，要学会伪装，骗取他们的信任，使其放松警惕，再寻找机会逃离。

第十章 意外伤害救助

第一节 意外伤害救助知识

案例

2020年6月6日，湖北省孝感市的一名19岁大学生，在孝南区某镇一河堤上垂钓时，不幸触电身亡。据知情人透露，当日上午，大学生郎某与其在孝感打工的表弟张某及张某的姐夫相约到河堤钓鱼。郎某持钓鱼竿不慎碰到河堤电线杆子上的电线，触电倒地后被送往医院急救。遗憾的是，郎某因抢救无效死亡。医务人员说，如果有懂急救的人在现场，这名学生也许不至于死亡。

点评

意外事故如溺水、触电等是人们在日常生活中经常出现的紧急情况。在遭遇这些意外伤害时，需要采取一些基本的急救措施，这在一定程度上可以争取时间、减轻伤害，并为医务人员的救护奠定基础。

据统计，因灾害事故意外受伤或突发疾病需要急救的人群，95%以上发生在医院以外，其中有60%的人在救护车到达时已经死亡。因为最初的10分钟是创伤死亡的第一个高峰，生命复苏的机会每过一分钟就会减少10%。

因此，大学生应该学习意外伤害事故的紧急医护与现场急救知识，掌握一定的急救知识和方法，在危急关头施救，对于提高处理紧急情况的有效性、避免或减少伤亡起着重要作用，甚至可能挽救受伤者的生命。

一、伤情程度的判断

正确的急救处置，有赖于准确判断伤情是否严重。现场判断伤势情况，一般应掌握以下几个方面。

（一）根据呼吸、神智和脉搏判断伤势是否严重

因为呼吸、神智和脉搏是生命存亡的三项重要体征，现场急救时应迅速而准确地掌握。

（1）呼吸器官是否正常。靠近伤员面部，耳听呼吸，了解其呼吸是否正常、有无窒息。如发现伤者口唇苍白或出现紫绀、通气不利或呼吸困难，表明机体内已陷入缺氧状态。在这种情况下，随时可能会出现窒息或血液循环骤停。

（2）用手触摸伤员的手动脉或者颈动脉。如发现脉搏快速细弱，或脉搏不清，表明伤者已经或即将陷入休克，并预示生命将受到严重威胁。

（3）直接询问伤员，了解其神智是否清醒。如果伤者意识丧失，神智昏迷，如瞳孔散大、肢体出现痉挛性抽搐，表明颅内压增高，有脑血管或脑实质损伤。

如果伤员神智淡漠、面色苍白、身出冷汗、手足冰凉，并且脉搏细快，表明有严重的内出血，随时可能休克。

（二）根据出血多少判断伤势是否严重

主要看其伤口有无喷涌的大出血，再从以下两个方面来判断。

（1）如果伤口有急剧或喷射状出血，并且伤口靠近人体"动脉外伤点"，表明动脉破损无疑。动脉破损出血量大，失血迅速，会在短时间内危及性命，必须选择有利的止血点，立即采取止血措施。

（2）如果伤口仅有暗红色血液流出，出血并不急剧，表明静脉血管破损；或者虽然出血并不严重，但脉搏情况很差，弱而不清，不能排除严重内出血的可能性。

（三）根据受伤部位判断伤势是否严重

（1）头部受创严重，除观察其呼吸、神智和脉搏变化外，还应检查瞳孔及耳、鼻、口腔，判断有无颅内损伤。

（2）如果出现意志丧失，并且瞳孔散大，表明有颅脑损伤。如果耳、鼻、口内有血液和脑脊液流出，表明有颅底骨折。

（3）颈部损伤，如果颈部疼痛不能活动，除应怀疑颈椎骨折或脱位外，有的同时出现上下肢瘫痪、痛感消失、呼吸困难，表明脊髓已受损伤。

（4）伤者的胸部出现浮动胸壁，呼吸时两侧胸廓运动不对称，可判断有肋骨骨折，并且不能排除胸内脏器损伤。

（5）伤者的腹部出现广泛的腹痛，腹壁紧张并有明显压痛，可判明有腹内脏器损伤。在没有外出血的情况下发生休克，不能排除腹腔内大出血的可能性。

（6）伤者四肢即肢体变形，局部疼痛，并不能自主运动，判断有骨折或关节脱位。

二、意外伤害急救原则

（1）遇到意外伤害发生时，不要惊慌失措，要保持镇静，并设法维持好现场的秩序。

（2）在周围环境不危及生命的情况下，一般不要轻易搬动伤员。

（3）暂时不要让伤员喝任何饮料或进食。

（4）发生意外，现场无人施救时，应向周围大声呼救，请求来人帮助或设法联系有关部门，不要单独留下伤员无人照管。

（5）立即拨打急救电话，并清楚报告：现场在什么地方、伤员有多少、伤情如何、做过什么处理等。

（6）根据伤情对伤员边分类边抢救，处理的原则是先重后轻、先急后缓、先近后远。

（7）对呼吸困难、窒息和心跳停止的伤员，从速置头于后仰位，托起下颌，使呼吸道畅通，同时施行正确的人工呼吸、胸外心脏按压等复苏操作，原地抢救。

（8）对伤情稳定、估计转运途中不会加重伤情的伤员，迅速组织人力，利用各种交通工具分别转运到附近的医疗单位急救。

三、现场紧急救护技巧

（1）除非十分必要，应减少或不要搬动伤员。因为伤员如果是内伤或脊椎骨折的话，不必要的搬动可能使其致死或致残。

（2）保持呼吸道畅通。清除伤者口、鼻、咽喉部的异物。在伤者陷入昏迷的情况下，可用手指将咽喉部的异物，如血块、黏痰等抠出。如果伤者颈椎没有损伤，可用手将其颈部略微托起，使头尽量后仰。必要时，另一手可轻压其上颈部，使其呼吸道开放，然后采取清除口、鼻、咽喉异物的措施。如怀疑或确认伤员的颈椎同时受到损伤，造成深度昏迷，对此情况的急救处置是不要搬动颈部，可以让伤员仰卧，用手抬起其下颌骨（手抬下巴），使伤员的下齿错位在上齿前方，以保持其呼吸道的畅通。

（3）现场急救。清除患者口、鼻、咽喉部异物后，如果伤员已暂停呼吸，应立即进行人工呼吸。心脏停止跳动，血液循环随即中断，意味着生命活动即将停止。此时，应立即采取心脏按压法，即用人为的外部力量按压心脏，使心脏重新进行工作，恢复血液循环。

（4）对颅脑损伤的伤员，急救的首要问题是保持伤员呼吸道畅通。注意清除呼吸道内的黏痰或异物。颅脑损伤的伤员在陷入昏迷的情况下，如果呼吸不通畅，就会加重脑水肿，使颅内血肿增加，极容易因窒息致命。在急救转送过程中，对颅脑损伤后神志尚清醒或意识障碍不严重的伤员，转送时的体位可取平卧位。对已陷入昏迷的伤员，如颈椎无折断的危险，转送时应采取侧俯卧位，并将其头、颈位固定，这样可保持伤员呼吸道畅通。

（5）出现脉搏微弱、神智淡漠、面色苍白、手足冰凉等症状，表明伤员已陷入休克。在无任何抗休克药物的情况下，可采取以下措施进行急救。

①使伤员平卧并将下肢抬高，以加速血液向心脏回流，保证心、脑供血送氧。

②可用拇指掐伤员人中、十宣、涌泉等穴位，使其呼吸和循环系统兴奋并得以调节。

③注意给体温过低的休克者保暖：盖上被子或毯子；伴有高烧的感染性休克者，应给予降温。

④防止休克者窒息。将其脸朝向一边，以防止脸部或口部的血或呕吐物进入气管而造成窒息。

⑤在搬运休克者的过程中，应少摇动或搬动休克者，保持头低脚高姿态和身体平稳，要尽可能减轻休克者身上的重量，并有专人护理，随时观察病情变化，并最好给休克者采取吸氧和静脉输液等急救措施，求救医院应以就近为原则。

人一旦休克，如不能正确及时地急救，将会导致人体重要器官停止工作，甚至死亡。因此，掌握休克的必要急救常识是至关重要的。

第二节　溺水事故的防护和处置

案例

2020年6月，某市发生了一起大学生溺水事件。在文化大街某桥西有座水坝，河的北岸是个平台。事发当日，十余名大学生自己携带工具在该处露营聚会。19时左右，一男生不慎跌落水中，随后，五名男生相继跳入水中救援。经过努力，三名施救者无果而终，而另外两名施救者和最初落水者却淹没于水中。事发后，大批公安、消防人员、市打捞救援队成员、120医生及热心市民等在现场协同打捞落水者。约22时，落水者全部被打捞上来，送往市中心医院，经医生检验，三名落水者已经溺亡。

点评

此案例中，大学生们相约一起举行烧烤聚会本无可厚非，但由于选择的地点有落水的风险，最初落水者又没有注意安全，导致自己落水溺亡，施救者虽然精神可嘉，但是令人扼腕的是，如此青春的两个生命也就此消逝。因此，遇到此类事情时，首先要冷静思考，如果自己不会游泳切忌下水，应根据当时情况和河水流势请求救援。

游泳是一项十分有利于健康的运动，但是稍有不慎就有可能发生溺水事故，若没有及时抢救，则可能发生悲剧。大学生需要掌握一定的安全游泳知识及发生溺水事件之后的急救知识，懂得自救、他救，避免发生溺水事故。

一、对溺水的认识

（一）溺水的概念

溺水是指人淹没于水中，呼吸道被水、泥沙、杂草等堵塞，引起换气功能障碍、反射性喉头痉挛，导致窒息与缺氧，严重时可致呼吸、心跳停止而死亡。

溺水后引起窒息缺氧、心跳停止称为"溺死"，心跳未停称为"近乎溺死"。

（二）溺水的原因

溺水致死的主要原因是气管内吸入大量水分阻碍呼吸，或因喉头强烈痉挛，引起呼吸道关闭，窒息死亡。溺水主要有以下原因。

（1）缺乏游泳能力者发生意外落水、自杀、潜水事故。

（2）游泳时间过长、冷水刺激肢体发生抽搐。

（3）肢体被植物缠绕，造成浮力下降而淹没于水中。

（4）在戏水区跳水，头撞硬物，发生颅脑外伤而致溺水。

（5）患有心脏、脑血管病等，在游泳时疾病突然发作。

(三)溺水者的症状

溺水者面部青紫、肿胀，双眼充血，口腔、鼻孔和气管充满血性泡沫。肢体冰冷，脉搏细弱，甚至抽搐、呼吸或心跳停止。

皮肤黏膜苍白、发绀，口鼻腔和气管充满血性泡沫、泥沙等。溺水者可能因大量喝水进入胃内，出现上腹部膨胀。

四肢发凉、意识丧失，重者呼吸、心跳停止。

二、溺水的安全防范

虽然游泳是最好的体育锻炼方法之一。但如果方法不对，同样会发生意外。因此，要做到以下几点。

（1）了解自己的身体健康状况，能否参加游泳要听取医生的意见。

（2）不要独自一人外出游泳，也不要到不知水情或比较危险且易发生溺水伤亡事故的地方去游泳，更不要私自到海、河、江、湖、水库等地游泳。选择正规的游泳场所，了解浴场安全设施配套情况。是否卫生，水下是否平坦，有无暗礁、暗流、杂草，水域的深浅等。不可在设有"禁止游泳"或"水深危险"等标志区域内游泳，也不要到危险海边戏水，最好到有救生员的地方游泳。

（3）做好下水前的准备工作，下水前活动身体不少于五分钟。如水温太低，应先在浅水处用水淋洗身体，待适应水温后再下水游泳；佩戴假牙或是隐形眼镜的同学，应将假牙和隐形眼镜取下，以防呛水时假牙落入食管或气管，或防止隐形眼镜脱落。

（4）对自己的身体状况和水性要有自知之明，下水后不能逞能，不要贸然跳水和潜泳，更不能互相打闹，禁止与同伴开过分的玩笑，以免喝水和溺水。

（5）身心状况欠佳时，如疲倦、饱食、饥饿、生病、情绪不好及酒后均不宜嬉水。有开放性伤口、皮肤病、眼疾时不宜游泳，特别是心脏病和传染病患者千万不要游泳。

（6）要正确估计自己的水性，不要在急流、旋涡处游泳。

（7）雷雨天气不宜游泳，不要随性下水，特别是野外。当风浪太大、照明不佳时不要游泳。

（8）在游泳过程中如果突然觉得身体不舒服，如眩晕、恶心、心慌、气短等，要立即上岸休息或呼救。

（9）在游泳中，若小腿或脚部抽筋，千万不要惊慌，可用力蹬腿或跳跃，或自己用力按摩，拉扯抽筋部位，同时呼叫同伴救助。

三、溺水者的抢救方法

许多人喜欢游泳，但因为缺少游泳常识而溺水身亡的事件时有发生。据不完全统计，溺水死亡者约占意外死亡的10%。

溺水是由于大量水灌入肺内，或冷水刺激引起喉痉挛，造成窒息或缺氧，若抢救不及时，4~6分钟内就可能死亡。因此，须争分夺秒地进行现场急救。

（一）溺水的自救

遇到溺水危险时，可用下述简易方法自救。

（1）若不会游泳，落水后要保持镇静，因为手脚乱蹬挣扎会使人下沉。此时，应立即屏住呼吸，踢掉鞋子，然后放松肢体等待浮出水面。当感觉人开始上浮时，应保持仰卧，使头部后仰。这样，你的口鼻将会浮出水面。

此时，呼气要浅，吸气要深。因为深吸气时，人体比重降到 0.967，比水略轻，可浮出水面（呼气时人体比重为 1.057，比水略重）。此时千万不要慌张，不要将手臂上举乱扑以致身体更快下沉。

（2）当想呼吸时，将双臂慢慢抬到肩部高度，同时一腿向上提到脐部高度，另一腿尽量向上屈，头部不变，这样可节省气力和防止身体下沉。

（3）将头仰起来呼吸，同时双手猛力向下推，双脚向下蹬，换气时向别人呼救。吸气后，又恢复开始姿势，反复进行，可保持身体不会下沉，直到获救。

（4）对于手脚抽筋者，若是手指抽筋，则可将手握拳，然后用力张开，迅速反复多做几次，直到抽筋消除为止。若落水者腿部抽筋（会游泳），要保持镇静，应尽快呼救，并改为仰泳浮在水面上，此时应用手将抽筋的腿一侧的脚趾向背侧弯曲，可使痉挛缓解，然后慢慢游向岸边。

（5）若不慎被水草缠住，应深吸一口气潜入水下，迅速拨开缠足的水草，摆脱后沿来路退回，而不可继续深入。

（二）溺水的他救

溺水者往往神志不清、惊慌乱动，会死命抓住够得着的一切东西，包括救援者。因此应尽量采用救护器材进行救护，如救生圈、套杆、绳索、船只与木筏等。用器材救护既省力又安全，效果也好。在万不得已的情况下才可下水救人。一般游泳技术不高的人下水救人，往往力不从心，救人不成反而赔上性命。施救方法有以下几方面。

（1）若施救者不会游泳，最好不要贸然下水，可一边呼救，一边将绳子、长竹竿、救生圈、木板等投向溺水者，使其不下沉或延缓其下沉的时间。

若现场无任何救生材料，救助者可迅速脱下长裤在水中浸湿，扎紧裤管充气再扎紧裤腰后，抛给落水者，并告知不要爬上去，只能用手抓住，并即时高声呼叫他人来救援。

（2）抢救溺水人员时，施救者应尽可能脱去外衣，从其斜上方入水，迅速游到落水者附近，在其后方用左手从其左臂和身体之间，握住其右手，使其仰面向上，口鼻露出水面，然后用仰泳的方法将落水者拖到岸边。

（3）进行水中施救时一般要从溺水者背后去接近溺水者，以免被对方突然抓住或抱住。具体方法是：当溺水者停留在水面时，游至距溺水者 3~4 米处，要急停、踩水、深吸气，镇定一下情绪，果断、准确地从落水者的身后接近，把溺水者牢牢抓住并托出水面。努力让溺水者镇定，大声安慰和鼓励他。托运挣扎和乱动的溺水者可用侧泳抱溺水者上体托运法或侧泳抓溺水者手臂托运法。

（4）若救援时不慎被溺水者缠住，急救者应临危不乱，立刻用仰泳迅速后退。退至溺水者抓不到处，把一块布、一条毛巾或一个救生圈扔过去，让溺水者抓住一头，自己抓住另一头拖他上岸。下水救人应尽量避免被溺水者抓住，但有时仍难免被溺水者抓住不放，此时必须采用合理的方法脱离溺水者的抓或抱，解脱动作要迅速、果断。

应该知道，溺水者都不愿意沉到水底去，而只想浮出水面多吸一口气。当被溺水者缠住而不能迅速解脱时，只有一起沉入水中，溺水者一憋气，就会自行松手。因此，解脱抓缠多在水下进行。应根据被溺水者抓住或抱住的不同部位，采用不同的方法进行解脱。

（5）若发现踩破冰面的溺水者，急救者须伏卧在冰面上向其靠近，以此尽量减轻身体局部对冰面的压力，以防压破冰面，跌入水中，然后把围巾、长绳或竹竿抛给落水者，并拉他上岸。

（三）上岸后的急救

当把溺水者救到岸边后，要立刻进行岸上救护，这是争取溺水者生还的最关键时刻。救护原则是争分夺秒地迅速将溺水者救出水，立即恢复其有效呼吸。救护方法有以下几方面。

1. 保持呼吸道通畅

将溺水者拖带上岸（船）后，将其头偏向一侧或使其俯卧，立即用手指清除其口鼻内的污泥、杂物、假牙等，并松开落水者的衣领、纽扣、内衣、腰带、背带等，必要时将其舌头用手巾、纱布包裹拉出，保持呼吸道通畅，这一过程应火速完成。

2. 迅速控水

把溺水者放在斜坡地上，使其头向低处俯卧，压其背部，倒水处理：迅速倒出溺水者呼吸道、胃内积水，一般常用膝顶法、肩顶法、抱腹法。

（1）膝顶法。救护者取半蹲位，一腿跪地，另一腿屈膝，将溺水者腹部横放于救护者屈膝的大腿上，使其头部下垂，并用手按压其背部，将呼吸道及消化道内的水倒出。

（2）肩顶法。救护者抱住溺水者双腿，将其腹部放于救护者肩部，使溺水者头部、胸部下垂，救护者快步奔跑，使积水倒出。

（3）抱腹法。救护者从溺水者背后双手抱住其腰部，使溺水者背部朝上，头胸部保持下垂位置，利于积水流出，但应尽量避免倒水时间过长，以致延误心肺复苏的实施。

3. 及时进行人工呼吸

（1）按上述方法处理后，无论排水多少，应立即改变溺水者体位，使其平放于空气流通处，用纱布将舌牵出，以防阻塞呼吸道，然后进行人工呼吸。

（2）当溺水者呼吸、心跳停止或微弱时，心肺复苏是抢救溺水者的最重要措施。在呼救的同时，应立即实施人工呼吸法及胸外心脏按压法，一直坚持到专业救护人员到来，以免丧失最佳抢救时机。

①对呼吸已停止的溺水者，应立即进行口对口人工呼吸，在最初向溺水者肺内吹气时，注意必须用力吹，以便使气体加压进入灌水萎缩的肺内，尽快改善窒息状态；如呼吸心跳均已停止，应立即进行人工呼吸和胸外心脏按压。

②心跳停止者，加用胸外心脏按压，直到恢复心跳，恢复呼吸。

（3）昏迷、休克者辅以强刺激针刺人中、涌泉、内关、关元等穴位。

（4）遇有情况严重者，应坚持一边抢救，一边尽快与医院联系或设法将其送医院抢救。在寒冷季节，抢救溺水者时还应注意做好防寒保暖工作。用干毛巾或衣物，由四肢向心脏方向摩擦皮肤，促进血液循环。

4. 送医院抢救

在急救的同时，迅速拨打120急救电话，与附近医疗单位联系，请医务人员到场参与抢救。经现场初步急救后，应迅速将溺水者送医院继续治疗。

（四）注意事项

（1）在自救过程中，当身体浮上水面时，千万不要试图将整个头部伸出水面。

（2）在抢救溺水者时，一定要迅速将溺水者头部拉出水面，一是可以保证其顺利呼吸，二是可以减轻溺水者的危机感和恐惧感，并减少挣扎，使抢救者能够节省体力，顺利脱离险境。从水内向岸边或船上拖带溺水者时，只要有可能，应向溺水者口鼻内大口吹气，以促使其自动恢复呼吸。

（3）将溺水者救出水面后，千万不要在不做任何检查和处理的情况下，只顾往医院送，其结果大多是丧失了抢救时机。

（4）排水处理应尽可能缩短时间，动作要敏捷，如果排出的水不多，绝不可为此多耽误时间而影响其他抢救措施。

（5）在抢救溺水者的同时，应始终注意为患者保暖。冷天应利用一切可以保暖的物品，使溺水者免受风寒，目的在于减少溺水者在救活后发生并发症。

（6）在运输途中，不能中止人工呼吸，应坚持数十分钟甚至更长时间，判定好转或死亡后，才能停止。

（7）溺水者苏醒后要禁食，并用抗生素防感染。

小贴士

游泳时感觉不舒服的应急方法

在游泳前对自己的身体状况要进行正确的评估，如果已经有身体的不适，就不要勉强跳入水中，以免发生意外。一旦在游泳过程中身体不舒服，就要尽快上岸，以防发生更为严重的疾病。

1. 头痛

头痛多因呛水或暂时性脑血管痉挛供血不足造成。发生头痛时应迅速上岸，用大拇指对准头部的太阳、百会等穴位进行旋转按摩，并用热毛巾做头部保暖；喝杯热茶，头痛可以很快缓解。

2. 头昏脑胀

头昏脑胀多因游泳时间过长，机体能量消耗过大，导致血糖降低，加上身体疲劳、饥饿而引起。此时要立即上岸休息，给予全身保暖，用中指按压印堂、人中等穴位，并喝一杯淡盐糖水，头昏脑胀很快就能消除。

3. 眼睛痛

无论是天然还是人工游泳场所，其水中多少带有一些细菌，可能会导致急性结膜炎，引起眼睛痒痛。有的人在海滨游泳，眼睛承受不了咸水的刺激，也会使眼睛发涩、红肿痒痛。此时应马上用清洁的淡水冲洗眼睛，然后用毛巾擦干，点些氯霉素眼药水，临睡前还可以做热敷。

4. 耳鼻不舒服

耳鼻不舒服多数因外耳道进水或鼻子呛水而造成。出现这种情况时，应上岸用盐水漱口，以疏通鼻腔、清洁耳道。

5. 恶心呕吐

恶心呕吐多由于鼻子呛水、喝进脏水、疲乏劳累、精神烦躁、情绪紧张等造成，从而出现一时性的反胃而恶心呕吐。口服人丹7~10粒即可止吐。

6. 抽筋

抽筋就是肌肉强直性的收缩。游泳中有时会发生抽筋，往往因过度疲劳、游泳过久或突然受冷水刺激造成。当发生抽筋时，应立即上岸擦干身体；如果在深水处或腿部抽筋剧烈，无法游回岸上，此时应沉着镇静、呼人援救，或自己漂浮在水面上，控制抽筋部位，往往经过休息，抽筋肌肉可自行缓解。抽筋通常可根据产生的部位采用不同的方法处理。

（1）手指抽筋：将手握成拳头，然后用力张开，张开后，迅速握拳。如此反复数次，至解脱为止。

（2）手掌抽筋：用另一手掌将抽筋手掌用力压向背侧并做震颤动作。

（3）手臂抽筋：将手握成拳头并尽量曲肘，然后再用力伸开，如此反复数次。

（4）小腿或脚趾抽筋：用抽筋小腿对侧的手，握住抽筋腿的脚趾，用力向上拉，同时用同侧的手掌压在抽筋小腿的膝盖上，帮助小腿伸直。

（5）大腿抽筋：屈曲抽筋的大腿与身体成直角并弯曲膝关节，然后用两手抱着小腿，用力使它贴在大腿上并做震颤动作，随即向前伸直。

（6）腹直肌抽筋，即腹部抽筋。弯曲下肢靠近腹部，用手抱膝，随即向前伸直。

第三节　煤气中毒识别、防护与处置

案例

2021年4月5日，某公寓内5名女大学生一氧化碳中毒被送至医院抢救，其中两人中毒较轻，还有两人意识清醒但无法说话，另有一名女生陷入昏迷状态。据中毒较轻的张同学称，事发前一晚，几人洗澡后忘记关闭燃气阀门，可能因此发生燃气泄漏导致几人中毒。

> **点评**
>
> 一氧化碳中毒造成的后果很严重。因此，在使用热水器时，一定要注意检查是否有漏气的情况出现，保持浴室的空气流通，切忌为了舒服而把门窗紧紧关闭。

煤气中毒事件时有发生，尤其是大学生在外租房子时煤气中毒事件发生频繁，只有掌握好煤气安全使用知识，才能有效避免中毒事件的发生。

一、对煤气中毒的认识

（一）煤气与煤气中毒的概念

"煤气"是煤在燃烧不完全时产生的有毒气体，主要成分是一氧化碳。

煤气中毒即一氧化碳中毒。一氧化碳是一种无色无味的气体，不易察觉。血液中血红蛋白与一氧化碳的结合能力比与氧的结合能力要强 200 多倍，而且血红蛋白与一氧化碳的分离速度很慢。所以，人一旦吸入一氧化碳，氧便失去了与血红蛋白结合的机会，使组织细胞无法从血液中获得足够的氧气，致使呼吸困难。

（二）煤气中毒的类型

依据中毒的强度来划分，煤气中毒可分为三种。

1. 轻度中毒

中毒时间短，血液中碳氧血红蛋白浓度为 10%~20%。表现为中毒的早期症状，头痛眩晕、心悸、恶心、呕吐、四肢无力，甚至出现短暂的昏厥，一般神志尚清醒，吸入新鲜空气并脱离中毒环境后，症状迅速消失，一般不留后遗症。

2. 中度中毒

中毒时间稍长，血液中碳氧血红蛋白浓度为 30%~40%，在轻型症状的基础上，可出现多汗、烦躁、走路不稳、皮肤苍白、意识模糊、困倦乏力、虚脱或昏迷等症状，皮肤和黏膜呈现煤气中毒特有的樱桃红色。如果抢救及时，可迅速清醒，数天内完全恢复，一般无后遗症。

3. 重度中毒

发现时间较晚，吸入煤气过多，或在短时间内吸入高浓度的一氧化碳，血液中碳氧血红蛋白浓度常在 50% 以上，病人呈现深度昏迷状态，各种反射消失，大小便失禁，四肢厥冷，血压下降，呼吸急促，会很快死亡。

一般昏迷时间越长，表明中毒越严重。常留有痴呆、记忆力和理解力减退、肢体瘫痪等后遗症。特别是在夜间睡眠中引起中毒，日上三竿才被发觉，此时多已神志不清，牙关紧闭，全身抽动，大小便失禁，面色口唇呈现樱桃红，呼吸脉搏加快，血压上升，心律不齐，肺部有啰音，体温可能上升。极度危重者，持续深度昏迷，脉细弱，不规则呼吸，血压下降，也可出现 40℃高热，此时生命垂危，死亡率高。即使有幸未死，也会遗留严重的后遗症，如痴呆、瘫痪、丧失工作和生活的能力。

（三）煤气中毒的原因

1. 在密闭居室中使用煤炉取暖、做饭

由于通风不良，供氧不充分，可在室内产生大量一氧化碳。
（1）门窗紧闭，又无通风措施，未安装或没有正确安装排气设备。
（2）疏忽大意，致使煤气大量溢出。
（3）烟囱安装不合理，筒口正对风口，使煤气倒流。
（4）气候条件不好，如遇刮风、下雪、阴天，气压低致使煤气难以顺畅排出。

2. 煤气漏气

城区居民使用管道煤气，其一氧化碳含量为 25%~30%。如果管道漏气、开关不紧，或烧煮中火焰被扑灭造成大量煤气溢出，或使用燃气热水器时通风不良，均可能造成中毒。

3. 在启动的车内睡眠

冬季在车库内发动汽车或开动车内空调后在车内睡觉，都可能引起煤气中毒。因为汽车尾气中含有一氧化碳，一台 20 马力的汽车发动机一分钟可产生 28 升一氧化碳。

4. 其他意外场合

火灾现场产生的大量一氧化碳、矿井下爆破产生的炮烟、化肥厂燃烧的煤气等均可造成煤气中毒。

（四）决定煤气中毒程度的因素

（1）一氧化碳在空气中的含量。
（2）患者所处的环境和与一氧化碳的接触时间。
（3）婴幼儿在同样环境条件下较成人易于中毒。
（4）个人身体状况：有慢性病者如贫血、心脏病，可较其他人中毒程度重。

二、煤气中毒的防护

煤气中毒的防护主要是经常检查煤气管道或接口处。
（1）煤气罐开关处一定要经常检查。
（2）橡皮管如有老化或裂隙必须及时更换。
（3）住平房或住简易楼房的住户，若烧煤炉取暖，一定要安装通向室外的烟囱，并注意房间通风。
（4）检查煤气有无漏泄、安装是否合理、燃气灶有无故障、使用方法是否正确等。
（5）检查冬天取暖方法是否正确、煤气管道是否畅通、室内通风是否良好等。
（6）热水器应与浴池分室而建，并经常检查煤气与热水器连接管线的完好。
（7）如果入室后感到有煤气味，应迅速打开门窗，并检查有无煤气泄漏，切勿点火。
（8）在厨房内安装排气扇或抽油烟机。

（9）一定要使用煤气专用橡胶软管，不能用尼龙管、乙烯管或破旧的管子，每半年检查一次管道通路。

三、煤气中毒的急救

（一）煤气中毒的现场急救原则

（1）应尽快让中毒者离开中毒环境，并立即打开门窗，使空气流通。

（2）中毒者应安静休息，避免活动后加重心肺负担及增加氧的消耗量。

（3）有自主呼吸者，充分给予氧气吸入。

（4）神志不清的中毒者必须尽快抬出中毒环境，在最短的时间内检查中毒者的呼吸、脉搏、血压情况，并根据这些情况进行紧急处理。

（5）呼吸心跳停止者，立即进行人工呼吸和心脏按压。

（6）呼叫120急救服务，急救医生到现场救治中毒者。

（7）情况稳定后，将中毒者护送到医院进一步检查治疗。

（8）争取尽早进行高压氧舱治疗，减少后遗症。即使是轻度、中度中毒，也应进行高压氧舱治疗。

（二）煤气中毒急救的技巧

（1）迅速打开门窗，将中毒者从房中搬出，搬到空气新鲜、流通且温暖的地方。同时，关闭煤气灶开关，将煤炉抬到室外。

（2）抢救时，松解中毒者衣扣，保持呼吸道通畅，清除口鼻分泌物，然后按下面所述顺序做检查：脸色、意识、呼吸、心跳，是否有肢体抽搐、麻木、呕吐等情况。对意识消失的中毒者，检查其呼吸道是否畅通，发现鼻、口中有呕吐物、分泌物时，应立即清除；对有自主呼吸的中毒者，应充分给予氧气吸入；对呼吸微弱或呼吸停止的中毒者，应立即进行人工心肺复苏，即体外心脏按压和口对口人工呼吸；对昏迷不醒的中毒者，可用手按压其人中、十宣等穴位。

（3）给中毒者盖上大衣或毛毯、棉被，防止其受寒而感冒；可用手掌按摩中毒者躯体和针刺治疗，取穴为太阳、列缺、人中、少商、十宣等，轻、中度中毒者，针刺后可以逐渐苏醒；在脚和下肢放置热水袋。

（4）轻度煤气中毒者，在空气流通处休息2~3小时后症状即可消失。中度或重度煤气中毒者经过紧急处理，应马上送往医院进一步抢救治疗。

小贴士

发现煤气泄漏时该怎么做

1. 怀疑煤气泄漏

当怀疑有煤气泄漏时，可用以下方法查漏。

（1）任选肥皂、洗衣粉、洗涤剂三者之一，加水制成肥皂液，涂抹在燃具、胶管、旋塞阀、煤气表、球阀上，尤其是接口处，有气泡鼓起的部位就是漏点。

（2）眼看、耳听、手摸、鼻闻配合查漏。（注意：千万不要用明火查漏）

2. 发现煤气泄漏

如果发现煤气泄漏应保持冷静，可采取以下措施。

（1）立即关闭燃具开关、旋塞阀、球阀。

（2）勿动电器。打开和关闭任何电器，如电灯、电扇、排气扇、抽油烟机、空调、电闸、有线与无线电话、门铃、冰箱等，都可能产生微小火花，引起爆炸。

（3）打开门窗。让空气流通，以便煤气散发。

（4）电话报警。在没有煤气泄漏的地方，打电话报警。拨打急救电话时要特别留意：不能在室内打电话，包括手机，要到室外去打。因为在打手机和电话时，很可能产生电火花，容易使燃气在室内发生爆炸，产生更大的事故。

第四节　触电事故的防护和处置

案例

2020年6月20日，某师范大学一名学生在宿舍洗澡时触电，事发20分钟后校医才出现，未立即施救而是打电话通知救护车，触电学生最终不治身亡。

点评

触电事故在任何地点都可能发生。因此，需要时刻加以戒备，同学们也需要学习相关急救知识，在校医或救护车到来之前，对受伤者进行现场急救。

虽然电给人们的生活带来了极大的方便，但由于使用不当或其他原因，也会造成触电事故。据统计资料表明，我国每年因触电而死亡的人数约占全国各类事故总死亡人数的10%，仅次于交通事故。因此，同学们在日常生活中，一定要掌握安全用电的知识，避免灾难的发生。

一、触电事故的基本知识

（一）触电的概念

触电又称电伤，是指一定电流通过人体，引起组织、脑和心脏等重要器官功能障碍甚至死亡的一种现象。

触电后轻者表现为心慌、面色苍白、头晕无力、局部皮肤烧灼痛，稍事休息后可恢复正常。

重者可有抽搐、面色青紫、四肢发冷、心律失常、电击性休克或呼吸心跳停止，电流出入处的严重灼伤可使组织坏死。

（二）触电对人体的伤害

触电时间的长短及所触电压的高低对于病情的轻重程度有较大影响。电流通过心、脑、脊髓等重要组织和脏器后，往往会对人体造成严重危害，例如产生心室纤颤、心搏骤停、呼吸中枢麻痹而呼吸停止、皮肤烧伤、失明、耳聋、精神失常、肢体瘫痪，以及在触电后肌肉猛烈收缩导致人体坠落摔伤等。

（三）触电原因

（1）不懂安全用电常识，违反安全用电原则。如违章接线、违规拉线、在电线上晒湿衣物、违反用电的操作规程、用手接触插头等。

（2）意外事故。如因大风雪、火灾、地震致使房屋倒塌，使高压线断落。

（3）救护时直接用手拉触电者等。

二、安全用电常识

（一）宿舍、教室安全用电常识

（1）积极参加学校组织的安全用电常识讲座，自觉学习安全用电基本常识，树立安全用电意识。

（2）在宿舍、教室内不乱接电线和乱接用电设备，用电设备的金属外壳应有良好的接地装置。用电线路及电器设备绝缘必须良好，灯头、插座、开关等带电部分绝对不能外露，严防人体接触。

（3）不要购买"三无"假冒伪劣电器产品。

（4）无论是集体或个人，需要安装电气设备和电灯等用电器具时，应由专业电工操作。安装时，应先切断电源，验明确实无电。如果供电部门停电，应视为随时有来电的可能。电器设备出现故障时，要由专业电工维修。

（5）按照产品说明书正确使用热得快、电炉、电吹风等电器；不要玩弄电线、灯头、开关、电动机等电气设备；不要到电动机和变压器附近玩耍。

（6）要选用与电线负荷相适应的保险丝，不要任意加粗，严禁用铜丝、铁丝等代替保险丝。在更换保险丝、拆修电器或移动电器设备时必须切断电源，不要冒险带电操作。

（7）操作电器时应保持手的干燥，擦拭电器时应先切断电源，待水完全蒸发后再使用。勿用湿手、湿布、湿衣物与带电的灯头、开关、插座、电线接触。

（8）勿在一个插线板上使用过多电器；应使用正规厂家生产的多用插座，并注意多用插座的使用负载。

（9）如遇停电，在睡觉和外出前，要确认所有电源均已关闭。若感觉不保险，拔掉所有电器插头或关闭电闸。

（10）定期检查电线、开关、电灯灯口及电器的插头、引线使用的情况，更新老化破损的电器或电线。

（11）移动电器设备时，一定要先拉闸停电，后移动设备，绝不能带电移动。把带金属外壳的电器设备移动到新的地点后,要先安装好接地线,并对设备进行检查,确认设备没有问题后,才能使用。

(12)在电器损坏时,没有专业知识不要自行修理。禁止在潮湿的地板上修电器,发现有"噼啪"火花声时,应立即关闭电源。

(二)家庭安全用电常识

(1)每个家庭都应该备有一些必要的电工器具,如验电笔、螺丝刀、胶钳等,还应该备有适合家用电器使用的各种规格的保险丝。

(2)购买家用电器时应认真查看产品说明书的技术参数(如频率、电压等)是否符合本地用电要求。要清楚耗电功率是多少,家庭已有的供电能力是否满足要求,特别是配线容量、插头、插座、保险丝、电表是否满足要求。

(3)当家用配电设备不能满足家用电器容量要求时,应给予更换改造,严禁凑合使用,否则超负荷运行会损坏电气设备,还可能引起电器火灾。

(4)带有电动机类的家用电器(如电风扇等),还应了解耐热水平,是否可以长时间连续运行,要注意家用电器的散热条件。

(5)在铺设室内配线时,相线、零线应标志明晰,并与家用电器接线保持一致,不得接错。

(6)家用电器与电源连接,必须采用可开断的开关或插头,禁止将导线直接插入插座孔。

(7)凡要求有保护接地或保护接零的家用电器,都应采用三相插头和三相插座,不得用双相插头和双相插座代用,造成接地(或接零)线空置。

(8)家庭配线不得直接铺设在易燃的建筑材料上面。如需在木料上布线,必须使用瓷珠或瓷夹子;穿越木板必须使用瓷套管。不得使用易燃塑料和其他的易燃材料作为装饰用料。

(9)家用电器通电后发现冒火花、冒烟或有烧焦味等异常情况时,应立即停机并切断电源,切不可用水或泡沫灭火器浇喷。

(10)发热电器必须远离易燃物料。电炉、取暖炉、电熨斗等发热电器不得直接搁在木板上,以免引起火灾。

(11)紧急情况需要切断电源导线时,必须用绝缘电工钳或带绝缘手柄的刀具。

(12)抢救触电人员时,首先要断开电源或用木板、绝缘杆挑开电源线,千万不要用手直接拖拉触电人员,以免连环触电。

(13)不要把插线板放在床上。除电热毯外,不要把带电的电气设备引上床,不要靠近睡眠的人体。使用电热毯时,如果没有必要整夜通电保暖,也建议发热后断电使用,以确保安全。

三、触电后的急救

现代医学证明,呼吸停止,心脏停止跳动者,在1分钟内抢救,苏醒率最高达95%。而在6分钟后再抢救,苏醒率则在1%以下。如果大脑停止供血5分钟,将损坏脑细胞,即使人救活了,也会留下严重后遗症。这说明,在救护触电者时,应快速、正确急救,以争取时间抢救生命。

（一）触电后脱离电源的具体措施

1. 低压触电

低压触电时，可采取以下脱离电源的措施。

（1）当发现有人触电后，应立即切断电源。同时，用竹竿、木棍、塑料制品、橡胶制品、皮制品等绝缘物挑开触电者身上的带电物品，并立即拨打120或119求助。

（2）如果电源开关在触电地点附近，应立即拉开开关或拔出插头。但应注意，拉线开关和手开关只能控制一根导线，有时可能切断了电线但没有真正断开电源。

（3）如果触电地点远离电源开关，可使用有绝缘柄的电工钳或有干燥木柄的斧子等工具切断导线。

（4）如果导线搭落在触电者身上或者触电人的身体压住导线，可用橡胶手套、绳索、木板等绝缘物作工具，拉开触电者或移开导线。

（5）如果救护人手中握有绝缘良好的工具，则可拉着触电者的双脚将其拖离带电部分。施救时最好先穿上胶鞋，站在干燥的绝缘体上保护自己。

（6）如果触电者躺在地上，可用木板等绝缘物插入触电者身下，以切断电流。

2. 高压触电

高压触电时，可采用以下方法来使触电者脱离电源。

（1）一般绝缘物品不能保证施救者的安全。因此，不要尝试自行救援，应立即拨打电话通知有关部门拉闸停电，并拨打120或119求助。

（2）戴上绝缘手套，穿好绝缘靴，使用相应电压等级的绝缘工具按顺序断开电源。

（3）不能及时停电的，可抛掷裸金属线，使线路短路接地，迫使保护装置断开电源。抛掷金属线前，注意应将金属线的一端接地，然后抛掷另一端。

（4）在架空线路上不可能采用上述方法时，可用抛挂接地线的方法，使线路短路。在抛挂接地线之前，应先把接地线一端可靠接地，然后把另一端抛到带电的导线上，此时抛掷的一端不得触及触电者和其他人。

（5）当触电者脱离带电电线后，应迅速将伤者带到8~10米外，然后立即开始急救。

（二）触电后的急救

帮助触电者脱离电源后，应立即就近将其移至干燥通风处，视情况进行处理。严重者应立即就地进行抢救，并坚持不断地进行，争取时间让医务人员接替救治。

（1）如果触电者神志清醒，只是有些心慌、四肢发麻、全身无力，但失去知觉，可让触电者静卧休息，并严密观察，同时请医生前来或送医院救治。

（2）急救时，应使触电者仰面平躺，确保其气管通畅。在5秒内，呼叫触电者或轻拍其肩部，以判定触电者是否丧失意识，但禁止摇动触电者头部进行呼叫。如果触电者已丧失意识，应就地抢救。要确保其呼吸道的通畅，解开妨碍呼吸的紧身衣服，清理口腔黏液。

（3）如果触电者呼吸停止，应采用口对口人工呼吸法抢救。

（4）如果触电者心脏停止跳动，应进行人工胸外心脏按压法抢救。

（5）如果触电者有电烧伤的伤口，应包扎后到医院就诊。电烧伤会损伤皮下深层组织，不要凭表面情况判断烧伤的严重程度。

> **小贴士**
>
> 触电有哪几种方式
>
> 1. 单相触电
>
> 单相触电也称单线触电。其电流通路是接触单根电线后，电流通过人体，最后从人体与地面接触处流出。这是日常生活中最常见的电击方式。
>
> 2. 二相触电
>
> 二相触电也称双线触电。人体两点接触电位不同的电线，电流从电位高的一根通过人体，流到另一根电位低的电线，构成电流通路触电。
>
> 3. 跨步电压触电
>
> 当一根电线断落在地，以此电线落地点为圆心，在20米之内的地面上有很多同心圆，且各圆周上的电压不同，离圆心近的圆周电压高，离圆心远的电压低，这种电压差叫"跨步电压"。当人走进离电线落地点10米以内的区域时，若两脚迈开约0.8米就有电压差，电流就从电位高的一脚进入，从电位低的一脚流出，形成电压差，使人触电。

第五节　中暑的防护和处置

案例

2013年7月，学生向某计划暑期骑自行车到云南丽江，7月15日出发，行进到宜宾时，旅途戛然而止，因为他中暑了。7月15日晚，向某被同学送到医院时，已经陷入深度昏迷状态。医院立即组织经验丰富的急救医生进行抢救，经一个多小时抢救无效，宣布死亡。

据了解，15日这天，宜宾市发布了首个高温橙色预警信号，在宜宾城区气温高达36℃以上，据一名医生说，向某可能是中暑，当时抢救向某时，测量其体温达到了42℃。

点评

中暑事件时有发生，若没有掌握相关中暑急救知识，对中暑者进行急救，将减少中暑者生还的机会。因此，作为大学生，一定要掌握好中暑的急救知识。不仅要随时保护自己的安危，也能给他人一定的援助。

随着全球变暖及城市的扩大，夏季的高温越来越"烧灼"着人们的皮肤，尤其是新生军训期间，中暑事件时有发生。此时，需要掌握一定的防暑及中暑急救知识。

一、中暑概述

（一）中暑的概念

中暑是指在高温和热辐射的长时间作用下，机体体温调节障碍，水、电解质代谢紊乱及神经系统功能损害的症状的总称。

（二）中暑的症状

根据临床表现的轻重，中暑可分为先兆中暑、轻症中暑和重症中暑，而它们之间的关系是渐进的。

1. 先兆中暑

高温环境下，出现头痛、头晕、口渴、耳鸣、恶心、心慌、多汗、四肢无力且发酸、注意力不集中、动作不协调等症状。体温正常或略有升高。此时应及时到阴凉处休息，补充盐水，在短期内症状即可消失。

2. 轻症中暑

体温往往在38℃以上。除头晕、口渴外往往有面色潮红、大量出汗、皮肤灼热等表现，或出现四肢湿冷、面色苍白、血压下降、脉搏加快等表现。如果及时处理，往往可于数小时内恢复。

3. 重症中暑

出现痉挛、昏迷、皮干无汗、体温在40℃以上或休克症状。重症中暑是中暑情况中最严重的一种，如果不及时救治将会危及生命。这类中暑又可分为四种类型：热痉挛、热衰竭、日射病和热射病。

（1）热痉挛症状特点。热痉挛多发生于大量出汗及口渴，饮水多而盐分补充不足，致血中氯化钠浓度急速且明显降低。这类中暑发生时，肌肉会突然出现阵发性的痉挛疼痛。

（2）热衰竭症状特点。热衰竭常常发生于老年人及一时未能适应高温的人。主要症状为头晕、头痛、心慌、口渴、恶心、呕吐、皮肤湿冷、血压下降、晕厥或神志模糊。此时的体温正常或稍微偏高。

（3）日射病症状特点。日射病的原因正像它的名字一样，是因为直接在烈日的暴晒下，强烈的日光穿透头部皮肤及颅骨引起脑细胞受损，进而造成脑组织的充血、水肿。由于受到伤害的主要是头部，所以，最开始出现的不适就是剧烈头痛、恶心呕吐、烦躁不安，继而可能出现昏迷及抽搐。

（4）热射病症状特点。还有一部分人在高温环境中从事体力劳动的时间较长，身体产热过多，而散热不足，导致体温急剧升高。热射病发病早期有大量冷汗，继而无汗、呼吸浅快、脉搏细速、躁动不安、神志模糊、血压下降，逐渐向昏迷或四肢抽搐发展；严重者可产生脑水肿、肺水肿、心力衰竭等。

（三）中暑的原因

（1）在高温作业的车间工作，如果再加上通风差，则极易发生中暑。

（2）农业及露天作业时，受阳光直接暴晒，再加上大地受阳光的暴晒，大气温度再度升高，使人的脑膜充血，大脑皮层缺血而引起中暑，空气中湿度的增强易诱发中暑。

（3）在公共场所，人群拥挤集中，产热集中，散热困难，易诱发中暑。

（4）除了高温、烈日暴晒外，精神过度紧张、人员过于密集、工作强度过大、时间过长、睡眠不足、过度疲劳等均为常见的诱因。

二、中暑的预防

（1）盛夏期间做好防暑降温工作，教室应开窗，使空气流通，地面经常洒水，设遮阳窗帘等。

（2）合理安排作息时间，不宜在炎热的中午过多活动。加强个人防护，打遮阳伞或是戴遮阳帽，饮消暑饮料。

（3）有头痛、心慌时应立即到阴凉处休息、饮水。

（4）高温作业时，热能及水溶性维生素需求量增加，宜多吃些容易消化、热量高的食物，如小米、豆类、动物内脏和蛋类，宜多吃绿叶蔬菜类食物。

（5）夏季露天劳动，应尽量安排在早晚，延长中午休息时间。劳动时，须戴草帽，并开领、卷袖劳动。

（6）有慢性心、肝、肾疾病和年老体弱者不宜从事高温作业。

（7）天气炎热时，应穿宽松、透气的浅色服装，适当补充消暑饮料。

（8）注意室内通风，将室温控制在30℃以下，有条件者尽量使用空调。

（9）开展耐热锻炼，提高热适应能力。人体对环境是有适应能力的，对热环境也是一样，通过在热环境下，逐渐增加劳动和锻炼强度、时间，使机体对热的耐受能力提高。

（10）避免过度劳累，保证充足的睡眠时间。

（11）准备人丹、十滴水、藿香正气水、清凉油等。

三、中暑的急救

中暑急救治疗原则：早期应及时合理地处置，包括迅速降低体温，适当补充水、盐，调节电解质紊乱和酸碱紊乱，积极防治心力衰竭、休克、脑水肿、肺水肿等并发症。

（一）急救措施

1. 先兆中暑和轻症中暑的急救

（1）迅速将患者脱离高温环境，解开衣扣，使其仰卧，并在其头肩部下面垫些东西，防止血液涌向头部。将患者安置于通风阴凉处休息。用冷水毛巾湿敷头部或用电扇吹风。有条件者，可将患者放置于有空调的抢救室内。

（2）可用酒精给中暑者擦身，额上置冰袋，或用毛巾浸冷水敷其头部、腋窝、腹股沟等处。

（3）体温持续在 38.5℃以上者，可给予口服解热镇痛剂。

（4）缓慢口服含盐的冰水或清凉饮料，如冷的盐糖水、绿豆汤，还可口服藿香正气水，涂擦清凉油等解暑药，使患者体温尽快下降。

（5）民间刮痧疗法。民间刮痧法往往有良效，其方法如下：用表面光滑的汤匙，蘸点食用油刮其颈部两侧或背脊两侧，刮到皮肤呈紫红色为止。

2. 重度中暑的急救

降温是重度中暑抢救的关键。中暑后高热持续时间越长，组织损害越严重。

（1）改善周围循环，以防休克。

（2）监测生命体征、降温效果等情况，并保持呼吸道通畅，避免气道阻塞，尽快送医院进行治疗。

（3）对症治疗。保持呼吸道通畅、吸氧、纠正电解质失衡。

（二）注意事项

（1）降温不要过度。一旦患者体温降到38℃，应停止降温，观察10分钟。若此时体温又回升，应继续降温；若体温继续下降，应注意保温，防止发生休克。

（2）不能让昏迷患者喝热饮料。患者神志不清时，可让其多喝些凉开水或其他清凉饮料，但不能喝热饮料。

（3）如果发现患者呼吸困难，应立即施行人工呼吸。

（4）应让患者平卧，垫高双脚。

（5）如果患者清醒没呕吐，每15分钟给患者喝淡盐水一杯，共喝两杯。

（6）注意不要给昏倒的患者灌饮任何东西，以免呛到患者或液体入肺，使抢救效果适得其反。

小贴士

中暑后的饮食有哪些禁忌

夏季天气炎热，特别是进入盛夏后，空气湿度明显增大，空气流通性差，天气更加闷热异常。常在室外劳作的人们，很容易中暑。中暑后除及时采取治疗外，在饮食上也有四大忌需要引起人们的重视。

第一，忌大量饮水。中暑的人应该采取少量、多次饮水的方法，每次以不超过300mL为宜，切忌狂饮不止。因为，大量饮水不但会冲淡胃液，进而影响消化功能，还会引起反射排汗亢进，结果造成体内的水分和盐分大量流失，严重者还会促使热痉挛的发生。

第二，忌大量食用生冷瓜果。中暑的人大多出现脾胃虚弱状况，如果大量吃进生冷瓜果或寒性食物，会损伤脾胃阳气，使脾胃运动无力，寒湿内滞，严重者则会出现腹泻、腹痛等症状。

第三，忌食用大量油腻食物。中暑后应该少吃油腻食物，以适应夏季胃肠的消化功能。如果吃了大量的油腻食物，会加重胃肠的负担，使大量血液滞留于胃肠道，输送到大脑的血液相对减少，人体就会感到疲惫加重，更容易引起消化不良。

第四，忌单纯进补。人们中暑后，暑气未消，虽有虚症，却不能单纯进补。如果认为身体虚弱急需进补就大错特错了。因为进补过早的话，则会使暑热不易消退，或者是本来已经逐渐消退的暑热会再次卷土重来，那就更加得不偿失了。

第六节 烧（烫）伤的防护和处置

案例

2021年10月11日，女大学生李某在一家火锅店内用餐时，其后方的邻桌客人正在吃火锅，由于酒精炉中没火了，于是客人喊老板娘来添酒精。片刻，老板娘便提着一个装有酒精的塑料桶过来，弯腰添倒时，李某只听到身边传来"砰"的一声响，自己身上便蹿出火苗，迅速遍布双臂、脖子及脸颊。据了解，李某身上烧伤最重的要数两个手臂，院方立即为其双臂做植皮手术，李某的妈妈说："医生说就算植皮成功，也不可能完全恢复到以前那样，女儿听到后心都碎了。"

点评

本案例告诉我们，使用可燃物质，如打火机、酒精、天然气、煤气等，尤其需要注意，根据产品说明正规操作，购买相关产品时也需要注意检查是否为合格产品，谨防假冒伪劣产品，尤其像酒精这类易燃物，一定不要在存在明火时做添加、倾倒等操作，以免引起事故的发生。

在学习与生活中，经常与火或开水接触，如果不小心或不注意，就会被火或开水烧（烫）伤，导致人体组织与器官的某一部分受到伤害。烧（烫）伤的急救措施是否及时与得当，对以后的治疗有重要的影响，有时甚至关系到病人的生命。

一、烧（烫）伤概述

（一）烧（烫）伤的概念

烧（烫）伤（包括灼伤）是由于高温或腐蚀性化学物质作用于体表组织而造成的一种损害。烧（烫）伤是生活中常见的意外伤害，沸水、滚粥、热油的烧（烫）伤是常会发生的事情。对某些烧（烫）伤，如果处理及时，就不会导致不良的后果。大学生烧（烫）伤常见的原因有开水、蒸汽、火焰、烫粥、强酸、强碱等，烧伤不仅会对局部皮肤黏膜及邻近组织造成损害，大面积的烧伤还可引起严重的全身反应，累及重要的器官，甚至发生休克及死亡。

（二）烧（烫）伤的深度及临床表现

烧烫伤的严重程度主要根据烧烫深浅度、烧伤面积大小来判断。烧（烫）伤在头面部，或虽不在头面部,但烧(烫)伤面积大、深度深的,都属于严重烧(烫)伤。

烧烫深度的估计,一般分为以下三度。

(1) Ⅰ度烧(烫)伤。只伤及表皮层,受伤的皮肤发红、肿胀,觉得火辣辣得痛,但无水泡出现,3~5天后自愈,不留疤痕。

(2) Ⅱ度烧(烫)伤。伤及真皮层,局部红肿、发热,疼痛难忍,有明显水泡。易发生感染,常留疤痕。

(3) Ⅲ度烧(烫)伤。全层皮肤包括皮肤下面的脂肪、骨和肌肉都受到伤害,皮肤焦黑、坏死,这时反而疼痛不剧烈,因为许多神经也都一起被损坏了。严重者烧伤部位为黑色焦痂,极易感染,愈后均有疤痕,甚至呈挛缩畸形,影响功能活动。

(三)烧(烫)伤面积的估计

常用的方法有九分法和手掌法两种。大面积的烧伤常用九分法来估计烧伤面积。小面积或不规则的烧伤常用手掌法来估计。

(1) 九分法。头、颈、面部共占9%,双上肢占18%,躯干前后(包括会阴1%)占27%,双下肢(包括臀部5%)占46%。

(2) 手掌法。患者本人的五指并拢,一手掌的面积等于体表面积的1%。

(四)烧(烫)伤的程度

(1) 轻度烧伤。面积在10%以下的Ⅰ~Ⅱ度烧伤。

(2) 中度烧伤。面积在11%~30%的Ⅰ~Ⅱ度烧伤,或面积在10%以下的Ⅲ度烧伤。

(3) 重度烧伤。面积在31%~50%的Ⅰ~Ⅱ度烧伤;或面积在11%~20%的Ⅲ度烧伤;或面积不足30%的Ⅰ~Ⅱ度烧伤,但合并有休克、严重创伤、化学中毒或重度呼吸道烧伤者。

(4) 严重烧伤。面积在51%~80%的Ⅰ~Ⅱ度烧伤,或面积在21%~50%的Ⅲ度烧伤。

(5) 特重烧伤。面积在80%以上的Ⅰ~Ⅱ度烧伤,或面积在50%以上的Ⅲ度烧伤。

二、烧(烫)伤的预防

(1) 预防发生烧伤的关键在于提高安全意识。

(2) 食堂、澡堂、开水房、实验室是大学生常发生烧(烫)伤的地方,必须注意预防。

(3) 在开水房、食堂附近不要踢球,不要骑快车,以免打破或碰翻其他同学的开水瓶及盛热稀饭的饭盒而造成烫伤。

(4) 宿舍内严禁使用电炉、煤油炉、煤气灶,以免发生事故造成烧伤。

(5) 大学生在实验室做实验应严格按照操作规程操作,注意安全,杜绝事故的发生。

三、烧(烫)伤的现场急救

烧(烫)伤是日常生活中常见的一种皮肤损伤,现场进行救护能够减轻一定的伤害。

（一）轻度烧（烫）伤的急救

（1）发生烧伤后，应立即灭火，使烧伤者脱离热环境。迅速脱去着火的衣物或就地打滚将身上的火压灭，切忌惊慌失措奔跑而使身上的火焰更旺；同时切勿叫喊，以免造成呼吸道损伤，也不要用手拍打衣物上的火焰而造成手的烧伤。

（2）应立即用自来水冲洗或将受伤部位浸泡在清洁的冷水中，以减轻疼痛和损伤，或用苏打水浸过的干净布冷敷局部，涂些清凉油等，可以起到清热解毒、消肿止痛的作用。遇有口渴的严重受伤者，可以喂一些含有盐分的水，如生理盐水、糖盐水等。经上述简单处理后，应将烧（烫）伤病人及时送往医院治疗。

（3）烧（烫）伤部位已经起水泡的不要弄破，以免感染，可在水泡周围涂擦酒精，然后用干净纱布包扎，为了不给转送的医院增加诊断困难，不应上消炎粉等物。

（4）烧（烫）伤后，衣裤鞋袜不要强行撕脱，先用剪刀剪开，然后慢慢撕脱，以免加剧创面损伤。

（5）如果烧（烫）伤面大且重，则用湿的清洁被单包裹，外覆毯子送医院治疗。

（6）烧（烫）伤后如果表皮仅仅发红、无水泡或表皮脱落，则应用清洁冷水冲洗创面或浸于冷水内，可止痛并减轻水肿，以防止热力对组织的进一步损害。这样既可减轻烫伤深度，也可清洁创面及减轻痛苦。可以抹点干净的动、植物油，清凉油或烫伤膏，烧（烫）伤面可不包扎。

（7）在保护烧（烫）伤创面时，用清洁被单、衣服等简单包裹，以避免污染和再损伤，切勿涂有色药物及油类，以免影响对创面的观察。

（二）重度烧（烫）伤的急救

（1）做好烧（烫）伤前期的处理工作，如脱去被沸水浸透的衣服，防止热力继续作用而加重损伤。

（2）保护创面，可用清洁毛巾包裹创面。同时应立即与医院或急救中心联系，争取抢救的宝贵时间，以减轻患者的痛苦，挽救患者的生命。

（3）口鼻呼吸道烧（烫）伤后在运送到医院途中，要注意保持呼吸道通畅。严重烧（烫）伤多在2~3小时后发生休克。运送途中要让患者保持平卧，不要直立，可以喝些淡盐糖水，疼痛明显的可服止痛药。

（4）在转运过程中应注意对受损部位的保护，尽可能不使创面污染；头、面、眼、耳、呼吸道和会阴等部位的烧（烫）伤，列为特殊部位的损伤，其伤情往往较其他部位严重，必须高度重视，慎重对待。

（三）化学性物质灼伤的急救

（1）应立即用大量清水冲洗干净，以缓解化学物质对皮肤的腐蚀，如能准确了解为何种化学品灼伤，现场又有条件的话，可予以对症处理。

①如被酚（石炭酸）灼伤，可用酒精冲洗。

②如被磷灼伤，首先用大量清水冲洗，然后将伤部浸泡在清水中，以避免伤处与空气接触。

③对于强酸、强碱造成的灼伤，也必须用大量的清水反复冲洗，强酸用碳酸氢钠溶液湿敷或浸泡，强碱用醋酸湿敷或浸泡，并尽快送医院治疗。

（2）头面部化学灼伤时，首先应注意眼部，看角膜有无损伤，并立即用大量清水冲洗创面。

（3）被生石灰灼伤后，切忌伤后用水冲洗。这是一个例外，因为生石灰遇水会产生大量热，加重创面的损伤程度。所以，必须先将创面上的生石灰清除干净，然后用大量清水冲洗创面。

被化学性物质深度灼伤后疤痕的形成在所难免，疤痕挛缩畸形将直接影响伤员的工作、学习和生活。但抓住烧伤后短暂的黄金时间对创面进行简单的处理，将大大减轻受损程度，减少疤痕的形成。

> **小贴士**
>
> ### 烧伤疤痕康复期间应注意什么
>
> #### 1. 要注意皮肤的清洁卫生
>
> 在烧伤创面刚愈合时，仍有少量分泌物和药痂，此时细菌容易快速繁殖，加上表皮薄嫩，结构和功能都不完善，因此，很容易发生感染、破溃。在烧伤疤痕康复期间，可使用中性清洁剂进行清洗，清洗后使用抗疤痕药物等治疗。
>
> #### 2. 要避免过度摩擦和过度活动
>
> 由于疤痕表皮结构和功能不完善，表皮较易受到损害，一些不恰当的治疗可能加重损伤。在应用抗疤痕药物时，不宜过度用力按摩，也不宜过长时间按摩，这样会造成表皮与纤维板层分离形成水疱或血疱，关节部位过度活动，同样会导致表皮松动分离或起水疱。
>
> #### 3. 如果是下肢烧伤，不宜过早下地活动
>
> 由于疤痕表皮薄弱，其下血管结构及功能又不完善，不能抵抗重力的内压。而在站立时，下肢创面会因毛细血管破裂而发紫，甚至出血，这样会加重疤痕增生，不利于烧伤疤痕的康复。因此不宜过早下地活动，比较适宜的时机一般在3个月左右，并且在下地前最好使用压力套保护，这样可减轻疤痕充血。
>
> #### 4. 对于水疱应及时引流，避免感染形成溃疡
>
> 烧伤疤痕康复时，新生表皮由于各种刺激，易发生松动，形成水疱，而出现水疱后若不及时正确处理，往往发生感染，形成溃疡。一般应在水疱消退、溃疡愈合后再实施抗疤痕治疗。

第七节　动物致伤的防护和处置

案例

2022年7月13日，孙某和同学、老师一同去某风景区旅游。在玩一项寻宝游戏时，孙某发现一处可能藏宝的地方，于是他伸手拨弄草丛，不料却抓住了一条蛇的尾部。他不但没

有立刻松手，反而将蛇抓紧，试图把蛇抓起来给同学瞧一瞧。不料蛇回头将孙某大拇指咬伤。孙某顿时感到一股凉意，伤口紧接着开始疼痛、肿胀，伤势迅速蔓延到整条手臂。经化验，孙某被一种叫短尾蝮的毒蛇咬伤，经清创、抗炎等治疗伤口已稳定，但仍需住院治疗。

点评

在野外活动时，一定要注意防范毒虫的咬伤，不要到处乱爬乱跑，不要随意睡在草地上或爬树，不可长时间固定在一个地方。

当某种物质进入人体后，会对组织器官发生生物化学或生物物理作用，并损害人体健康，该物质即为毒素。毒素在3~5分钟即被吸收。因此，其急救原则是及早防止毒素的扩散和吸收，尽可能减少局部损害，急救措施采取得越早，愈后越好。

一、被毒蛇咬伤的现场急救

当你不慎被蛇咬伤，千万不要惊慌失措，首先应判断是否为毒蛇咬伤。具体应注意查看：

毒蛇咬伤后留下两个较深的牙痕，是可靠的诊断依据。无毒蛇咬伤后留下的是两排较浅的细牙痕。

被金环蛇、银环蛇及海蛇等神经毒素类毒蛇咬伤后局部症状不明显，其伤口不红不肿，疼痛轻、不流血，常在半小时后出现头晕恶心、眼睑下垂、视力模糊、语言不清、呼吸困难，以致出现呼吸衰竭和心力衰竭。

被五步蛇、竹叶青、蝮蛇等血液毒素类毒蛇咬伤后局部剧痛、肿胀明显、流血不止、周围皮肤呈青紫色，肿胀迅速向近心端蔓延，并伴有发热、寒战、心悸、血尿等全身症状。

一旦确定是被毒蛇咬伤，就应采取以下应急措施。

（1）保持镇静。患者应保持镇静，切勿惊慌、奔跑，以免加速毒液的吸收和扩散。

（2）绑扎伤口。为防止与减缓毒素继续吸收和扩散，在肢体创口的近心端绑扎止血带。绑扎不能过紧过久，要间断放松，防止远端肢体缺血坏死。伤肢止动、抬高，以减少毒素吸收和水肿。

若手指被咬伤可绑扎在指根上，手掌或前臂被咬伤可绑扎在肘关节上，脚趾被咬伤可绑扎在趾根部，足部或小腿被咬伤可绑扎在膝关节下，腿被咬伤可绑扎在大腿根部。只有这样，才能减缓甚至阻止毒素蔓延到其他部位。

由于蛇毒素可在3~5分钟内即被吸收，故应立即在近心端距伤口5~10厘米处用带子或手帕等绑扎，每隔20分钟放松2~3分钟，以免肢体缺血坏死，一般在急救处理结束，或服有效的蛇药半小时后松绑。

（3）扩创排毒。绑扎后应立即用清洁水、肥皂水或高锰酸钾溶液冲洗伤口。如果伤口内有毒牙残留，应迅速用小刀或碎玻璃片等其他尖锐物以"十"字形划伤皮肤，挑出残留毒牙，使用前最好用火烧一下消毒，再用消毒后的尖锐物按毒牙痕方向纵向切开皮肤，最好把两个毒牙痕连贯起来。这样可促使组织液和血液外流，使毒液被更多地排除掉（流血不止的伤口禁止切开）。

切口太浅毒液不能排出，切口太深有可能伤及神经肌腱，后果会更严重，因而最好用针在伤口周围扎些小孔，使血液和组织液从中流出，组织液中排出的毒液要比血液中排出得多。接着，可将患肢浸在2%冷盐水中，或直接用手自上向下、周围向创口中心挤压。

用手挤压伤口周围，尽量将毒液挤出，也可用吸乳器或拔火罐将伤口内毒液吸出。

（4）使用蛇药。蛇药是治疗蛇咬伤最有效的中成药。例如，咬伤后最好立即服用"季德胜蛇药片"或"上海蛇药"。同时将药片溶化后，涂于伤口周围，并可在肢体肿胀的上方2厘米处再涂一圈，以阻抑毒素向上扩散。也可就近采集半边莲、白花蛇舌草、徐长卿等草药服用或外敷。

（5）送医院治疗。在急救措施结束后，应迅速到医院进行及时治疗。

二、被猫狗咬伤的现场急救

一旦被猫狗抓、咬伤，重要的是做好现场急救工作。

在被猫咬伤后，可能只有数小时就会出现伤口感染、疼痛加剧、红肿、流脓等反应。被咬后应迅速用清水涂肥皂冲洗干净，包上纱布再去医院检查。被狗咬伤的伤口，容易化脓，所以必须进行彻底的伤口处理，及时注射疫苗。因此，被猫狗咬伤或抓伤后，要避免过分恐惧，尽可能安静、放松，减少活动，以免毒素扩散，并立即到医院处理。紧急处理原则以下几点。

（1）凡遭猫狗咬伤，无论是病猫、疯狗还是正常的猫狗，都先要挤出污血，然后用3%~5%的肥皂水或淡盐水反复冲洗伤口。

（2）用70%的酒精或2%~5%的碘酒消毒周围皮肤。

（3）对较深的伤口用3%的过氧化氢冲洗，不予缝合，以利引流。

（4）立即到医院进一步治疗，并在24小时内到防疫站注射预防狂犬病的疫苗和抗狂犬病的血清。

（5）最好将"肇事"的猫狗等宠物带到动物医院做检查，了解是否有可能患狂犬病。

三、被蝎子蜇伤的现场急救

蝎子有一弯曲而锐利的尾针，与毒腺相通，刺人时蝎毒经此而注入皮肤。毒液为神经毒性质。轻者，蜇伤处局部有疼痛、发麻、红肿，数日后消失，多数不影响生命。

严重病例可出现寒战、发热、恶心呕吐、头痛、眩晕、肌肉强直或抽搐、呼吸加快和脉搏细弱等。有的人会发生内脏出血和肺水肿，少数人可因呼吸、循环衰竭而死亡。

蜇伤如在四肢，可在伤口上方缠止血带，拔出毒钩，将明矾研碎，再用米醋将其调成糊状，涂在伤口上。必要时，请医生切开伤口，抽取毒汁。

四、被蜈蚣咬伤的现场急救

蜈蚣是毒虫，被其咬后伤口呈小孔状，局部会出现红肿，并伴有剧烈疼痛。蜈蚣越大，注入的毒液越多，症状越严重，局部可能发生坏死，感染淋巴管炎和淋巴结炎，全身症状有头痛、眩晕、发热、恶心、呕吐、抽搐及昏迷等。

被蜈蚣咬伤后，应马上挤出毒液，在伤口的近心端部位用领带等扎起来，并用自来水冲洗，进行冷敷后马上去医院。

蜈蚣毒液呈酸性，也可用碱性液体中和。因此，可立即用5%~10%的小苏打水或肥皂水、石灰水冲洗，不要用碘酒，伤口周围也可敷溶化的蛇药片。咬伤严重者须口服蛇药片。

五、被蜂类蜇伤的现场急救

少数蜂类蜇伤人后，仅引起人体红肿和疼痛，数小时后即自行消退，全身反应轻微。蜂刺留在伤口内，易引起化脓。如果被成群蜂蜇伤，则会出现全身症状，如发热、头晕、恶心呕吐、烦躁不安等，甚至可发生昏迷、少尿、呼吸困难、血压下降等危重症状，严重的可引起死亡。

（1）被蜂类蜇伤后，首先用消毒的细针将蜂刺挑出，用手挤出毒液。然后立即用肥皂水擦洗，局部用3%的氨水或5%~10%的碳酸氢钠液（小苏打）湿敷伤口。

（2）若被黄蜂蜇伤，则可用醋酸或食醋洗敷。

（3）如果被蜂蜇后出现恶心、抽搐等症状是危险征兆，要及时送医院。若被蜂蜇后20分钟以内无异常反应，一般说明问题不大。

六、被毒蜘蛛咬伤的现场急救

被毒蜘蛛咬伤后，伤口局部有大片红肿，并伴随剧痛，重者可出现寒战、发热、恶心、呕吐、头痛、昏睡、盗汗、呼吸增快及脉搏细弱等症状。

被毒蜘蛛咬伤者局部苍白或发红，也可能出现荨麻疹，重者可发生局部组织坏死或全身症状。其急救措施与毒蛇咬伤相同。

> **小 贴 士**
>
> ### 怎么识别疯病动物
>
> 疯病动物早期的主要表现是性情的明显改变，如忧虑或害怕，并有神经过敏。有的疯病动物表现出对主人异常友好、摇尾乞怜，但在轻微的刺激下也会咬人，主动攻击陌生人；有的离群独处，不与其他动物待在一起，对主人变得无感情；有的出现怪食癖，如吃土、咬草、咬木头等。这些异常表现如不细心观察，很难发现。疯病动物在疾病的最早期，唾液里含有大量狂犬病毒，此时若亲近、玩耍就容易被传染而得病。
>
> 疯病动物过了发病早期就进入兴奋期，表现为坐立不安、跑来跑去、咬叫无常，此时已不能辨认生人和熟人，而表现出攻击人的疯狂状态，很多人就是这时被咬伤的。随后疯病动物耷拉着尾巴，或尾巴夹在两腿之间，张着嘴，顺嘴流口水，吞咽困难，走起路来摇摇晃晃，全身毛竖起。进入晚期，疯病动物很快发生呼吸困难，全身衰竭死亡。
>
> 值得注意的是，少数疯病动物表现为"安静型"，即无明显兴奋表现；也有少数动物不发病，为所谓"携带病毒状态"（带有狂犬病毒，可以传染给人或其他动物，但本身并不发病），不为人所注意，其更具危险性。

第十一章 信息与网络安全

第一节 网络安全基本知识

我们生活在信息时代，而网络是信息社会的形象代言人，网络是科技飞速发展的智慧结晶体，网络以全方位的立体交叉方式构建出一座座全新的梦幻世界，网络以鲜活的刺激创立了一个个生机勃勃的生命空间。网络以信息传递的快捷性、场景设置的虚拟性、大众参与的广泛性而渗透到我们生活的方方面面。

一、网络生理与心理危机

（一）网络生理与心理危机的发生

长时间不正确使用计算机或上网对学生的身体和心理可能造成许多损害，如损害眼睛、颈椎、脊椎、腰部和背部、手指和手腕、下肢及皮肤等，甚至可能降低人体的免疫力。由于沉迷网络，会造成心理扭曲。因此，学生应该养成科学健康使用计算机，养成良好的上网习惯，积极预防上网对生理和心理健康的损害。

（二）网络生理与心理危机的预防

1. 养成良好的上网习惯和正确姿势

（1）要注意用眼卫生，预防"电脑眼"。眼睛与显示屏应保持至少60厘米的距离，显示屏的亮度要适宜，同时要注意环境光线的调节。

（2）要选用优质键盘、鼠标，保持正确的操作姿势，防止引发手腕和手指疾病。

（3）自觉控制上网时间，每天不超过2小时；上网1小时后要休息几分钟，到户外活动。

（4）注意计算机使用环境的卫生，尽量去有合法营业资格、有安全保障、照明条件好、空气流通的网吧；在家或宿舍上网要经常通风换气。

2. 注意心理安全

使用计算机或上网要注意心理安全，预防以下几种心理疾病。

（1）计算机依赖成瘾。使用者没有明确目的，不可抑制地长时间操作计算机或上网浏览网页、玩游戏等，几乎每天上网五六个小时，经常熬夜上网，网瘾日益严重。

（2）网络交际成瘾。在现实生活中不愿和人直接交际，不合群，沉默寡言，但喜欢网络交际，经常上网聊天或通过其他网络交流方式与人交流思想感情；一天不上网交际，就浑身不舒服。有的成为博客型网民，恨不能时时刻刻挂在网上。

（3）网络色情成瘾。难以克制地浏览色情网站、下载色情图片，收看色情影像，阅读色情文章等，沉溺其中难以自拔，甚至制作、传播色情信息，触犯刑律。

（4）网络躁狂或抑郁。一段时间若不能上网，便会产生失落感、空虚感、焦虑感，烦躁不安，想找人吵架或攻击别人；有的则心情郁闷，百无聊赖，产生悲观情绪。

3. 警惕不良心理

使用电脑要警惕以下不良心理。

（1）追求刺激心理。掌握了计算机技术，就跃跃欲试，在不断破解别人电子密码，攻破网络禁区中寻求新刺激，乐此不疲。

（2）智力炫耀心理。自持身怀计算机绝技，把网络当成施展高智商的舞台，解密攻关成瘾，专门挑战保密单位、军事部门或政府机关网站，进行非法入侵窥探、捣乱活动。

（3）恶作剧心理。缺乏社会责任感和自我约束能力，道德观念淡薄，拿别人开"电子玩笑"，给别人制造电子麻烦，捉弄人。

（4）图财牟利心理。有关研究表明，促使犯罪者实施计算机犯罪的最主要的因素是个人财产上的获利，其次是进行犯罪活动的智力挑战。

（5）报复陷害心理。因为达不到某种目的或与人有矛盾纠纷，或者自认为遭受不公正的待遇等，对他人实行电子报复或陷害。

（6）法盲侥幸心理。以为互联网无国界、无法律、无警察；以为利用计算机违法无形无影，留不下痕迹证据；以为执法机关精通计算机的人不多，未必能侦查破案。其实，我国和世界上许多国家都有网络警察，其中有许多网络高手，专门打击计算机违法犯罪活动。

二、网络不良信息侵害

（一）网络不良信息侵害的发生

目前网络不良信息的多元化趋势已经非常明显。除了已经被各大媒体曝光的各种色情类的视频、图片、文章等"低俗内容"之外，网络不良信息中还存在赌博、造假、诈骗等各类违反法律和违反道德的内容。

（二）网络不良信息侵害的预防

1. 要上内容健康的网站

不要登录内容不健康的网站，不要浏览色情、暴力、赌博等有损身心健康的内容，以免心灵遭受污染；不要沉迷于网络游戏和聊天。应多收集一些有益于身心健康和学习的信息，培养高尚的情操，努力树立正确的人生观、世界观和道德观。

2. 要充分认识网络世界的虚拟性、游戏性和危险性

对网络恋情要多一点清醒,少一点沉迷,不要把网络当作现实生活的避风港。生活中无论有什么艰难险阻,都应该积极地去面对,去解决。

3. 要保持正确对待网络的心态,遵守全国青少年网络文明公约

要善于网上学习,不浏览不良信息;要诚实友好交流,不侮辱欺诈他人;要提高保护意识,不随意约会网友;要维护网络安全,不破坏网络秩序;要注意身心健康,不沉溺虚拟时空。

4. 要增强自控能力,上网场所要择优,上网时间要适宜

对网络"虚拟社会"不要沉溺,尤其是对"网恋""网络同居""网婚"等互动活动,不要痴迷而深陷其中。对网上的不良信息或非法信息,要提高识别能力,坚决进行抵制。

5. 要加强自我保护,防止遭受非法侵害

对网友的盛情见面邀请,要保持警觉,尽量回避,以免上当。

> **案例**
>
> 刘某是成都某校在读学生。2018年10月底,刘某发现在黄色网页上做成人广告可以赚钱,于是在国外服务器上建立了一个名为"无尽诱惑"的黄色网站,因国外为个人主页提供的存储空间不大,且维护困难,刘某又将该网站链接到国内某网络公司的目录下,并在该目录下的"zip"文件夹中存放了大量淫秽照片、文字,又在其中放置了广告词条,以牟取利益。
>
> 2019年2月13日,成都市公安局在对互联网的监控中发现了该网站,借助刘某留在网站上的联系邮箱为线索,通过侦查,确认了刘某是成都某校学生。次日,警方将其抓获,并在刘某的个人计算机中发现了大量同"无尽诱惑"网站中内容一致的淫秽照片、小说及一些应用软件等。经审查,刘某对其犯罪事实供认不讳,并称自己家庭困难,想赚钱减轻家庭负担。据被链接的某网络公司统计,该网站建立3个月以来,进入网站并点击其中广告词条的共计76 131人次,但直到案发时,刘某并未得到分文报酬。鉴于刘某归案后认罪态度好,又是初犯,法院酌情从轻处罚。
>
> **请思考**
>
> 从这个案例中,你受到了什么启发?

三、电脑"黑客"侵害

(一)电脑"黑客"侵害的发生

黑客是一个中文词语,源自英文"hacker",通常是指对计算机科学、编程和设计方面具有高度理解的人。在信息安全里,"黑客"指研究攻击计算机安全系统的人员。利用公共通信网络,如互联网和电话系统,在未经许可的情况下,登入对方系统的被称为黑帽黑客,而调试和分析计算机安全系统的被称为白帽黑客。

随着网络黑客的发展,其内部也发生了很大变化,主要体现为系统化、组织化与年轻化。网

络黑客从零散的形式向有组织的形式转变，而存在的组织也多以技术交流为主，成员普遍 30 岁以下，多为在校大学生或初、高中生，年龄层次趋向年轻化。

（二）电脑"黑客"侵害的预防

（1）要使用正版防病毒软件并且定期将其升级更新，这样可以防止"黑客"程序侵入你的电脑系统。

（2）别按常规思维设置网络密码，要使用由数字、字母和符号混排而成，令"黑客"难以破译的口令密码。另外，要经常变换自己的口令密码。

量子加密通信：重塑网络安全的科技曙光

（3）对不同的网站和程序，要使用不同的口令密码，不要图省事使用统一密码，以防止被"黑客"破译后产生"多米诺骨牌"效应。

（4）对来路不明的电子邮件或亲友电子邮件的附件或邮件列表要保持警惕，不要一收到就马上打开。要首先用杀病毒软件查杀，确定无病毒和"黑客"程序后再打开。

（5）要尽量使用最新版本的互联网浏览器软件、电子邮件软件和其他相关软件。

（6）下载软件要去声誉好的专业网站，既安全又能保证速度，不要去资质不清楚的网站。

（7）不要轻易给别人的网站留下你的电子身份资料，不要允许电子商务企业随意储存你的信用卡资料。

（8）只向有安全保证的网站发送个人信用卡资料，注意寻找浏览器底部显示的挂锁图标或钥匙形图标。

（9）要注意确认你要去的网站地址，注意输入的字母和标点符号的绝对正确，防止误入网上歧途，落入网络陷阱。

（10）注意防止盗窃计算机案件。在学校经常会发生此类案件：小偷趁学生疏忽，节假日外出，夜晚睡觉不关房门或外出不锁门等机会，偷盗台式电脑、笔记本电脑或平板电脑，或者偷拆走电脑的 CPU、硬盘、内存条等部件，给学生造成学习不便、经济损失以及信息泄露。

（11）有了计算机，就要同时选用正版杀毒软件，应选用可靠的、具有实时（在线）杀毒能力的软件。

（12）养成文件备份的好习惯。首先，系统软件的备份，重要的软件要多备份并进行写保护，有了系统软件备份就能迅速恢复被病毒破坏或因误操作破坏的系统。其次，重要数据备份，不要以为硬盘是永不消失的保险数据库。某高校一位研究生把毕业论文存储在笔记本电脑里，没有打印和备份，后来该笔记本电脑丢失，令他十分痛苦，几个月的心血白费了。另外，病毒也会破坏你的硬盘或数据。

案例

某公安机关在多地开展了统一行动，抓获犯罪嫌疑人共 31 人，捣毁犯罪窝点 4 处。

经查，这一跨国犯罪团伙利用电脑病毒和钓鱼网站等方式窃取我国居民的银行卡信息，由犯罪嫌疑人冒充银行工作人员，通过打电话等方式诱骗用户解除银行卡保护设置，利用获取的网银账户信息登录受害人的网银账户，将银行卡内的存款转移至接收赃款的银行卡，再由身在海外的犯罪嫌疑人通过银行 ATM 机取出赃款。

> 经初步统计，这个犯罪团伙一周内诈骗的资金就有 300 余万元。
>
> **请思考**
>
> 从这个案例中，你受到什么启发？

第二节　网络社交安全

一、垃圾邮件

（一）垃圾邮件的产生

垃圾邮件可以说是网络带给人类最具争议性的副产品，它的泛滥已经使整个网络不堪重负。妖言惑众、骗人钱财、传播色情等内容的垃圾邮件，已经对现实社会造成危害。

（二）垃圾邮件的预防

（1）不要响应不请自来的电子邮件或者垃圾邮件。

（2）不要把自己的邮箱地址在网站页面上到处登记。

（3）不要把自己的邮箱地址告诉给你不信任的人。

（4）不要订阅一些不健康的电子杂志，以防被垃圾邮件搜集者搜集。

（5）谨慎使用邮箱的"自动回复"功能。

（6）发现搜集或出售电子邮件地址的网站或消息，请告诉相应的主页提供商或主页管理员将你删除，以避免邮件地址被他们利用。

（7）建议用专门的邮箱进行私人通信，另外使用其他邮箱订阅电子杂志。

（8）不要轻易泄漏自己的 ISP 信箱地址。如果不得不留下邮箱地址以方便其他网友与自己联系，可以采取一些变通的方式。如将 myname@123.com 写成 myname#123.com，这样网友会明白你的意思，而 E-mail 地址搜集软件会将其视为非法地址而放你一马。

（9）使用好邮件软件的管理功能。网民们常用的 Outlook、Express 和 Foxmail 都具有很不错的邮件管理功能，可实现邮件的过滤。

二、网络交友危机

（一）网络交友危机的产生

互联网的出现拓展了人们的交往空间，也因此改变了某些人的交友方式。但是，一些人迷恋于在虚无缥缈的网上世界结识自己的"朋友"或"知己"，在未曾谋面、根本不了解对方的情况下便敞开心扉、无所不谈，将自己的隐私、家庭住址、家人情况等毫不隐瞒地告诉网友，甚至邀请其见面或到家做客。在网络的另一端，有时虽连接的是友情，有时却可能连接着危险。因此，网上交友陷阱多，要慎之又慎。上网与他人交往时一定要有戒备之心，切莫轻信他人。

（二）网络交友危机的预防

1. 不要乱发征友广告

网上的交友网站很多，超过一半是色情类的，因此请小心选择，不要糊里糊涂就发出一个征友广告。

2. 增强个人隐私信息自我保护意识

填写注册信息时，除了网站要求公开的基本个人信息外，为了安全考虑，请不要在通信过程中泄露任何真实的隐私信息。需要注意保护的信息有：真实姓名、住宅电话、手机号码、办公电话、家庭住址，或者任何可能让他人直接找到你的信息。

《中华人民共和国个人信息保护法》要点解读

3. 对试图得到私人信息的人保持警惕

如果有些人向你索取私人通信方式，或者主动提供给您微信或电话。此时一定要保持冷静，慎重对待这种情况，并做出理性选择。

4. 勿和网友发生借贷关系

社会新闻中常常看到被网友骗取财物的事件，切勿和网友发生钱财或者物品的借贷关系。哪怕给比较熟悉的网友借钱，也务必留下凭据，以免发生不愉快的事情。

5. 不要轻易与网友见面

如果一定要见网友，务必注意以下几点。

（1）大多数的网友被侵害案件，发生在双方认识3个月以内。也就是说，尽量不要与刚认识不久的网友见面。如果对方真的尊重你，不会没有耐心的。

（2）不要选择偏僻或人少的地方作为见面地点。

（3）事先告诉你的好友或家人，你要见的人的名字、电话，还有见面的地点，以及大致回来的时间。

（4）只带零花钱，而不要带多余的现金及银行卡在身上。

（5）在充分相信对方之前，不要告诉对方你的详细住址。

（6）与网友见面过程中，如果发现不对劲，立即乘车离开或进入人多的地方。

（7）控制首次约会的时间，坚持自己回家。掌握好首次约会的时间是非常明智的，不要忘记早些回家，让家人放心。

三、网络游戏侵害

（一）网络游戏侵害的产生

虽然网络游戏对推进信息产业的发展和活跃娱乐业起到一定的作用。但是，不少学生因沉迷于网络游戏而造成的危害也不小。凡沉迷"网游"的学生，成绩下降，甚至逃学，有的甚至精神恍惚，从而给学校、家庭、社会造成极为消极的影响。

（二）网络游戏侵害的预防

（1）预防网络游戏成瘾，努力做到遵守校规校纪，养成健康的学习、生活规律，不到校外网吧上网，杜绝通宵上网。

（2）学会利用网络进行科学研究，学会利用网络发展自己，充分利用网络资源提高学习效果、工作水平和综合素质。

（3）遵守网络公共道德规范，严格自律，杜绝不健康的上网方式。

（4）对于网络游戏已经成瘾的学生进行适当的心理咨询。通过心理健康咨询，帮助患有不同程度"网络成瘾症"的学生尽快走出困境，回到正常的生活与学习中来。对已经沉迷网络游戏不能自拔、有网络游戏成瘾症的学生，可采用适当的心理治疗手段来矫正。

（5）要做网络的主人。青年学生应该意识到这一点，应该自主驾驭网络，而不是被网络牵着鼻子走。切不可将网络游戏当作一种精神寄托。尤其在现实生活中受挫的学生，不能只依靠网络游戏来缓解压力或焦虑。应该在家人、老师、同学、朋友的帮助下，勇敢地面对现实生活。

（6）要学会规划自己的生活。可以制订一个理性的生活计划，例如把学习的时间、读书的时间、锻炼的时间和娱乐的时间及探亲访友等事情都做个计划。

（7）丰富自己的业余生活，切忌把全部业余时间都花费在网络游戏上。青年学生可以根据自己的兴趣、爱好及家庭的条件、亲戚邻里的状况来创造学习、交流沟通、娱乐等方面的平台，也可以从老师那里寻求帮助。

（8）有意识地克制、约束自己，把玩游戏的时间控制在适当的区间，可以请父母或朋友监督。

参考文献

[1] 张果．当代大学生意识形态安全教育研究[M]．北京：人民出版社，2015．
[2] 杨韶春，石宇．大学生安全教育[M]．南京：东南大学出版社，2015．
[3] 中共北京市委教育工作委员会，北京高教学会保卫学研究会．大学生安全知识[M]．4版．北京：机械工业出版社，2014．
[4] 安春梅，陈海霞．大学生安全教育读本[M]．长春：吉林大学出版社，2010．
[5] 郭林桦，叶明，赵祥伦．新编大学生安全教育读本[M]．贵阳：贵州大学出版社，2015．
[6] 朱玲．大学生安全教育知识读本[M]．武汉：华中师范大学出版社，2012．
[7] 王秀章．大学生安全知识指南[M]．北京：中央编译出版社，2011．
[8] 周全厚，高飞．防范与对策：大学生安全教育[M]．北京：新华出版社，2013．
[9] 陈伟珂，赵军．大学校园公共安全应急知识手册[M]．天津：天津大学出版社，2013．
[10] 李丹，程燕．大学生安全教育课程教学研究[J]．当代教育理论与实践，2014，6（2）：72-73．
[11] 喻娜．女大学生安全教育的思考[J]．高校辅导员学刊，2014（5）：66-68．
[12] 龚兵．大学生安全教育的发展历程与时代价值[J]．黑龙江高教研究，2015（9）：72-75．
[13] 林坚．大学生安全教育实现机制的体系化构建[J]．教育与职业，2014（2）：182-183．
[14] 黄丹丹，唐亚楠．对大学生安全教育与管理的几点思考[J]．教育界：综合教育研究，2014（25）：7-7．

附录

消防安全标志

附表 1　火灾报警装置标志

编号	标志	名称	说明
3-01		消防按钮 FIRE CALL POINT	标示火灾报警按钮和消防设备启动按钮的位置 需指示消防按钮方位时，应与 3-30 标志组合使用
3-02		发声警报器 FIRE ALARM	标示发声警报器的位置
3-03		火警电话 FIRE ALARM ELEPHONE	标示火警电话的位置和号码 需指示火警电话方位时，应与 3-30 标志组合使用
3-04		消防电话 FIRE TELEPHONE	标示火灾报警系统中消防电话及插孔的位置 需指示消防电话方位时，应与 3-30 标志组合使用

附表 2　紧急疏散逃生标志

编号	标志	名称	说明
3-05		安全出口 EXIT	提示通往安全场所的疏散出口 根据到达出口的方向，可选用向左或向右的标志。需指示安全出口的方位时，应与3-29标志组合使用
3-06		滑动开门 SLIDE	提示滑动门的位置及方向
3-07		推开 PUSH	提示门的推开方向
3-08		拉开 PULL	提示门的拉开方向
3-09		击碎板面 BREAK TOOBTAIN ACCESS	提示需击碎板面才能取到钥匙、工具，操作应急设备或开启紧急逃生出口
3-10		逃生梯 ESCAPE LADDER	提示固定安装的逃生梯的位置 需指示逃生梯的方位时，应与3-29标志组合使用

附表 3　灭火设备标志

编号	标志	名称	说明
3-11		灭火设备 FIRE-FIGHTING EQUIPMENT	标示灭火设备集中摆放的位置 需指示灭火设备的方位时，应与3-30标志组合使用

续表

编号	标志	名称	说明
3-12		手提式灭火器 PORTABLE FIRE EXTINGUISHER	标示手提式灭火器的位置 需指示手提式灭火器的方位时，应与3-30标志组合使用
3-13		推车式灭火器 WHEELED FIRE EXTINGUISHER	标示推车式灭火器的位置 需指示推车式灭火器的方位时，应与3-30标志组合使用
3-14		消防炮 FIRE MONITOR	标示消防炮的位置 需指示消防炮的方位时，应与3-30标志组合使用
3-15		消防软管卷盘 FIRE HOSE REEL	标示消防软管卷盘、消火栓箱、消防水带的位置 需指示消防软管卷盘、消火栓箱、消防水带的方位时，应与3-30标志组合使用
3-16		地下消火栓 UNDERGROUND FIRE HYDRANT	标示地下消火栓的位置 需指示地下消火栓的方位时，应与3-30标志组合使用
3-17		地上消火栓 OVERGROUND FIRE HYDRANT	标示地上消火栓的位置 需指示地上消火栓的方位时，应与3-30标志组合使用
3-18		消防水泵接合器 SIAMESE CONNECTION	标示消防水泵接合器的位置 需指示消防水泵接合器的方位时，应与3-30标志组合使用

附表 4　禁止和警告标志

编号	标志	名称	说明
3-19		禁止吸烟 NO SMOKING	表示禁止吸烟
3-20		禁止烟火 NO BURNING	表示禁止吸烟或各种形式的明火
3-21		禁止放易燃物 NO FLAMMABLE MATERIALS	表示禁止存放易燃物
3-22		禁止燃放鞭炮 NO FIREWORKS	表示禁止燃放鞭炮或焰火
3-23		禁止用水灭火 DO NOT EXTINGUISH WITH WATER	表示禁止用水作灭火剂或用水灭火
3-24		禁止阻塞 DO NOT OBSTRUCT	表示禁止阻塞的指定区域（如疏散通道）
3-25		禁止锁闭 DO NOT LOCK	表示禁止锁闭的指定部位（如疏散通道和安全出口的门）
3-26		当心易燃物 WARNING：FLAMMABLE MATERIAL	警示来自易燃物质的危险

续表

编号	标志	名称	说明
3-27		当心氧化物 WARNING：OXIDIZING SUBSTANCE	警示来自氧化物的危险
3-28		当心爆炸物 WARNING：EXPLOSIVE MATERIAL	警示来自爆炸物的危险，在爆炸物附近或处置爆炸物时应当心

附表5　方向辅助标志

编号	标志	名称	说明
3-29		疏散方向 DIRECTION OF ESCAPE	指示安全出口的方向 箭头的方向还可为上、下、左上、右上、右、右下等
3-30		火灾报警装置或灭火设备的方位 DIRECTION OF FIRE ALARM DEVICE OR FIREFIGHTING EQUIPMENT	指示火灾报警装置或灭火设备的方位 箭头的方向还可为上、下、左上、右上、右、右下等